Antje Olivier

Mendelssohns Schwester
Fanny Hensel

Antje Olivier

Mendelssohn Schwester Fanny Hensel

Musikerin · Komponistin · Dirigentin

Von Margarethe

Weihnachten 2003

Droste Verlag

Redaktionelle Mitarbeit: Sevgi Braun

Bildnachweis:
Archiv der Rheinischen Post, Düsseldorf: Abb. 20
Archiv für Kunst und Geschichte, Berlin: Abb. 4, 21, 23
Bildarchiv Preußischer Kulturbesitz, Berlin: Abb. 29
Bote & Bock, Berlin (1985): Abb. 24, 26
Breitkopf & Härtel, Wiesbaden: Abb. 8 (aus: HENSEL – AUSGEWÄHLTE LIEDER FÜR SINGSTIMME UND KLAVIER, herausgegeben von Annette Maurer, EB 8569), 27
Casciani, Giuseppe: Abb. 17
Chiti Adkins, P. »Donne in Musica«, Bulzoni Rom: Abb. 16
Knobloch »Herr Moses in Berlin«, mit freundlicher Genehmigung
Das Arsenal, Verlag für Kultur und Politik GmbH, Berlin: Abb. 3
Staatliche Museen zu Berlin – Preußischer Kulturbesitz, Kupferstichkabinett: Abb. 2, 5
Staatsbibliothek zu Berlin – Preußischer Kulturbesitz, Kartenabteilung: Abb. 9
Staatsbibliothek zu Berlin – Preußischer Kulturbesitz, Musikabteilung: Abb. 7, 11, 12, 13, 19
Verlagsarchiv: Abb. 1, 10, 18, 25
Volksbücher der Musik, Mendelssohn. Velhagen & Klasings Volksbücher, Nr. 116: Abb. 22, 28
Zeitgenössische Quellen: Abb. 6, 14, 15

Die Deutsche Bibliothek – CIP-Einheitsaufnahme

Olivier, Antje:
Mendelssohns Schwester – Fanny Hensel: Musikerin, Komponistin, Dirigentin / Antje Olivier. Red. Mitarb.: Sevgi Braun. – Düsseldorf: Droste, 1997
ISBN 3-7700-1075-2

Schutzumschlag: Helmut Schwanen
Gesamtherstellung: Clausen & Bosse, Leck
ISBN 3-7700-1075-2

Inhalt

Statt eines Vorworts

Szene 1: Die junge Dame, Nachfahrin einer deutsch-jüdischen Bankiersfamilie, im bürgerlichen Jackenkleid, Handtasche abgestimmt auf Schuhe und Hut – der Chauffeur wartet im vollklimatisierten Mittelklassewagen vor der Türe –, wird vom Filialleiter freundlichst in sein Büro gebeten. Der telefonisch angefragte Tresorschlüssel liegt bereit, man geht gemeinsam in das Kellergewölbe der renommierten Bank und kommt nach zehn Minuten – locker plaudernd – wieder. Die Dame dankt, die Tür wird ihr weiterhin freundlichst lächelnd aufgehalten. Ein Alltagsbesuch, ein Blick in die Konten, eine kleine Umbuchung. Was soll's! Es gibt keinen »Familienrabatt« und keine larmoyante Diskussion darüber, daß die eigene Bank im Jahre '38 »aufgelöst« und die Gelder vorerst auf Konten einer anderen deutschen Großbank »umgebucht« wurden, die wenigen schon längst arisierten Angestellten übernommen wurden, die Kunden ebenfalls. Das alles weiß der Bankangestellte des Jahres 1997 nicht; es hat ihn auch kaum zu interessieren, es sei denn, er ist politisch engagiert und arbeitet in einer Gruppe der vom Naziregime Verfolgten mit. Die junge Dame unseres Szenenbildes, sagen wir einmal Ururenkelin von Felix oder Fanny Mendelssohn, unter »normalen Umständen« Multimillionärin, ist nicht gekommen, um »abzurechnen«, Wiedergutmachung zu fordern. Schon gar nicht in Deutschland. Und schon gar nicht in der Familie Mendelssohn, in der man nie über Geld sprach.

Szene 2: Die junge Komponisten-Nachfahrin besucht ein sommerliches Festival am Rhein. Es wird unter anderm Musik von Frauen gespielt, darunter die C-Dur-Ouvertüre ihrer Vorfahrin Fanny Hensel, geb. Mendelssohn Bartholdy. Dann auch ihr d-moll-Klaviertrio von 1846. Das Publikum, darunter vorwiegend Frauen aus europäischen Ländern, ist begeistert. Sie, als einziges anwesendes Familienmitglied, muß wiederholt auf die Bühne. Mit anhaltendem Beifall wird ihr der Dank zugesprochen, den ihre Vorfahrin lebenslang vermißt hat. Auf dem Büchertisch am Ausgang des Konzertsaales liegen zahlreiche Publikationen über ihre Vorfahrin: Noten-Editionen aus dem In- und Ausland, Klaviermusik, etliche Lied-Ausgaben, das Streichquartett gleich zweimal, sogar in englischer Sprache, das »Oratorium«, der »Hiob« und schließlich auch ihr »Lobgesang«. Schallplatten-Einspielungen runden das Bild ab. Sie, die Mendelssohn-Nachfahrin, ist fast benommen von soviel nachträglicher Ruhmesbekundung. Was hätte Fanny Hensel dazu gesagt? Wäre das Publikum ihrer »Sonntagsmusiken« so restlos begeistert gewesen? Was würde sie sagen angesichts der vielen Veröffentlichungen, einschließlich aller nötigen und unnötigen Korrekturen, die man ihrem Werk angetan hat? War sie nicht viel zu kritisch, um soviel aus ihrer Feder an die Öffentlichkeit zu geben? Erweisen ihr all die Frauen keinen guten Dienst, die seit Ende der siebziger Jahre ihr Leben und Werk an die Öffentlichkeit zerren? Erweisen wir ihr mit diesem Versuch einer Biographie überhaupt einen notwendigen Dienst?

Szene 3: Ein Kongreß Ende der neunziger Jahre. Kaum in Deutschland, aber jederzeit möglich in den USA, den Niederlanden oder Israel. Es geht allen Teilnehmern, den Historikern und den Künstlern, nur um eins: die Auflistung der künstlerischen Errungenschaften von Deutschen und Juden, von deutschen Juden des 19. Jahrhunderts. Von den wenigen noch überlebenden Familien hat man auch eine Angehörige der Mendelssohns geladen. Sozusagen als Zeitzeugin, die unser Gewissen beruhigen soll, daß ja doch nicht alle den Verbrechen des Naziregimes zum Opfer gefallen sind. Und bei diesem Kongreß immer wieder die Frage: Sind Sie noch praktizierende Jüdin oder vielleicht getauft? Und die immer wiederkehrende Antwort, daß die Taufe der Urgroßeltern über 170 Jahre zurückliege und man sich gar nicht mehr so recht jüdisch fühle. Und die immer wieder erstaunte Reaktion der Kongreßteilnehmer: Ja, aber warum hat man denn das Mendelssohn-Denkmal in Leipzig umgestürzt, seine Musik totgeschwiegen und seine Werke aus Veranstaltungsprogrammen, seinen Namen auf

Straßenschildern und an Hauswänden eliminiert und in separate Lexika (Lexikon der Juden in der Musik) ausgewiesen, wenn er doch getauft worden war? Schließlich »Nachhilfeunterricht«, daß sich an jüdischer Assimilation kein Nazi jemals orientiert hat. Es bleibt – wie immer – das schlechte Gewissen und die Versicherung, daß »dies nie wieder vorkommen dürfe«.

Fanny Hensel, geb. Mendelssohn Bartholdy, lebte sie heute, würde ihr eine der drei Szenen vertraut vorkommen? Würde sie sich heute in Berlin wohl fühlen, dort am heutigen Potsdamer Platz, an dem zum Ende des 20. Jahrhunderts die »Hauptstadt Europas« Gestalt annimmt, dort, wo ihre Eltern einst das von der Recksche Palais aufkauften, damals am Rande der Stadt gelegen, mit Wiesen und Gehöften dahinter, eine grüne Idylle, jene Leipziger Straße 3, die Musikgeschichte gemacht hat? Jetzt regieren dort deutsche Beamte ein immer noch in sich zerrissenes Land, eine immer noch deutliche Spuren der Trennung zeigende Stadt Berlin. Einige Ministerien werden hier bis zum Jahr 2000 angesiedelt sein. Von dort aus wird dann deutsche und europäische Geschichte formuliert, finanziert, gefördert oder gebremst.

Fanny Hensel, geb. Mendelssohn Bartholdy, hätte unserer Meinung nach Mühe, sich im Berlin des Jahres 1997 zurechtzufinden. Die Linden der ihr vertrauten ehemaligen Prachtstraße duften weniger nach Blüten denn nach Autoabgasen, die Spree ist untertunnelt, und an der Leipziger Straße macht sich die Bürokratie breit, der herrliche Garten hinter dem Haus mußte Bürobauten weichen, das ehemalige »Gartenhaus«, in dem sie mit Wilhelm Hensel wohnte, ist längst abgerissen. Der Verkehrsknotenpunkt Potsdamer Platz mit seiner Staatsbibliothek und den Kulturinstituten ist zur Metropolis des Jahres 2000 geworden. Die unbekannte Musik einer Mendelssohn hat hier kaum noch Platz. Hier erklingen andere Namen, die von ebenso großen Konzertagenturen in die neue deutsche Hauptstadt geholt werden.

Nur ab und zu, einige Meter von hier, in der Staatsbibliothek Potsdamer Straße 33, lädt der Leiter des Mendelssohn-Archivs zu einem kleinen Hauskonzert mit Werken von Felix oder Fanny ein, oder die in Berlin beheimatete Mendelssohn-Gesellschaft widmet der Komponistin ein kleines Symposion. Dann fühlte sie sich vielleicht verstanden, akzeptiert, als Künstlerin wie als Mensch. Dabei erinnerte sie sich ein klein wenig an die herrlichen Monate der Jahre 1839 und 1840, als sie mit den Künstlern der Villa Medici in Rom fachsimpeln konnte, ihnen am Klavier den deutschen Komponisten Bach nahebrachte.

Die Komponistin Fanny Hensel hat kaum noch etwas mit dem zu Ende gehenden 20. Jahrhundert zu schaffen. Ihre Welt war zwar nicht weniger aufregend und umstürzlerisch als die unsrige, doch sie war behütet. Behütet in einem Familien-Verbund, den wir uns heute kaum noch vorstellen können, der für sie gleichzeitig Halt und Barriere war, dem sie alles zu verdanken und alles nicht Erreichte anzurechnen hat. Eine getaufte Jüdin der ersten Hälfte des 19. Jahrhunderts, Sproß einer reichen Bankiersfamilie: Welch ein Start ins Leben und welch eine Bürde!

Wir wollen versuchen, uns ein wenig an sie heranzutasten. Ohne falsches Sentiment, ohne Heldenverehrung, ohne die Blauäugigkeit von vielen Mendelssohn-Fans. Einfach so...

Juden in Berlin

»Friedrich der Zweite zog uns in die Höhe in Europa. Wir hatten alle einen Teil an seinen Siegen, von und an seiner Einsicht: ich auch! Nichts wäre ich, bei meiner Geburt, ohne ihn; er gab jeder Pflanze Raum, in seinem sonnenzugelassenen Lande.« So die Berliner Salonnière Rahel Levin an ihren späteren Mann

Karl August Varnhagen van Ense im Jahre 1808. Oder der Naturforscher Georg Forster in einem Brief an den Dichter Friedrich Heinrich Jacobi, 1779: »Ich hatte mich in meinen mitgebrachten Begriffen von dieser großen Stadt sehr geirrt. Ich fand das Äußerliche viel schöner, das Innerliche viel schwärzer, als ich's mir gedacht hatte. Berlin ist gewiß eine der schönsten Städte in Europa. Aber die Einwohner!...«

27 Jahre vor der Geburt von Fanny Hensel hatte »Berlin knapp 10000 Häuser, ohne die Kirchen, das königliche Schloß und alle öffentlichen Gebäude, 6223 Vorderhäuser, 3225 Hinterhäuser und 257 Häuser außerhalb der Mauern und Palisanden, das Vogtland mit eingeschlossen... Berlin hat fünfzehn Tore, 268 Straßen und Plätze, 36 Brücken, worunter sieben steinerne sind, und 33 Kirchen... Durch die Stadt fließt die Spree, welche sehr fischreich ist und wegen ihrer Verbindung mit der Elbe durch die Havel und mit der Oder durch verschiedene Kanäle – der Handlung großen Vorteil bringt.« So schrieb ein Berliner, ein Literat und Verleger, der bekannte Friedrich Nicolai, in seiner 1786 erschienenen Beschreibung der Königlichen Residenzstädte Berlin und Potsdam. Es ist auch das Jahr des Todes von Friedrich dem Großen, von einigen despektierlich »Eff Zwo« genannt, von den meisten vergöttert und »so närrisch angebetet, daß selbst, was schlecht, falsch, unbillig oder gar wunderlich an ihm ist, schlechterdings als vortrefflich... proniert werden muß«.

Friedrich der Zweite war der Sohn des Soldatenkönigs, der, jeder Kunstausübung abhold, seinen Sohn nach allerstrengsten preußischen Richtlinien erziehen ließ. Friedrich II. bevorzugte alles Französische, pflegte Briefwechsel und Freundschaft mit Voltaire, sprach selbst aber das allerschlechteste Französisch. Er, der geliebte Preußenkönig, holte, zur Belebung seiner maroden Wirtschaft, Tausende von französischen Glaubensflüchtlingen, die Hugenotten, reformierte Protestanten, in sein Land, gewährte ihnen Religionsfreiheit. Toleranz oder Kalkül? Wahrscheinlich beides.

Aus Wien holte er zudem etliche jüdische Familien nach Berlin und hatte kurz nach seinem Amtsantritt erklärt: »Die Religionen müssen alle toleriert werden, und muß der Fiscal nur das Auge darauf haben, daß keine der anderen Abbruch tue; denn hier muß ein jeder nach seiner Fasson selig werden.« Es gab demnach für Juden keinen Zwang mehr, sich in Ghettos aufzuhalten, aber in Berlin war ihnen eine maximale Anzahl an Häusern zugestanden: 40 Häuser für ca. 400 Familien. Wollte eine jüdische Familie ein zweites Kind, so mußte man dafür 70000 Taler zahlen. Daß sie – wie jahrhundertelang ihre Vorfahren – kein Handwerk ausüben durften, ist bekannt; darüber hinaus durften sie weder mit Tabak noch mit Alkohol, Wolle oder Holz handeln. Der Münzhandel, das Kreditgeschäft und der Künstlerberuf standen ihnen offen wie auch jede andere Form der Selbständigkeit, und es gab – wie auch bei den Hugenotten – zahlreiche Seiden-Manufakturen in jüdischer Hand.

Zur Förderung seiner Königlichen Preußischen Porzellan-Manufaktur verfügte Friedrich der Zweite, daß jeder heiratswillige Jude Porzellan für 300 Taler kaufen mußte. Für Moses Mendelssohn (1729–1786), Großvater von Fanny Hensel, hatte der König etwas besonders Merkwürdiges, ja fast Perfides ausersehen: Ihm wurden ganze zwanzig häßliche Porzellan-Affen aufgezwungen, als er seine Heirat bekanntgab. Im Jahre 1743 kam dieser große Religionsphilosoph nach Berlin. Er war 1729 in Dessau geboren. Seine Mutter war Bela Rachel, sein Vater hieß Mendel und war ein gänzlich armer Mann, der als Küster in der kleinen jüdischen Gemeinde arbeitete. Darüber hinaus schrieb er die Thora ab; sein schwächlicher und buckliger Sohn Moses beherrschte schon mit fünf Jahren die hebräische Grammatik. Nach einer Ausbildung bei Rabbiner David Fränkel (1704–1762) wollte Moses Dessau, wie er sich nannte, nach Berlin. Geld für einen eigenen bürgerlichen, nicht jüdisch klingenden Namen hatte er nicht. Also, Moses Dessau, von zahlreichen späteren Freunden, vor allem von Lessing, Nicolai und Friedländer meist nur »Herr Moses« genannt, kam nach Berlin, und im

»Journal der Wache« des Monats September 1743 steht: »Heute passierten das Rosenthaler Tor sechs Ochsen, sieben Schweine, ein Jude.«

Daß Moses Mendelssohn das Vorbild zu Gotthold Ephraim Lessings »Nathan der Weise« wurde, ist bekannt. Daß Moses Mendelssohn die alttestamentlichen Psalmen ins Deutsche übersetzte, daß er die fünf Bücher Mose »zum Gebrauch der jüdischdeutschen Nation« übersetzte (gedruckt 1780 bei Friedrich Nicolai Berlin und Stettin), ist erwähnenswert. Zu seinem 200. Geburtstag, also im Jahre 1929, schrieb Bruno Altmann in der Zeitung »Zur Abwehr des Antisemitismus«: »Auch dem Sohne des jüdischen Schulmeisters aus Dessau soll es das deutsche Vaterland danken, wenn es ein Volk der Dichter und Denker geworden ist.« Und wie schrieb die Berliner Vossische Zeitung 1929 nach einer grandiosen Aufführung von »Nathan der Weise« in Dessau: »... wenn man den katholischen Priester vor der Bundeslade in der Synagoge mit aufstehen sah, spürte man, daß dieser kleine Moische vor 190 Jahren sich doch nicht umsonst mit Schweinen und Kühen am Berliner Stadttor verzollen ließ.«

Allen Assimilierungsbemühungen zum Trotz blieb Moses Mendelssohn ein Jude. Johann Caspar Lavater, protestantischer Prediger aus Zürich, hatte ihm zwar deutlich ans Herz gelegt: »Wollte Gott, daß Sie ein Christ wären!« Doch Moses blieb standhaft. Er heiratete nach jüdischem Ritus Fromet Gugenheim (1737–1812), die ihn trotz seines Buckels liebte und die Urenkelin des Wiener Hofbankiers Samuel Oppenheim war. Mit Lessing pflegte er einen regen Gedankenaustausch; man brachte sich gegenseitig höchste Achtung entgegen. Moses, dessen Augen immer ein durchdringendes Feuer aufwiesen (im Gemälde von Anton Graff ist es am besten wiedergegeben), starb am 4. Januar 1786 in Berlin. Er wurde 57 Jahre alt.

Eines seiner letzten unvollendeten Werke galt dem »Ursprung der Sprachen ihren Entwicklungen und Ausdrucksmöglichkeiten«. Die Sprache der Töne liebte er besonders,

1 Der Philosoph Moses Mendelssohn (1729–1786), Großvater von Fanny und Felix Mendelssohn, Rötelzeichnung von Daniel Chodowiecki.

und von ihm stammt der Text: »Göttliche Tonkunst, du bist die einzige, die uns mit allen Arten von Vergnügen überrascht... Die leichten Verhältnisse in den Schwingungen, das Ebenmaß in den Beziehungen der Teile aufeinander und auf das Ganze... Kann es uns befremden, daß ihre Annehmlichkeiten mit so mächtigem Reize in die Gemüter wirken, daß sie rauhe ungesittete Menschen bezähmt, rasende besänftigt und traurige zur Freude belebt?«

2 *Der Bankier Abraham Mendelssohn (1776–1835), Vater von Fanny und Felix Mendelssohn, nach einer Zeichnung von Wilhelm Hensel.*

Abraham Mendelssohn war das fünfte Kind von Fromet Gugenheim und Moses Mendelssohn. Er war der Vater von Fanny und Felix Mendelssohn.

Die Berliner Salons

Nachdem jüdische finanzkräftige Kaufleute dem preußischen König im Siebenjährigen Krieg »behilflich« gewesen waren, festigte sich ihre Stellung maßgeblich. Als sogenannte Münzjuden und als Privatbankiers erhielten sie zusehends Bedeutung, betrieben die großen Kreditgeschäfte, die für andere Bankiers zu risikoreich waren. 1804 gründeten die Brüder Joseph und Abraham Mendelssohn in Hamburg die Firma Gebr. Mendelssohn & Co. Das Geschäft blühte, bis die Stadt 1810 von den Franzosen besetzt wurde. Fünf Jahre zuvor, am 14. November 1805, war in Hamburg das älteste Kind von Abraham und Lea Mendelssohn, geb. Salomon, geboren worden: Fanny Cäcilia (Zippora) Mendelssohn. Lea kam ebenfalls aus einer prominenten jüdischen Familie, war Enkelin des Hofbankiers Daniel Itzig, sprach Englisch und Französisch und las Homer im Urtext.

Abraham entsprach ganz dem deutschen Bildungsideal: Er hatte Hochachtung vor Gelehrsamkeit und Wissen, er versuchte mit aller Macht, durch eine exzellente Bildung seinen Kindern den Zugang in die Bildungsschicht Berlins zu ermöglichen. Gleichzeitig war er ein treuer Preuße, hatte Soldaten für den Befreiungskampf gegen Napoleon ausgestattet und Geld für Armeelazarette gegeben. Die Mendelssohns wohnten in Hamburg in der Großen Michaelisstraße, und Abraham kaufte als Landsitz in Neumühlen an der Elbchaussee die »Martens Mühle«.

1805, Geburtsjahr von Fanny Mendelssohn: ein ereignisreiches Jahr, in dem Napoleon in der Schlacht bei Austerlitz

Rußland und Österreich besiegt, Nelson den französischen Kaiser bei Trafalgar schlägt. Friedrich Schiller stirbt im selben Jahr, und Beethoven schreibt sein viertes Klavierkonzert in G-Dur, die »Kreutzer«-Sonate und seine »Leonoren«-Ouvertüre. Abraham, obwohl als Bankier wohlangesehen, bekam Schwierigkeiten mit der französischen Besatzung, und eine der geheimnisvollsten Episoden in der Familie Mendelssohn nahm ihren Lauf. Mitsamt dem 1809 geborenen Felix und der 1811 geborenen Rebecka verließ die Familie in mehreren Postkutschen mit Hab und Gut, mitsamt sämtlicher Barschaften, Möbel und Gesinde über Nacht die Stadt an der Elbe. Man kehrte nach Berlin zurück, wo man geschäftlich bereits Fuß gefaßt hatte. Hier wurde auch das vierte Kind der Mendelssohns, der Sohn Paul, geboren.

Als die Familie 1811 an die Spree kam, hatte sie eine wichtige Epoche in der Emanzipationsbewegung der Juden verpaßt. Von 1780 bis 1806, als Berlin ebenfalls von den französischen Truppen besetzt wurde, hatten sich in den Salons begüterter jüdischer Familien erstmals Bürgerliche und Adelige, Juden und Christen, Frauen und Männer zusammengefunden. Hier, in den Wohnstuben der Oberschicht Berlins, wurde philosophiert und diskutiert, musiziert und politisiert. Bei Henriette Herz (1764–1847) und Rahel Varnhagen (1771–1833) trafen sich die Berliner Dichter und Denker, Politiker und Künstler. Die Vorlesungen Immanuel Kants standen oft im Mittelpunkt der Diskussionen; es kamen Friedrich Schiller, Jean Paul, aus Paris Graf Mirabeau und schließlich auch Madame de Staël (1766–1817), deren berühmte Publikation »Über Deutschland« in Frankreich verboten worden war, Friedrich Schlegel, August Wilhelm Schlegel, Dorothea Veit, die später Friedrich Schlegel heiratete, Friedrich Schleiermacher und viele mehr. Dort bildete sich ein erstes deutsches Zentrum bürgerlicher, jüdischer Emanzipation und Romantik. Alle bisherigen Klassen- und Religionsschranken wurden durchbrochen. Der Salon: eine Errungenschaft, die leider durch wachsenden Patriotismus nach Napoleons Einmarsch wieder zurückgedrängt

3 »Abendunterhaltung« in einer bürgerlich-intellektuellen Familie, wie sie die Hensels darstellten. Aus solchen Gesellschaften entstanden die berühmten Salons. Zeichnung von Johann Gottfried Schadow.

wurde und die es bis in die zwanziger Jahre dieses Jahrhunderts nicht mehr in dieser Radikalität in Deutschland geben würde. Im Gegensatz zu diesem liberalen Trend gründete Achim von Arnim die »Christlich-teutsche Tischgesellschaft« (1811), zu der weder Frauen noch Juden Zutritt hatten.

Ein Jahr später jedoch (1812) wurden die Juden erstmals durch das Emanzipations-Edikt den übrigen Bürgern rechtlich gleichgestellt. Der Assimilierungsprozeß hatte begonnen, und es setzte eine Welle von »Judentaufen« ein. Allein vier Kinder von Moses Mendelssohn und 24 Enkel von Daniel Itzig ließen sich christlich taufen. Man behauptete, ein Drittel der Berliner Juden sei übergetreten, doch dies war übertrieben: Von knapp 4000 Berliner Juden waren es im Jahre 1812 rund 250 Übertritte, also 6,2 Prozent. Viele jüdische Frauen waren mit christlichen Männern liiert, viele heirateten nicht, es gab eine Menge unehelicher Kinder, und die preußische Regierung erließ ein Dekret, alle unehelichen Kinder christlich zu taufen, ungeachtet der Religion der Mutter. Ob es stimmt, daß jüdische Frauen vorwiegend aus Liebe zu ihren christlichen Männern und Geliebten und Männer vorwiegend der Karriere zuliebe übertraten, bleibt dahingestellt. Berlin hatte jedenfalls einen großen Schritt in Richtung Emanzipation der Juden getan.

Am 21. März 1816, als Fanny zehn Jahre alt war, ließ auch Abraham Mendelssohn seine vier Kinder in der Berliner Neuen Kirche evangelisch taufen. Jakob Salomon, ein Bruder von Lea Mendelssohn, schrieb dazu: »Du sagst, Du seiest es dem Andenken Deines Vaters schuldig – glaubst Du denn etwas Übeles getan zu haben, Deinen Kindern diejenige Religion zu geben, die Du für sie für die bessere hältst? ... Man kann einer gedrückten, verfolgten Religion getreu bleiben, man kann sie seinen Kindern als eine Anwartschaft auf ein sich das Leben hindurch verlängerndes Märtyrertum aufzwingen – solange man sie für die Alleinseligmachende hält. Aber sowie man dies nicht mehr glaubt, ist es eine Barbarei. Ich würde raten, daß Du den Namen Mendelssohn Bartholdy zur Unterscheidung von den übrigen Mendelssohns annimmst.« Abraham gehorchte, ließ sich sechs Jahre später taufen und übernahm den Namen Bartholdy (der Großvater Daniel Itzig hatte einst von der angesehenen Berliner Bürgerfamilie Bartholdi ein großes Anwesen erworben). Jedoch wurde Abraham nie ein überzeugter Christ. Er hielt es vielleicht mehr mit Heinrich Heine (und anderen prominenten Konvertiten), die die Taufe einzig und allein als »Entree-Billett zur europäischen Kultur« ansahen.

Was Abraham früh erkannte, ist uns wohlbekannt. Es scheint bis heute vonnöten, nicht nur »das Lied des Brotherrn« zu singen, sondern auch sein Abendmahl zu teilen. Und so müssen wir auch den berühmten Satz Carl Friedrich Zelters, des Leiters der Berliner Singakademie, an Johann Wolfgang von Goethe aus dem Jahre 1821 verstehen: »Morgen früh reise ich mit meiner

Doris und einem 12jährigen muntern Knaben, meinem Schüler, dem Sohn des Herrn Mendelssohn, ab nach Wittenberg, um dem dortigen Feste beizuwohnen... Mich dürstet nach Deiner Nähe. Meiner Doris und meinem besten Schüler will ich gern Dein Angesicht zeigen, ehe ich von der Welt gehe, womit ich's freilich so lange als möglich aushalten will. Der letztere ist ein guter, hübscher Knabe, munter und gehorsam. Er ist zwar ein Judensohn, aber kein Jude. Der Vater hat mit bedeutender Aufopferung seine Söhne nicht beschneiden lassen und erzieht sie, wie sich's gehört. Es wäre wirklich einmal eppes Rores, wenn aus einem Judensohn ein Künstler würde.« Versteckter Antisemitismus oder grenzenlose Arroganz christlicher Wertvorstellungen?

1833 holte der versteckte Antisemitismus der Deutschen den damals schon renommierten Komponisten Felix Mendelssohn wieder ein. »Einen Judenjungen«, einen 23jährigen, lehnte die Singakademie als Nachfolger von Carl Friedrich Zelter mit großer Mehrheit ab. Diese Entscheidung hat Mendelssohn nie verwunden.

Erste Kompositionen

Als die Familie Mendelssohn 1811 Hals über Kopf von Hamburg nach Berlin reiste, war Fanny Mendelssohn fünfeinhalb Jahre alt. Man wohnte – obwohl die Quellenforschung darüber noch uneins ist – zunächst in der Ost-Berliner Friedrichstadt, in der Markgrafenstraße 48. Das Haus stand am Gendarmenmarkt, später Platz der Akademie, seit 1991 wieder Gendarmenmarkt. Um 1820 zog man dann in das großmütterliche Haus von Bella Salomon, Promenade 7 in die Spandauer Vorstadt. Die Großmutter verstarb 1824 und hatte ihre Tochter Lea praktisch »enterbt«. Sie vermachte ihr nicht unerhebliches

Vermögen zu einem Drittel ihrem Sohn Jakob Salomon Bartholdy (dem »römischen« Bartholdy) und zu weiteren Dritteln ihren Enkeln. Lea und Abraham zogen aus. Abrahams Arbeitsplatz war das eigene Bankhaus in der Jägerstraße 51, und von der Promenade 7 bis dorthin hatte er einen Fußweg von einer halben Stunde zurückzulegen. Doch bereits 1821, mit 45 Jahren, sagte er dem aktiven Bankgeschäft adieu und privatisierte fortan, widmete sich der Erziehung seiner hochbegabten Kinder und nannte sich schlicht »Rentier«.

Er war der erste jüdische Stadtrat in Berlin, und seine finanzielle Großzügigkeit wurde allgemein gerühmt. Bereits 1811 schenkte er der Berliner Singakademie wertvolle Autographen (u.a. Johann Sebastian Bach), die heute von unermeßlichem Wert sind. Seine Kinder wurden ab 1815 – Fanny war zehn Jahre alt, Felix sechs – von Mutter Lea in Deutsch, Literatur und Kunst, von Abraham in Französisch und Mathematik unterrichtet. Eine öffentliche Schule konnten sie als »Judenkinder« nicht besuchen. 1816 unternahm Abraham eine Paris-Reise (er unterhielt dort auch eine Zweigfirma zur Abwicklung von Reparationskosten) und ließ Fanny und Felix bei Marie Bigot de Morogues (1786–1820), einer berühmten Pianistin und Beethoven-Interpretin, unterrichten. Der Klavier- und Cembalounterricht von Lea konnte ihnen nicht mehr genügen, obwohl diese aus einer Musikerinnen-Tradition (die Großtante war Sarah Levy, Schülerin von Wilhelm Friedemann Bach) kam und kurzzeitig Unterricht beim Hofkomponisten von Friedrich II., Kirnberger, Lehrer der hochbegabten Prinzessin Amalie von Preußen, hatte.

Den ersten intensiven Klavierunterricht erhielt Fanny, wie auch Felix, anschließend in Berlin bei Ludwig Berger (1777–1839), einem Clementi-Schüler, der den wißbegierigen Kindern erstmals Beethoven, Dussek und John Field nahebrachte. Felix erlernte außerdem das Violinspiel bei Wilhelm Hennig. Fanny schien sich für kein anderes Instrument als das Klavier zu begeistern, was ihr Jahre danach bei ihren größeren Instrumentalkompositionen zu schaffen machte.

Im selben Jahr (1816) heißt es in einer Verlautbarung des preußischen Finanzministers: »... es wäre zu wünschen, wir hätten gar keine Juden im Lande. Die wir einmal haben, müssen wir dulden, aber unablässig bemüht sein, sie möglichst unschädlich zu machen. Der Übertritt der Juden zur christlichen Religion muß erleichtert werden... Solange der Jude aber Jude bleibt, kann er keine Stellung im Staate einnehmen.«

Nach zwei Jahren Klavierunterricht spielt Fanny bereits 24 Präludien des Bachschen Wohltemperierten Klaviers auswendig; sie ist gerade dreizehn Jahre alt, bei ihrer Geburt hatte die Mutter ja bereits »Fugenfinger« diagnostiziert. Schwägerin Henriette Mendelssohn konnte sich über das Bach-Spiel kaum freuen und mahnte deswegen von Paris aus: »Fanny's Meisterstück, 24 Präludien auswendig zu lernen, und Ihre Beharrlichkeit, liebste Lea, sie einzustudieren, haben mich starr und stumm vor Erstaunen gemacht... Nachdem ich aber Ihnen und der Fanny meine ungetheilte Bewunderung zuerkannt, muß ich doch gestehen, daß ich das Unternehmen strafbar finde; die Anstrengung ist zu groß, sie hätte leicht schädlich werden können, man sollte das außerordentliche Talent Ihrer Kinder bloß leiten, nicht treiben...«

Im selben Jahr, 1818, wurde der französische Komponist Charles Gounod geboren, dem Fanny zwanzig Jahre später in Rom begegnen und der ihr Klavierspiel in höchsten Tönen preisen würde. Felix Mendelssohn durfte im selben Jahr erstmals öffentlich auftreten (er war gerade neun Jahre alt). Fanny hatte man nicht um einen Auftritt gebeten.

Zur Erlangung allgemeiner Bildung, die im Hause Mendelssohn auf höchstem Niveau stand, stellten die Eltern 1819 für ihre Kinder Karl Wilhelm Ludwig Heyse ein, den Vater des berühmten Naturwissenschaftlers Paul Heyse. Felix erhielt zudem Zeichenunterricht, der ihm lebenslang die Grundlage für zahlreiche hervorragende Aquarelle und Bleistiftzeichnungen war. Fanny scheint sich nicht für die bildende Kunst interessiert zu haben; auch nahm sie kaum Notiz von der Möglichkeit, die griechische Sprache zu erlernen, was Felix mit Begeisterung tat. Fast jede Stunde des Tages dient der Ausbildung, der Wissensvermittlung; es ist kaum Zeit für kindgerechtes Spiel. Die Mendelssohns hatten wohl nahtlos das protestantische Arbeitsethos, in dem die Muße kaum eine Rolle spielt, übernommen. Der mit der Familie befreundete Schauspieler Eduard Devrient berichtet in seinen Erinnerungen: »Wenn ich zum Vormittagsbesuch bei der Mutter war und er (Felix) mit seinem Butterbrode... ins Vorderzimmer kam und länger mit mir plauderte, als das Butterbrode reichte, so scheuchte ihn gewiß sehr der Mutter kurzab hingeworfene Äußerung: ›Felix, thust du nichts?‹ wieder ins Hinterzimmer.« Das jüngste der vier Kinder, Paul, erlernte das Cellospiel, Rebecka erhielt Gesangsunterricht, Fanny war, wie zu erwarten, jeweils am Klavier zu finden und mußte die ganze Familie begleiten, wenn dies nicht Felix tat.

1952 machte man auf einer deutschen Kunstauktion einen interessanten Fund, der viel über die unbeschwerte Kindheit der Mendelssohns aussagt. Es ist dies »Paphleis«, ein Spott-Heldengedicht des 11jährigen Felix, fast durchweg in sechsfüßigen Daktylen verfaßt. Es zeigt, wie sehr sich der kleine Felix auch in der lateinischen, deutschen und griechischen Literatur zu Hause fühlte. In den unzähligen Briefen Felix', von denen rund 5000 erhalten sind, ist auch später deutlich eine sprachliche Geschmeidigkeit und Brillanz zu spüren. Fanny tat sich da ein bißchen schwerer, war biederer und weniger gewandt.

Endlich lenkte Abraham die musikalischen Geschicke der Kinder in die richtigen Hände! Carl Friedrich Zelter (1758–1832), der Goethe-Freund, der Maurersohn und Maurermeister, halb Autodidakt, halb gelernter Musiker, der sich sehr intensiv mit Violinspiel, Dirigieren und Komponieren auseinandersetzte und darin alles nötige Fachwissen erlangte, wurde 1819 Kompositionslehrer der beiden Kinder Fanny und Felix. Zelter, Schüler von Carl Friedrich Fasch (Hofkomponist bei Friedrich dem Großen), Initiator der Berliner Singakademie, die seit 1800 unter seiner Leitung stand, hatte das Berliner Musikleben radikal reorganisiert. Als begeisterter Bach-

Anhänger pflegte er vor allem die Chormusik, 1807 gründete er die sogenannte »Ripienschule« für instrumentalen Nachwuchs; auch die spätere »Liedertafel«-Bewegung der Männergesangvereine ist ihm zu verdanken. Sein jour fixe waren die »Freitags-Musiken« für Orchester und mögen vielleicht der Familie Mendelssohn Vorbild zu ihren berühmten »Sonntagsmusiken« gewesen sein. Zelter hatte zahlreiche prominente Privatschüler wie Otto Nicolai, Carl Loewe, E. Grell und auch Giacomo Meyerbeer. Als Komponist hinterließ er etwa 200 Lieder, von denen einige veröffentlicht wurden; er schrieb Sinfonien, ein Bratschenkonzert und Klaviermusik. Die jungen »Meisterschüler« Fanny und Felix holten ihren Lehrer musiktheoretisch bald ein.

Was hat Fanny Mendelssohn bei Zelter gelernt? Hatte sie gemeinsam mit Felix Unterricht? Gab Zelter beiden die gleichen Aufgaben? Wer durfte zuerst ein Stück vorspielen? Wir müssen den wenigen Angaben aus der Zeit entnehmen, daß Zelter zwar Dittersdorf, Paisiello, Spontini und Gluck kannte und ihre Werke analysieren ließ (neben Bach, versteht sich), aber von Haydn, Mozart und Beethoven wenig in den Kompositionsunterricht einfließen ließ. Beethoven verachtete er eindeutig, Carl Maria von Weber ebenfalls; von Rossini war er begeistert. Daß Zelters Goethe-Vertonungen zu Ruhm gelangten, könnte man den hervorragenden Texten anrechnen, nicht seiner Kompositionsform. Schade vor allem, daß er keinen Zugang zu Beethoven fand. Zelter wollte die Kunst »rein« erhalten, auch sein bester Freund Goethe kannte und schätzte nur Vokalmusik; ist es dann verwunderlich, daß Fanny ihre Klavierwerke »Mélodies pour le piano« nennt und Felix die seinigen »Lieder ohne Worte«? Prima le parole, dopo la musica: Welch ein schweres Vermächtnis hatte Zelter da weitergegeben. Bei den Mendelssohns traf es wohl auf fruchtbaren Boden.

Ein kurzer Vergleich mit Wolfgang Amadeus Mozart und seiner Schwester Maria Anna, die fünf Jahre älter war, sei erlaubt. Auch hier existieren ähnliche Startbedingungen: ein ehr-

4 *Carl Friedrich Zelter (1758–1832): Der Komponist und Leiter der Berliner Singakademie war der Kompositionslehrer von Fanny und Felix Mendelssohn.*

geiziger Vater und der gleiche Wunderkind-Status der Geschwister zu Beginn der Karriere. Das berühmte Notenbuch legte Vater Leopold Mozart ursprünglich nur für »Nannerl« an. Sie galt als eine der besten Klavierspielerinnen Europas; ein Lob übrigens, das Fanny Mendelssohn nie erhielt. Doch wie die Nannerl-Biographin Eva Rieger nachweisen konnte, erschöpfte sich die Ausbildung der Mozart-Schwester auf ein wenig Tonsatz. Bei Felix Mendelssohn und bei Wolfgang Amadeus Mozart hatten Väter und Kompositionslehrer von Anfang an nur ein Ziel für die begabten Söhne: Kapellmeister und Dirigent. Für die begabten Töchter begnügte man sich mit einer guten Pianistinnen-Laufbahn.

Mozart schrieb – was die kompositorische Fähigkeit seiner Schwester anbelangt – am 19. Mai 1770 an sie: »Den 12. Menuett von Haydn, den Du mir geschickt hast, gefällt mir recht wohl, und den Baß hast Du unvergleichlich dazu komponiert, und ohne mindesten Fehler und ich bitte Dich, probiere öfter solche Sachen...« Nannerl Mozart hat nicht viel weiter probiert, und aus ihr ist auch keine rechte Komponistin geworden, wenngleich es viele Frauen in der neuen Frauen-Musikforschung gerne sähen. Sie, Nannerl wie auch Fanny, blieben letztlich im Schatten ihrer Brüder, deren Existenz ihnen nur zu Beginn ihrer Laufbahn zu mehr Aufmerksamkeit verhalf. Den Karrierebruch fördern, oft ohne böswilliges Zutun, offensichtlich die Eltern, deren Ehrgeiz bei männlichen Wunderkindern immer eine Stufe höher angesiedelt ist als bei ihren Töchtern. Auch heute wäre es nicht viel anders.

Das Jahr 1819, das Jahr der ersten Kompositionsversuche Fannys, brachte jedoch auch für die jüdisch-deutsche Familie Mendelssohn einige Enttäuschungen und Verletzungen mit sich. Der sogenannte »Judensturm« bestand in Berlin aus kleineren Pogromen, Plünderungen, Aktionen der Bevölkerung, die man, von welcher Seite auch immer, aufgehetzt hatte. Aus dieser Zeit wird berichtet, daß ein preußischer Prinz vor der 14jährigen Fanny und dem 10jährigen Felix ausgespuckt und dazu gerufen haben soll: »Hep, hep, Judenjung!«

Im Zelterschen Unterricht – Zelter ließ sich dafür sehr gut von Abraham Mendelssohn bezahlen – übertrafen sich beide Mendelssohn-Kinder in Ehrgeiz. Den musikalischen Wettbewerb, vor allem am Klavier, gewann anfänglich Fanny. Am 11. Dezember 1819 lieferte sie ihr erstes Werk für Vaters Geburtstag ab: »Ihr Töne schwingt euch fröhlich« für Singstimme und Klavier. Der erste Kompositionsversuch von Felix stammt aus dem Jahre 1820 (mit elf Jahren) und ist ein kleines »Recitativo« für Klavier; es folgte später das Singspiel »Die Soldatenliebschaft«, ein im Grunde ungewöhnlicher Stoff für einen 11jährigen Jungen.

Fanny, die gute und wohlerzogene Tochter des Abraham Mendelssohn, hatte die gleichen Startchancen wie ihr Bruder mitbekommen, war jedoch lebenslang außerstande, Selbstsicherheit und geistige Unabhängigkeit zu entwickeln, sich von väterlichen Fesseln zu befreien. »Treu und Gehorsam bis in den Tod« war seine Forderung, die Abraham ihr bereits zu ihrer Einsegnung abverlangte. Dies nach einer Eheformel klingende Gelöbnis hat Fanny bis zum Tod des Vaters nie gebrochen. Er verlangte ab 1819 ausdrücklich von ihr die Mitteilung ihrer persönlichen Gedanken und Wünsche an ihn, wie dies auch später in der Familie Mendelssohn in Hunderten von Briefen dokumentiert ist. »Du bist schon weit genug, um ausser den Begebenheiten auch in Deinen Gedanken Stoff genug zur Unterhaltung mit mir zu finden«, schrieb er aus Amsterdam am 5. April 1819 an Fanny, »und es würde mir angenehm sein, wenn Du diejenigen, welche Deine Beschäftigungen in Dir erzeugen müssen, von Zeit zu Zeit mitteiltest.« Dies tat Fanny brav in unzähligen Briefen. Und was sie diesen nicht anvertrauen mochte, das vertraute sie ihrem Tagebuch an. Briefeschreiben als Therapie, als Kommunikationsform hatte Hochkonjunktur im 19. Jahrhundert, es wurde zu einem Kult, es war ein Teil der Literatur, zumal Zelter und Goethe in ihrem ungeheuerlich ausführlichen und manchmal so geschwätzigen Briefwechsel bewiesen, daß er sogar gesellschaftsfähig, sprich für die Öffentlichkeit bestimmt sein könnte. Abraham bot sich also förmlich als Adressat an, und einer seiner Briefe aus Paris vom 2. Juli 1819 an Fanny endet so: »Dein Vater und Freund«.

1820, in ihrem zweiten Jahr bei Zelter, hatte Fanny rund dreißig Lieder und Arien nach französischen Texten vertont, dazu elf Klavierstücke, Chöre, sowie die Instrumentierung einer Arie aus Rousseaus »Le devin de village« geschrieben.

Die »Romance de Galatée« war eines der Lieblingslieder Abrahams geworden. Fanny schrieb einfache Strophenlieder, so wie sie Zelter liebte. Manchmal löste sie sich von der simplen Strophenform und begann mit der durchkomponierten Form. Und doch, bei aller Begabung: Abraham lenkte bereits jetzt schon in vorgeschriebene Bahnen und schrieb in seinem berühmten Brief aus Paris am 16. Juli 1820 an seine hochbegabte Tochter und zukünftige Komponistin Fanny: »Deine letzten Lieder sind in Viry, von wo ich sie morgen zurückbringe und dann jemand suchen werde, der sie mir leidlich vorsingt. Was Du mir über Dein musikalisches Treiben im Verhältnis zu Felix in einem Deiner früheren Briefe geschrieben, war ebenso wohl gedacht als ausgedrückt. Die Musik wird für ihn vielleicht Beruf, während sie für Dich stets nur Zierde, niemals Grundbass Deines Seins und Thuns werden kann und soll; ihm ist daher Ehrgeiz, Begierde, sich geltend zu machen in einer Angelegenheit, die ihm sehr wichtig vorkommt, weil er sich dazu berufen fühlt, eher nachzusehen, während es Dich nicht weniger ehrt, daß Du von jeher Deine Freude an dem Beifall, den er sich erworben, bewiesen hast... Beharre in dieser Gesinnung und diesem Betragen, sie sind weiblich, und nur das Weibliche ziert die Frauen.« Und an anderer Stelle schreibt er über ihr Lied »Les soins de mon troupeau«: »... Ich gestehe Dir, dass dieses Lied mir das liebste ist... Es ist heiter, fliessend, natürlich, Eigenschaften, die den meisten anderen abgehen, die zum Teil zu weit sind für die Worte...« – Ein Urteil, das die Kennerschaft des Vaters in musikalischen Fragen beweist, hat doch Fanny in zahlreichen Liedern, deren Texte volksliedhaft und eingängig sind, in Melodik und Klaviersatz den romantisch-emotionalen Bogen weiter gespannt, als dies dem Worte zuträglich wäre. Ihr dramatisches Talent, von kaum einem ihrer Zeitgenossen erkannt, war wohl mit der Komposition von Liedern recht bald unterfordert. Dies zu erkennen, hatte Zelter nicht die Autorität und Aufmerksamkeit, hatte er doch alle Hände voll zu tun, den hochbegabten Felix zu fördern und ihn bei Goethe und anderen Persönlichkeiten »einzuführen«.

Am 1. Oktober des Jahres 1820 wurden für Fanny und Felix die Weichen noch gleichmäßig gestellt: Sie wurden beide zu Mitgliedern der berühmten Berliner Singakademie. Fanny war knapp fünfzehn Jahre alt, Felix nur zehn. Die Bach-Verehrung Zelters übernahmen beide mit Freuden, denn sie entsprach ganz der protestantisch-bürgerlichen Tradition der Eltern, und manche spätere Chorkomposition von Fanny und Felix geht auf diese lange Singakademie-Erfahrung zurück.

Felix bei Goethe

Das Jahr 1821: ein ereignisreiches Jahr für Fanny und Felix. Es brachte für beide die erste Trennung, denn Zelter nahm Felix alleine mit nach Weimar zu Johann Wolfgang von Goethe: Er sollte sein Urteil über Felix' Können abgeben; von Fanny war dabei nicht die Rede. Jedoch: Mendelssohns waren berühmt genug, um bei Goethe ein offenes Ohr zu finden. So machte sich der alte Zelter mit seiner Tochter Doris und mit Felix auf den Weg nach Weimar: Anlaß für Fanny, eine Korrespondenz mit ihrem geliebten Bruder in Gang zu setzen, die in 26 Jahren auf rund 280 Briefe anwachsen würde. Die erste Trennung der eng Verbundenen und Hochbegabten, die sich über alles austauschten, was es in der Musikszene und im Familienleben zu erzählen gab, machte die 16jährige Fanny prompt krank. Am 29. Oktober 1821 schrieb sie – ganz allein gelassene »Mutter« – an Felix: »Du fehlst einem spät und früh, lieber Sohn! Und die Musik besonders will gar nicht rutschen ohne Dich... Wenn Du zu Goethe kömmst, sperre Augen und Ohren auf, ich rathe es Dir, und kannst Du bei Deiner Rückkehr mir nicht jedes Wort aus seinem Munde wieder erzählen, so sind wir Freunde gewesen. Bitte vergiß nicht, sein Haus zu zeichnen, es wird mir Freude machen... Des Abends, wenn um die Thee-Stunde die

Treppenthüre geöffnet wird, rufen wir oft wie aus einem Munde; das klingt als ob Felix käme... Ich werde wohl während Deiner ganzen Abwesenheit nicht auf die Academie kommen, denn trotz meines Pochens hält mich der Doktor noch immer zu Hause. Meine Freunde oben werden glauben, ich sei incognito mitgereist...« Und am Schluß fügt sie hinzu: »Adieu, vergiß nicht, daß Du meine rechte Hand und mein Augapfel dazu bist, daß es also ohne Dich auf keine Art in der Musik rutschen will... Deine treuste, hustendste Fanny.« Deutlich herauszuhören, daß ihr schon die erste Trennung vom Bruder große Schwierigkeiten bereitete, die es galt, per Brief zu überwinden.

Genau eine Woche später schrieb sie ihm schon wieder: »Es war mein Vorsatz gewesen, Dir, mein lieber Sohn, heute recht lang und ausführlich zu schreiben, aber wie Vater gestern sagte, der Mensch denkt, und der Husten lenkt.« Und sie ermahnt den Bruder, der mit zwölf Jahren wohl auch noch keine Erfahrung im Briefeschreiben hatte: »Zweitens mußt Du, bei der Aufschrift Deiner Briefe den Ort rechts setzen und nicht links... Adieu, lieber Bursche, freue Dich, daß Du in Weimar bist, und athme die goethische Luft ein, wie glücklich Du bist, eine Zeitlang in Goethes Haus zu leben... grüße diesen und die gute Doris, und den gutissimo Hummel und behalte lieb Deine Fanny.« In welchem Ruf muß Goethe gestanden haben, wie sehr muß ihn die hochgebildete Familie Mendelssohn verehrt haben, daß man derart schreiben kann!

Nun, Felix überzeugte offensichtlich mit seinen langen Locken und seinen großen Augen sogar den durch mancherlei weiblichen Charme verwöhnten Goethe, und er kann am 6. November Fanny mitteilen: »...Jeden Morgen erhalte ich vom Autor des Faust und des Werther einen Kuß und jeden Nachmittag vom Vater und Freund Göthe zwei Küsse. Bedenkt!... Nachmittag spielte ich Göthen über 2 Stunden vor, theils Fugen von Bach, theils phantasirte ich. Den Abend spielte man Whist, und Prof. Zelter sagte: ›Whist heißt, du sollst das Maul halten.‹ Den Abend assen wir alle zusammen...«

Felix zeigt bei diesen Gelegenheiten nicht nur sein eigenes Können am Klavier, sondern schiebt eines der herrlichen frühen Lieder auf einen Goethe-Text von Fanny vor: »Erster Verlust«. Goethe ist so begeistert, daß er für Fanny das folgende Gedicht verfaßt und Felix mit auf die Heimreise gibt:

An die Entfernte
Wenn ich mir in stiller Seele
singe leise Lieder vor;
wie ich fühle, daß sie fehle,
die ich einzig auserkor.
Möcht' ich hoffen, daß sie sänge,
was ich ihr so gern vertraut;
ach! aus dieser Brust und Enge
drängen frohe Lieder laut.

Welch ein herrliches Geschenk an die Daheimgebliebene! Und doch: Sie setzte sich keineswegs sofort hin, um den Text zu vertonen. Dies tat sie erst im Januar 1828, also rund sechs Jahre später. Im Gegenteil. Fanny fühlte sich durch das erste öffentliche Singen ihrer Lieder außerhalb des familiären Kreises herausgefordert und gleichzeitig animiert: Sie schuf eine zweite Version von Goethes »Erster Verlust«.

Doch auch in Berlin war musikalisch viel geschehen, von dem sie fleißig Felix berichtete. Die Hauptstadt erlebte die Uraufführung von Webers »Freischütz«, der ersten »deutschen« Oper nach der »Zauberflöte« und dem »Fidelio«. Die Oper traf die Berliner in einer Phase von Nationalstolz und Deutschtum; auf den Straßen sang man die Freischütz-Melodien; die Arien und Chöre waren wirklich populär geworden, und sogar Heinrich Heine berichtet: »Überall erklingt ›Durch die Wälder, durch die Auen‹ oder ›Wir winden dir den Jungfernkranz‹.« Der Komponist hatte offenbar die Volksseele getroffen: ein Faktum, dem sich der junge, noch nicht bekannte Mendelssohn später zu stellen hatte, der im selben Jahr auch nicht untätig war. Er schrieb bereits fünf Streicher-Sinfonien, fünfzehn

Fugen für Streichquartett und den großen Psalm 19 für Soli, Chor und Klavier. Fanny beließ es bei weiteren Liedern, doch aus heutiger Sicht erscheint es uns unverständlich, warum sie nicht ebenfalls – wie ihr Bruder – den Sprung zur Instrumentalmusik mitvollzog. War es – der Verdacht liegt nahe – der Zeltersche Unterricht und die Zeltersche Bevorzugung des Knaben Felix, der nach Aufführungen drängte? Akzeptieren wir die Tatsache, daß zwei hochbegabte Geschwister kaum gleichberechtigt nebeneinander in gleiche Bahnen gelenkt werden können. Was wußte man damals von der Förderung hochbegabter Geschwister? Ein unermeßliches Forschungsgebiet, das uns heute erst langsam erschlossen wird.

Die Schweiz-Reise

Nicht lange jedoch mußte Fanny warten, bis sie aus dem preußischen Berlin endlich die ersten Schritte tun und sich musikalische und persönliche Anregungen holen durfte. 1822: Es war das Jahr, in dem auch die Eltern Lea und Abraham Mendelssohn zum Protestantismus übertraten und die Familie den Beinamen Bartholdy annahm. Der Vater drängte auf eine Auslandsreise, obwohl Lea ihr Berliner Zuhause vorzog. Doch Bildungsreisen gehörten nun einmal zur Ausbildung der Kinder dazu, und da gab es nur eine Richtung, in die man reiste: in den Süden, in die Schweiz, bis zur italienischen Grenze. Mit etlichen Postkutschen, mit dem Hauslehrer Heyse, mit mehreren Bediensteten und zwei jungen Damen namens Julie und Marianne Saaling ging der Troß gen Süden, und Henriette Mendelssohn schrieb dazu aus Paris: »Nicht wie Zigeuner, sondern wie Fürsten, die zugleich Dichter und Künstler wären, reist Ihr.« Nach einem in der Mendelssohn-Familiengeschichte unvergeßlichen Erlebnis (man hatte Felix beim Einsteigen in eine Kutsche vergessen und dies erst nach drei Meilen bemerkt) reiste man über Magdeburg, den Harz und Göttingen nach Kassel und machte dort die Bekanntschaft mit dem Komponisten Louis Spohr. Spohr war Hofkapellmeister in Kassel und später dort auch Generalmusikdirektor. Er galt neben Paganini als größter lebender Geiger und hinterließ als Komponist unter anderm zehn Opern und fünfzehn Violinkonzerte.

Es ging weiter nach Frankfurt, wo Mendelssohns den 10jährigen Ferdinand Hiller kennenlernten. Der spätere Komponist und Dirigent sollte zum engsten Freundeskreis der Mendelssohns gehören, vertrat Felix zeitweise als Gewandhausorchester-Leiter und wurde 1847 städtischer Kapellmeister in Düsseldorf. Stuttgart, Schaffhausen, Chamonix, der Lago Maggiore waren die nächsten Stationen der Reise. Man lernte Interlaken, Bern und Vevey kennen, und Fanny schrieb stolz, daß »so noch niemand gereist ist«. Sie war restlos hingerissen von der Schweizer Bergwelt. An ihre Cousine Marianne Mendelssohn schrieb sie denn auch: »Ich habe einen Tag erlebt, Marianne, einen Tag, der ewig unauslöschlich in meinem Innern steht. In Gottes größte Natur bin ich getreten, das Herz hat mir gebebt vor Schauer und Ehrfurcht, und als ich, wieder beruhigt, das menschlich Schönste, das anmutig Lieblichste erblickte, als ich an der Grenze von Italien stehe, da ruft mein Schicksal: bis dahin und nicht weiter.« Und an anderer Stelle: »Das, was man nicht sieht, wirkt nicht weniger heftig auf das Gemüt als die sichtbaren Umgebungen – die Idee des Landes, welches hinter jenen Gebirgen beginnt, ja selbst die fühlbare Nähe Italiens... Wäre ich an diesem Tage ein junger Bursche von 16 Jahren gewesen, bei Gott! ich hätte zu kämpfen gehabt, um keinen dummen Streich zu begehen...« Schließlich das unvergeßliche Erlebnis des St. Gotthard: »... der Gotthard erhob sein Haupt in die reine Luft, nichts glich der Ruhe dieser Morgenfeier, ich kann Dir nicht sagen, wie bewegt ich war: und nun all dieser holden Anmut den Rücken wendend...«

Das Schweiz-Erlebnis und die Nähe zu Italien schlugen sich bei Fanny kompositorisch sofort positiv nieder. Am 17. August

1822 vertonte sie – nachdem die Familie auf der Rückreise Johann Wolfgang von Goethe besucht hatte – seinen Text »Kennst Du das Land, wo die Zitronen blühen, im dunkeln Laub die Goldorangen glühn«. Zeitlebens hat sie diese nur kurzfristig gestillte Italien-Sehnsucht musikalisch festzuhalten versucht. Ihre Lieder »Mignon« von 1826, »In die Ferne« von 1833, »Sehnsucht« von 1839, »Auf dem See von Como« von 1841 und »Liebe in der Fremde« von 1844 geben davon ein beredtes Zeugnis ab.

Goethe selbst hatte offensichtlich mehr Augen für das Wunderkind Felix als für seine Schwester Fanny, obwohl er von ihr über seinen Freund Zelter schon Gutes gehört hatte. Lea schreibt jedenfalls in einem Brief an ihre Kusine Henrietta Pereira über Fanny: »... Sie mußte ihm viel Bach spielen und seine von ihr komponierten Lieder gefielen ihm außerordentlich, so wie ihn überhaupt erfreut, sich in Musik gesetzt zu sehen.« Die Eitelkeit des alternden Schriftstellers hat Fannys Mutter damit deutlich benannt. Wer weiß, wie ungnädig Goethe Fanny empfangen hätte, wenn sie ihm nicht ein einziges vertontes Lied überreicht hätte?

Verständlich wirkt auf uns ihre Begeisterung, wenn wir uns vergegenwärtigen, wie es 1822 in Berlin aussah. Uniformen und Militär spielten eine vorrangige Rolle in der preußischen Hauptstadt, und der schwedische Autor Atterbom machte sich 1817 darüber lustig: »Ein preußischer Militär in voller Kleidung ist, was den oberen Teil des Körpers anbetrifft, ein treulicher Erbe der Frauenzimmergestalt in der berüchtigten französischen Schnürleibstracht. Magen und Unterleib werden in erstaunlicher Weise zusammengepreßt, die Hüften treten weit und breit darunter hervor ... daß man beim ersten Anblick eher verkleidete Frauenzimmer als Helden zu sehen glaubt.« Zu Berlin gehörte, wie man damals sagte, »das Militär wie zu Rom die Peterskirche und zu Paris die Frauen«. Täglich fanden glänzende Wachparaden an Schinkels Neuer Wache, am Brandenburger Tor oder am Schloß statt. In einer Schilderung aus jener Zeit heißt es: »Um die Königswache und um das dahinter liegende Kastanienwäldchen tummelt sich schon seit 10 Uhr eine geschäftslose Menge herum. Hier ist die Börse der Pflastertreter und Müßiggänger von Profession... Hier wird die Parole ausgegeben, und hier ist das tägliche Rendezvous von Generalen, Stabsoffizieren, Commandeurs und Adjutanten der Regimente, Feldwebeln, Gendarmen und Ordonnanzen... Darauf schließen sich die Glieder wieder und, das Musikkorps an der Spitze, marschiert die Ablösung in die Stelle der abziehenden Mannschaft und besetzt die Wache. Die Hautboisten begeben sich dann in das Kastanienwäldchen und spielen dort...«

Was die ganze Familie Mendelssohn von solchem Alltagstreiben mitbekam, können wir nur vermuten. Es schlägt sich kaum in ihren Tagebüchern und Briefen nieder. Niemand aus ihrer Familie gehörte zum Militär; wie denn auch, waren sie doch immer noch jüdische Staatsbürger, denen der Staatsdienst vorenthalten blieb. Der einzige, der militärische Erfahrung hatte, war Wilhelm Hensel, der spätere Ehemann von Fanny, der sich an der Völkerschlacht bei Leipzig beteiligt hatte. Seine soldatische Königstreue war für die Mendelssohns zeitlebens ein heißes Eisen. Im Vergleich zu Fanny war er äußerst konservativ gesinnt; für Hensel wiederum gehörten die Mendelssohns zum liberalen Flügel.

Nur Heinrich Heine, der kritische Geist, der sich 1821 an der Berliner Universität einschrieb, registrierte in aller Offenheit Militärgewalt, Verfolgen von »Volksverhetzern« und Polizeischnüffelei. Schließlich war er selbst der Stadtverwaltung verdächtig vorgekommen und mußte seine Loyalität immer wieder unter Beweis stellen. Bei einem dieser Verhöre sagte er schlagfertig, als man ihm eine regierungsferne Meinung vorwarf: »Ich habe immer dieselben Ansichten wie die Regierung; ich habe gar keine.« Den Rechtsgelehrten Savigny nannte Heine einen »Possenreißer«, und nur Hegel konnte vor ihm bestehen, dessen Werk er in Rahel Varnhagens berühmtem Salon diskutierte. Doch auch hier, in diesem Kulminationspunkt bürgerlicher Kultur, scheinen die Mendelssohns gefehlt zu haben. Sie führten auf ihre eigene, ganz dem Familien- und Freundeskreis vorbehaltene Weise einen »Salon«, der weniger politischen Einfluß als musikalischen hatte. Fanny äußert sich lebenslang nur vorsichtig zu politischen Themen: ein Beweis, daß dies nicht das Thema Nr. 1 im Hause Mendelssohn war. Fanny Hensel kehrte aus der Schweiz mitsamt ihrer Familie im Oktober 1822 wieder ins preußische Berlin zurück. Die Schweiz-Reise blieb ihr unvergeßlich.

Wilhelm Hensel

Nicht nur in sehnsuchtsvollen Liedern zeigt sich das kompositorische Können von Fanny in diesen Jahren. 1822 schrieb sie neben siebzehn Liedern auch ihr Klavierquartett As-Dur und den Sonatensatz in E-Dur, der leider nicht zu einer vollen Sonate gereichte. Felix brachte in der gleichen Zeit sein Violinkonzert d-moll und sein der Schwester Fanny gewidmetes Klavierkonzert a-moll zu Papier, schrieb weitere drei Streichersinfonien, ein Klavierquartett in c-moll sowie ein Gloria und Magnificat für Soli, Chor und Orchester. Er fand den Weg zur großen Form. Zur gleichen Zeit komponierte in Wien Franz Schubert seine 8. Sinfonie, die Unvollendete, doch davon weiß Fanny Hensel noch nichts.

Ganz privat wurden für sie in diesem Jahr deutlich die Weichen gestellt. Anläßlich einer festlichen, vom König anberaumten szenischen Aufführung von Thomas Moores Romanze »Lalla Rookh« lernt sie den jungen Maler Wilhelm Hensel kennen. Er sollte die lebenden Bilder auf der Bühne arrangieren, die Musik stammte vom Berliner Operndirektor Spontini, die Kulissen waren von Schinkel gefertigt worden. Die russische Großfürstin, zu deren Ehren das szenische Spektakel veranstaltet wurde, orderte nach dem großen Erfolg bei Hensel eine

Bilderserie, um die Pracht der Bühnenbilder und Kostüme festzuhalten. Das war Hensels erster großer Auftrag als Maler.

Fanny Mendelssohn und Wilhelm Hensel trafen sich danach offensichtlich nochmals in seinem Atelier und empfanden spontan Zuneigung zueinander. Fannys Eltern luden den jungen Maler prompt nach Hause ein, und bereits das Weihnachtsfest 1822 verbrachte Hensel im Kreise der Familie Mendelssohn. Dabei hat er wohl offiziell um die Hand Fannys angehalten: ein Wunsch, der von den Eltern klar mit »Nein« beschieden wurde. Warum? Erstens: Er hatte noch keinen Beruf, mit dem er (s)eine Frau ernähren konnte. Zweitens: Er liebäugelte mit dem Katholizismus wie seine überaus fromme Schwester Luise. Auch gehörte er zur Gruppe der »Nazarener«, einer Gruppe junger preußischer Maler, die sich eine Belebung ihrer Kunst von der Religion erhofften. Friedrich Overbeck, die Brüder Johannes und Philipp Veit, Wilhelm Schadow, Julius Schnorr von Carolsfeld und Peter Cornelius waren ihre Wortführer. Jakob Bartholdy, der in Rom lebende Bruder Leas, gab ihnen in einem großen Moment von Mäzenatentum den Auftrag, die Villa Bartholdy (oder Casa Bartholdy) auf dem Monte Pincio mit Wandfresken auszumalen. Dieser Auftrag wurde in Berlin mit Freude aufgenommen.

Hensel, zwar von Hause aus Protestant, hatte anfänglich Schwierigkeiten, sich mit dem liberalen Glauben der Mendelssohns abzufinden. Am 1. Dezember 1823 schrieb er an seine Schwester Luise aus Rom, wo er ein fünfjähriges preußisches Stipendium antrat: »... bis zu meiner Rückkunft will ich kein Geheimnis vor Dir haben, und so höre denn, daß – ich liebe. Das Mädchen würdest Du gewiß gern als Schwester anerkennen. Nicht so billigen würdest Du den Kreis, der sie umgibt, und die Ansichten, welche in demselben herrschen. Sie ist die Tochter kaum erst Christen gewordener Eltern, und wenn auch selbst schon als Kind getauft, doch sehr in protestantischem Sinne erzogen... Durch mich hörte sie zuerst Wahreres über die Lehren der Kirche und war williger, das derselben getane Unrecht anzuerkennen... Die Eltern verlangten nur, daß die

5 *Wilhelm Hensel (1794–1861): Der preußische Hofmaler wurde der Ehemann von Fanny Mendelssohn Bartholdy, Selbstporträt, Zeichnung.*

6 Fanny Hensel, geb. Mendelssohn Bartholdy, nach einer Zeichnung von Wilhelm Hensel.

Sache noch aller Welt ein Geheimnis bleibt, da die Großmutter des Mädchens noch gar nicht wisse, daß diese wirklich Christin sei, und man die alte 80jährige Frau, eine orthodoxe Jüdin, nicht wolle mit Leid in die Grube fahren lassen, die schon ihren Sohn verstoßen hatte, weil er Christ geworden... Sage mir lieber frei, wo ich dunkel blieb, und vergib mir, wo ich nach Deiner Meinung fehlte. An Liebe für Dich hat mir's gewiß nicht gefehlt, und sie wird nicht fehlen nimmer –. Gott mit Dir. Dein treuer Bruder Wilhelm.« Und in seiner Adresse fügt er stoz und bescheiden zugleich hinzu: »pittore prussiano, Roma«.

Hensel spürte, daß er mit dem Thema Katholizismus in der Familie Mendelssohn auf Granit stieß. Hatte Lea ihm doch im entscheidenden Gespräch vor der Rom-Reise gesagt, daß »Katholizismus allemal zu Fanatismus und Kopfhängerei« führe. Abraham Mendelssohn verhielt sich neutral, da er in Religionsfragen nur die ethische Seite vertrat und letztlich ohne jegliche Konfessionsschranken leben wollte. Mutter Lea zeigte ihre Skepsis, indem sie Hensel verbot, der Verlobten Fanny von Rom aus zu schreiben. Bei allem inneren Widerstand: Fanny und Wilhelm mußten sich fügen, und Wilhelm fand einen Zwischenweg, indem er fleißig an die Eltern nach Berlin schrieb, Zeichnungen beilegte und sich dadurch immer wieder ins Gedächtnis brachte. Daß Fanny in den fünf Jahren bis Oktober 1828 keine einzige Zeile, eventuell heimlich über eine Botin aus dem Familienkreis, nach Italien schmuggeln konnte, scheint uns für eine verliebte Braut heute unwahrscheinlich. Doch darüber schweigt die Mendelssohn-Forschung. Die Korrespondenz lief allein über Mutter Lea, die ihm deutlich machte: »Im Ernst, lieber Herr Hensel, können Sie mir wirklich nicht böse sein, weil ich keinen Briefwechsel zwischen Ihnen und Fanny gestatten will... Ein Mann darf nicht daran denken, sich zu verheiraten, bis seine Verhältnisse einigermaßen gesichert sind... Fanny ist sehr jung und, dem Himmel sei Dank, bis jetzt völlig harmlos und ohne Leidenschaft. Sie sollen sie durchaus nicht in jene verzehrende Empfindung reißen wollen und sie durch verliebte Briefe in eine Stimmung schrauben, die ihr ganz fremd ist und die sie auf mehrere Jahre sehnsüchtig schmachtend verzehrend machen würde, indes sie jetzt blühend, gesund, heiter und frei vor mir steht.«

Wieviel Lea von Leidenschaft und verzehrender Sehnsucht selbst erlebt hatte, als sie das schrieb, bleibt dahingestellt. Sie hat über den Kopf der angeblich leidenschaftslosen Fanny hinweg entschieden. Die Leidenschaft wurde also pflichtgemäß verschoben; die Heirat und Wilhelm mußten warten. Und er wartete, er, der Sohn eines Pastors aus der Mark Brandenburg, aus ärmlichen Verhältnissen kommend, der das Studium des Bergingenieurs begonnen hatte. Von Kind auf an interessierte ihn nur das Zeichnen, er mischte sich selbst Farben an, saß heimlich nachts in seiner Stube und zeichnete. Als 1811 sein Vater starb, erlaubte ihm die Mutter endlich, zur Kunstakademie zu gehen. 1813 meldete er sich freiwillig ins preußische Heer, wurde mehrfach verwundet und hätte fast das Eiserne Kreuz bekommen. Nach Kriegsende verbrachte Wilhelm kurze Zeit in Paris; nach Berlin zurückgekehrt, stand er ohne Anstellung da, wollte plötzlich Dichter werden, kam dann aber mit dem berühmten Baumeister und Maler Schinkel in Kontakt, der ihn fortan förderte. Das Rom-Stipendium war für ihn eine große Ehre, die ihn ein kleines Stück auf der bürgerlichen Leiter nach oben klettern ließ. Der Reichtum der Familie Mendelssohn muß für Wilhelm damals unermeßlich gewesen sein, und es spricht für das aufstrebende Bürgertum, daß man inzwischen wirklich aus Liebe und nicht mehr grundsätzlich aus Familienkalkül heiratete. Früher wäre es für orthodoxe jüdische Eltern selbstverständlich gewesen, ihre Älteste mit dem Sproß eines jüdischen Geschäftsfreundes zu verehelichen. Aber es spricht für die liberale Gesinnung der Mendelssohns, daß sie letztlich den preußischen Hofmaler (der er später wurde) bevorzugten. Auch Fannys Entschiedenheit, mit der sie fünf Jahre auf ihn wartete, mag dabei entscheidend gewesen sein.

Was schrieb Fanny in diesem ersten Trennungsjahr 1823? Sie wagte sich an eine Kadenz zu Beethovens erstem Klavierkonzert in C, schrieb die c-moll-Klaviersonate, das Adagio für Violine und Klavier und rund dreißig Lieder für Singstimme und Klavier, darunter das »Ständchen« (Uhland), »Vereinigung«

(Müller), »Der Neugierige« (Müller), »Ferne« (Tieck) und Goethes »Fischer«. Zu letzterem Lied vermerkte sie: »Componirt bei Lauffen, verloren bei Chamonny, wieder ausgeschrieben in Berlin, den 29. August 1823.« Am Silvesterabend des Jahres 1823 – sie war achtzehn Jahre alt – notierte Fanny die Komposition zu Gerstenbergs Lied »Mein Herz, das ist begraben«, und am zweiten Weihnachtstag brachte sie vom selben Textdichter das Lied »Der Tag wird mir so lang« zu Papier. Ihre Kompositionen ersetzten offensichtlich die Korrespondenz mit Wilhelm.

Das erste Weihnachtsfest ohne Wilhelm brachte für die Familie eine besondere Überraschung; Großmutter Babette Salomon schenkte Felix die Abschrift der Partitur von Johann Sebastian Bachs »Matthäuspassion«: ein Geschenk, das, nachdem es fast 100 Jahre in der Schublade gelegen hatte, für sein ganzes Leben von Bedeutung bleiben würde und die gesamte Bach-Renaissance einleiten sollte. Der 14jährige schrieb seinerseits in diesem Jahr ein Klavierquartett in f-moll, eine Violinsonate in F-Dur, ein Konzert für zwei Klaviere, ein Konzert in d-moll für Klavier, Violine und Streichorchester und vier weitere Streichersinfonien Nr. 9 bis 12. Als vorpubertäre geniale Jugendwerke können wir diese musikantischen Streichersinfonien nicht einfach abtun. Bei Felix Mendelssohn stand eine stetige Entwicklung zum Meister der großen Form an; und diese Vorliebe zur klassischen Formgebung hat ihn nie losgelassen.

1824: In diesem Jahr erhielten die 19jährige Fanny und der 15jährige Felix Unterricht bei einem prominenten Pianisten, der in Berlin zu Gast war: bei Ignaz Moscheles (1794–1870). Auch er war verblüfft über das Können beider und berichtete: »Dies ist eine Familie, wie ich noch keine gekannt habe ... Dieser Felix Mendelssohn ist schon ein reifer Künstler und dabei erst fünfzehn Jahre alt ... Seine ältere Schwester Fanny, auch unendlich begabt, spielte Fugen und Passacaglien von Bach auswendig mit bewundernswerter Genauigkeit; ich glaube, sie ist mit Recht ein guter Musiker zu nennen.« Moscheles trat im selben Jahr erstmals in den »Sonntagsmusiken« des Hauses Mendelssohn auf,

7 *Fannys Lied »Der Maiabend« auf einen Text von J. H. Voß, undatiertes Autograph mit einer Zeichnung von Wilhelm Hensel.*

und Felix spielte für Fanny zum 19. Geburtstag den Klavierpart von Mozarts c-moll-Klavierkonzert KV 491.

Den Sommer verbrachten die Mendelssohns im Ostseebad

Bad Doberan; der Hauslehrer Heyse begleitete die Kinder Felix und Fanny bei einem Spaziergang, als beide plötzlich von Straßenjungen angegriffen und mit »Judenkinder« verhöhnt wurden. Felix war zutiefst verletzt und verhehlte seine Wut darüber nicht. Er brach in Tränen aus; wie Fanny reagiert hat, wissen wir leider nicht. Mit Sicherheit muß es sie unendlich gekränkt haben. Es traf die ganze Familie in einem Moment der Sicherheit, als man bereits an langsame Assimilation glaubte.

Kompositorisch war das Jahr 1824 wieder sehr produktiv für beide Mendelssohn-Kinder. Von Fanny können wir etliche neue Lieder vermerken, so »Sehnsucht« (Schiller), »Herbstlied« (Tieck), »Mailied« (Goethe) und »Heimweh« (Robert). Letzteres nahm Felix in seiner Liedausgabe unter opus 8 auf; eine Tatsache, die erst in neuen Gesamtausgaben korrigiert worden ist. Aus der Feder des Bruders stammt eine erste große Sinfonie, das Sextett op. 110, die Motette »Jesu meine Zuversicht« und das »Salve Regina« für Sopran und Streicher.

Ein Jahr danach (1825): In Wien starb der hochbetagte Salieri, 29 Jahre nach dem Tod seines angeblichen Widersachers Mozart; Johann Strauß Sohn wurde geboren. Abraham Mendelssohn macht sich mit Sohn Felix auf eine weitere Reise, diesmal nach Paris. Abraham möchte die große musikalische Autorität Frankreichs, Chef des Conservatoire, Luigi Cherubini, nach seinem Urteil zu Felix fragen. Cherubini, als gestrenger und unbestechlicher Musiker gefürchtet, kommt nach Anhörung des Klavierquartetts h-moll op. 3 von Felix zu dem erstaunlichen Schluß: »Der Junge ist begabt, er wird Gutes leisten, er leistet schon jetzt Gutes. Aber er verschwendet sein Vermögen, er verwendet zuviel Stoff für sein Gewand...« Das Klavierquartett war Goethe gewidmet, dem man es auf dem Rückweg über Weimar vorspielte. Die Bemerkung über Felix' Bekleidung bezog sich auf die edlen Stoffe, mit denen Abraham Mendelssohn seinen Sohn stets ausstaffieren ließ.

Das Urteil Cherubinis war der entscheidende Segensspruch, der wichtigste Impetus für Abraham Mendelssohn, bei Felix den Beruf als Komponist ernst zu nehmen. Niemand hat jemals Fanny eine solche Gelegenheit gegeben, ihr Können bei einem renommierten europäischen Musiker unter Beweis zu stellen. Doch es ging laut Abraham bei ihr ja nicht um den zukünftigen Beruf, sondern »nur« ums Talent. Und das konnte Fanny auch zu Hause ausleben.

So begab sie sich wieder an ihren heimischen Schreibtisch in Berlin, An der Promenade 7, und vertonte Goethe-Gedichte: »Suleika« mit dem Textanfang »Ach! um deine feuchten Schwingen« (die neuesten Forschungen ergaben, daß dieses immer Goethe zugeschriebene Gedicht von Marianne von Willemer, einer Frankfurterin, stammt), »Ist es möglich«, »An Suleika« und »Dir zu eröffnen mein Herz«. Da saß sie nun – von Felix und dem Vater allein gelassen – und mußte aus der Ferne an die beiden in Paris schreiben. Sie überschüttet den Bruder förmlich mit Briefen und will an allem teilhaben, was er dort erlebt, kritisiert ihn, weil er so wenig »große« Musik hört. Am 25. April 1825: »Etsch, reist nach Paris, und bekömmst keinen vernünftigen Ton zu hören, oder doch nicht viele und wir sind ruhig zu Hause geblieben und müssen alle Ohren aufsperren. In einer Woche ›Jessonda‹, ›Alceste‹, ›Samson‹ und die Pastoralsymphonie...« Fanny war demnach oft im Konzert anzutreffen, und es machte ihr Freude, bei Uraufführungen ihr kritisches Urteil abzugeben.

Felix hat bis zuletzt aus Paris wenig Erfreuliches zu berichten; er stellte allerhöchste Ansprüche, die er am Niveau der Berliner Singakademie, des Opernhauses und der im Familienkreis aufgeführten Musik messen konnte. Und so weiß er auch nichts anderes von der Seine zu berichten als: »...was giebt man in der italienischen Oper als Rossini? Nimm den Musikcatalog zur Hand: was kommt heraus, was geht ab als Romanzen und Potpourris? Komme doch nur erst her und höre ›Alceste‹, höre ›Robin des Bois‹, höre die Soiréen (die Du mit Salons übrigens verwechselst, denn Soiréen sind Concerte für Geld, und Salons Gesellschaften)...« Solche Worte mögen Fanny vielleicht darüber hinweggetröstet haben, daß sie die Weltstadt

7 Suleika

(Marianne von Willemer)

Wb. 2252

8 *»Suleika«: Dieses Lied wurde lange Zeit Goethe zugeschrieben. Tatsächlich handelt es sich um einen Text von Marianne von Willemer.*

Paris nicht miterleben durfte. Ihrem besonders kritischen Verstand hätte das Pariser Musikleben sicherlich auch Schwierigkeiten gemacht.

Leipziger Straße 3

Daß Fanny binnen kurzem einen Salon ihr eigen nennen würde, das wußte sie damals noch nicht. Der Vater hatte 1825 endlich ein würdiges Domizil für seine Familie gefunden: das ehemalige Palais von der Reck an der Leipziger Straße, damals am Westende der Stadt, heute am Verkehrsknotenpunkt zwischen West und Ost, am Potsdamer Platz, gelegen. Ein riesengroßes Anwesen war es, das die Familie alleine nicht füllen würde. Der Sohn von Fanny und Wilhelm, Sebastian Hensel, der unermüdliche und gute Biograph der Familie, hat dort seine unbeschwerte Kindheit verlebt, zahlreiche Prominente, wie die Brüder von Humboldt oder der Hannoversche Diplomat Karl Klingemann, gehörten zu den Mietern. Das schönste an diesem Eigentum, auf dem heute deutsche Regierungspaläste entstehen, war jedoch der Garten. So schreibt Lea Mendelssohn: »Mache ich meine Thüre zu, so bin ich vollkommen vom Bau getrennt und erfreue mich einer so großen Ruhe, daß ich mich durchaus auf dem Lande wähnen kann...« Und Sebastian sagt: »... Alle Fenster sahen nach dem Garten hinaus, in blühende Fliederbüsche, in Alleen schöner alter Bäume... Kein Gegenüber als die herrlichen Bäume des Gartens, mit lustig zwitschernden Vögeln...« Er meint die Gartenwohnung, die seine Mutter später mit Wilhelm Hensel beziehen würde. Doch gemach: Er war 1825 noch gar nicht geboren.

Das Haus wirkte auf die Berliner Kunst- und Musikszene wie ein Magnet; es fanden sich hier alle ein: die Philosophen Hegel, Schleiermacher, der Dichter Heinrich Heine, die Salonnières

9 *Stadtplan von Berlin aus dem Jahre 1810: Deutlich ist im unteren Drittel der Zeichnung das große Gartengrundstück*

Leipziger Straße 3 zu sehen, das damals am westlichen Stadtrand lag.

Henriette Herz und Rahel von Varnhagen, der Rechtsgelehrte Eduard Gans, der Sänger und Schauspieler Eduard Devrient (später ein enger Freund Mendelssohns), der Historiker Droysen, der Geiger Ferdinand David und viele mehr. Abraham Mendelssohn erlaubte dem Naturwissenschaftler Alexander von Humboldt, sich im Garten ein magnetisches Observatorium einzurichten. Die Gastfreundschaft der Familie Mendelssohn wurde von allen gerühmt.

Als Abraham das Anwesen im Februar 1825 erwarb, befand es sich in einem jämmerlichen Zustand; es war verfallen und vernachlässigt. Es bestand aus einem Haupt- und Vorderhaus, zwei Seitenflügeln und einem Quer- oder Gartenhaus. Es maß ganze 59 Meter in der Breite und 52 Meter in der Tiefe. Abraham ließ es fast vollständig umbauen, um es bewohnbar und vermietbar zu machen. Prunkstück war der sogenannte Gartensaal, ein rund acht Meter hoher Raum von 14 mal 7,5 Metern. Zum Hof hin betrat man seine breite Terrasse, die von dorischen Säulen umrahmt wurde. In diesem Saal fanden Mendelssohns berühmte »Sonntagsmusiken« statt, hier war der Ort, wo Felix seine ersten Dirigier-Erfahrungen machte, wo Fanny unzählige Male am Klavier gesessen und selbst auch dirigiert hat. Hier waren Franz Liszt und Clara Schumann, Johanna Kinkel und Ignaz Moscheles zu Gast, hier verkehrten und spielten die Musiker der Königlichen Hofkapelle, die Abraham engagierte, hier wurden Opern und Singspiele aufgeführt, kurz; hier wurde Berliner Musikgeschichte gemacht und geschrieben.

Im Souterrain des Vorderhauses wohnte der französische Gärtner Clément mit seiner ganzen Familie, und alle Mendelssohn-Kinder haben dort gerne gespielt und mitgegessen, denn zu Hause meinte man oft, Kinder sollten knapp mit dem Essen gehalten werden.

Abraham muß stolz über den Erwerb gewesen sein, denn Sebastian schreibt: »Vielleicht war dies die glücklichste Zeit im Leben Großvaters. Die Existenz gesichert und fixiert in einem der schönsten Grundstücke des damaligen Berlin, an seiner Seite eine innig geliebte, kluge und geistreiche Frau, in langer

Ehe ihm treu verbunden, alle Kinder mit schönen Augen heranwachsend, Felix über die Zeit des Schwankens hinaus, auf sicherm Wege zum Höchsten, was der Mensch erstreben kann, wohlverdientem Ruhm in der Kunst, Fanny ihm ebenbürtig an Talent und Begabung und doch nichts anderes begehrend, als bescheiden in den Schranken, die die Natur den Frauen gesetzt, zu verbleiben…« Die Geschwister bekamen neuen Auftrieb zum Komponieren und zum Theaterspielen, denn der Garten bot eine ideale Kulisse. Wie viele Male muß hier der »Sommernachtstraum« erklungen und gespielt worden sein! Hier schrieb auch Felix 1825 eines seiner großen Kammermusikwerke, das Streich-Oktett op. 20, die Oper »Die Hochzeit des Camacho«, die C-Dur-Ouvertüre op. 101. Aus Fannys Feder kam in jenem Jahr jedoch recht wenig. Wir wissen u. a. von einem Rezitativ mit Arie für Sopran und Klavier »Numi clementi«, zu dem sie selbst anmerkt »Jämmerlich schlecht gerathen«, oder ihrem Duett »Schäfergesang« sowie Goethes »Harfners Lied« und Saalings »Erinnerungen in die Heimath«.

In Berlin fuhren damals die ersten von Pferden gezogenen Omnibusse, und vor der Tür hatte man gerade die erste Kanalisation eingerichtet. Die Prachtstraße Unter den Linden erhielt als erste eine Gasbeleuchtung; die Allee lag nicht allzu weit von der Leipziger Straße. Dort herrschte fast ländliche Idylle; hinter dem Haus gab es Meiereien, Landwirtschaft, die verpachtet war. In der Bel-Etage saß die Hannoversche Gesandtschaft bis 1832, und als der Gesandte Klingemann dann nach London versetzt wurde, pflegte die gesamte Mendelssohn-Familie mit ihm einen intensiven Briefwechsel. Im Vorderhaus wohnten bis zu ihrer Verheiratung auch die Kinder Fanny, Felix, Rebecka und Paul, und auch nach ihrer Eheschließung bewohnten Rebecka und ihr Mann Peter Lejeune Dirichlet noch das elterliche Haus. Fanny und Wilhelm wohnten in dem Gartenhaus. Im Hinterhaus gab es noch eine unbekannte »Dame mit Nichten und Enkelinnen«; Lea und Abraham haben wohl im ersten Stock gewohnt, später kam der jüdische Bankier Leonhard Lipke dazu. Und ab 1843 war es der französische Graf Pourtalès, der mit seiner Familie in der Leipziger Straße 3 wohnte. Das war denn manchmal ein wenig zuviel, denn Fanny berichtete am 15. November 1843: »Unser Haus ist jetzt ziemlich gefüllt, Pourtalès ist mit seinem fürstlichen Haushalt eingezogen, 19 Personen; wie würde sich Mutter über den Meldezettel amüsiert haben; er war wirklich zum Studiren...« 1850 verließ Pourtalès das Haus, 1852 wurde es an den preußischen Staat verkauft, es sollte als Versammlungsort der Ersten Preußischen Kammer dienen, dann als »Herrenhaus« für die Abgeordneten des Preußischen Landtages und als Sitz des Nordeutschen Bundes. Für genau 100000 Taler ging der Besitz über Paul Mendelssohn-Bartholdy, den Bruder von Felix und Fanny, an den preußischen Staat. Varnhagen schrieb am 31. Mai 1851: »Das Mendelssohn'sche Haus in der Leipziger Straße ist verkauft, die erste Kammer soll dort untergebracht werden. Der schöne Garten, und die tausend Erinnerungen, die seit 25 Jahren sich für mich daran knüpfen! Aber das Leben geht mit diesen noch grausamer um als der Tod.«

Fanny und das Bildungsbürgertum

Zunehmende Industrialisierung, Abschaffung von feudalen Strukturen, Auflösung der Großfamilie, Religionsfreiheit, kurz: die Gedanken der Aufklärung waren an Preußen natürlich nicht spurlos vorbeigegangen. Die bürgerliche Frau durfte, ja sollte sogar einen gewissen Bildungsstand erreichen, um wenigstens bei der abendlichen Männergesellschaft ihres Gatten mitparlieren zu können. Lesen, Schreiben, Rechnen, Handarbeit, ein wenig Französisch, ein wenig Klavierunterricht oder Gesangsstudien: das alles stand der Frau ab Mitte des 19. Jahrhunderts zur Verfügung. Nur »gelehrt« werden, das sollte sie nicht, auf keinen Fall besserwisserisch oder sogar dem Manne überlegen. Die Forderung nach Bildung mündete schließlich in der Schaffung öffentlicher Schulen, die auch Frauen zugänglich waren. Damit war die Macht der vorwiegend männlichen Hauslehrer gebrochen, die sich jahrhundertelang in Bürgerfamilien etablieren konnten. Gouvernanten waren immer weiblich, Hauslehrer männlich.

Was jedoch die Frau im aufbrechenden Bürgertum zu tun und zu lassen hatte: darüber haben sich vorwiegend männliche Autoren die Feder in die Hand gegeben. »Die Kunst, ein gutes Mädchen, eine gute Gattin, Mutter und Hausfrau zu werden. Ein Handbuch für erwachsene Töchter, Gattinnen und Mütter« (Frankfurt, 1807). Oder »Die Anleitung für Hauslehrer« (Heydenreich 1800). In dem letzteren hieß es: »... so halte ich es für die Pflicht des Erziehers, das aufstrebende Genie des Mädchens zurückzudrücken, und auf alle Weise zu verhindern, daß es selbst die Größe seiner Anlagen nicht bemerke.« Eine ungeheuerliche Forderung an Tausende von Pädagogen, die in Bürgerhäusern hochbegabte junge Damen unterrichteten. Angesichts dieser handfesten Anleitung zur Unterdrückung weiblicher Kreativität ist uns heute manches erklärlich. Ob auch Heyse, der Hauslehrer von Fanny und Felix, diese »Anleitungen« gelesen hat? Um 1820 wurden jedenfalls in Deutschland die ersten Töchter- und Mädchenschulen gegründet; vorher hatte man sich jahrzehntelang darüber gestritten, ob es sich überhaupt lohne, Mädchen öffentlich zu unterrichten.

In der Musikwelt und auf den Konzertpodien, die ganz dem Manne vorbehalten waren, gab es damals nur einen Zweig, in dem die Frau außerhalb von standesgemäßer Heirat in der Öffentlichkeit reüssieren konnte: als Sängerin, als Primadonna. Als Instrumentalistin rangierte sie noch unter »rara et curiosa«, und es war beileibe etwas Außergewöhnliches, als Clara Wieck Mitte des 19. Jahrhunderts völlig allein einen Klavierabend bestritt. Ab 1820 entstand – im Zuge der bürgerlichen Musikkultur, die das Klavier favorisierte – sogar ein neuer Typus von Klavierschulen, bei denen in möglichst kurzer Zeit möglichst viele Schülerinnen unterrichtet werden sollten. Arme, Handgelenke und Finger wurden mit Apparaten festgehalten. Sechs bis zehn Schülerinnen hatten dabei gleichzeitig Unterricht. So sollte dem wachsenden Bedarf an gebildeten Bürgermädchen begegnet werden. Doch wieviel Kreativität mag dabei zerstört worden sein?

Wie sehr alle Bildung für Frauen im Rahmen des Dilettantischen bleiben sollte, zeigt auch eine Notenveröffentlichung aus jener Zeit mit dem Titel »Das vergnügte Ohr und der erquickte Geist in 6 Galanterie-Parthien zur Clavierübung für das Frauenzimmer in einer leichten und applicablen Composition«. Daß bestimmte Instrumente, wie die Geige oder das Cello, auch die Flöte, als unschicklich und unweiblich galten, hat hinlänglich Freia Hoffmann in ihrer großen Arbeit »Instrument und Körper« gezeigt. Was blieb, war das Cembalo oder später das Klavier, das die Frau mit geradem Rücken und geschlossenen Beinen bedienen konnte. Wagte es eine Frau, sich solistisch dem Publikum zu zeigen, geschah dies selten ohne die Begleitung eines Mannes, meistens war es der Vater wie im Beispiel von Clara Wieck oder bei Nannerl Mozart. In Programm-Ankündigungen hieß es bei Frauen meist nur »Demoiselle Steger« oder einfach »das Fräulein«. Erst Clara Wieck wurde schlicht und einfach »Clara Wieck« oder sogar nur »die Wieck«, Zeichen höchster Anerkennung, genannt. Frauen wie Marie Camilla Pleyel als Pianistin, Pauline Viardot-Garcia oder Maria Malibran als Sängerinnen waren immer noch singuläre Erscheinungen, die zwar viel Furore machten, doch wie einsame Sterne am Musikhimmel strahlten.

Es ist undenkbar, daß einer Frau wie Fanny aus dem Hause Mendelssohn die Karriere einer Solistin dieses Ranges als Lebensziel vorgeschwebt haben kann. Ihr mag auch die von einigen Zeitgenossen kritisierte mangelnde »Schönheit« und die Mendelssohnsche schiefe Schulter bei einer solchen Solistenkarriere im Wege gestanden haben. Aber es ist müßig, darüber nachzudenken, ob sich Fanny – wenngleich hochbegabt – neben einer Clara Wieck die Konzertpodien Europas erobern wollte. Und die gerade erst errungenen gesellschaftspoliti-

10 Berlins berühmteste Straße Unter den Linden um 1810, Stich von Treue.

schen Privilegien der Frau, von Einzelgestalten wie George Sand, Germaine de Staël oder Mary Wollstone-Craft prononciert, haben Fanny in ihrer behüteten und finanziell so abgesicherten Existenz wohl kaum interessiert. Denn schließlich gab Vaters Großzügigkeit ihr einen ungeheuren Freiraum, um sich als Musikerin zu verwirklichen, um als Komponistin ein kleines Publikum zu erfreuen oder als Dirigentin die ersten Schritte aufs Podium zu tun.

In Berlin wird sich Fanny in jener Zeit über manche Neuerung des Bürgertums gefreut haben. Es öffneten die ersten Kaffeehäuser und Hotels Unter den Linden, und man bewegte sich zusehends mehr auf Plätzen und Straßen. 1825 – Fanny war zwanzig Jahre alt – eröffnete Kranzler seine berühmte Konditorei Unter den Linden, Ecke Friedrichstraße, wo anfänglich vorwiegend das Militär und junge Adelige verkehrten. Die Literaten trafen sich währenddessen im Café Royal Unter den

Linden 44, Ecke Charlottenstraße. Es galt als »Versammlungsort eleganter, gebildeter Welt«. Man ging sonntags im Tiergarten flanieren, besuchte Maskenfeste oder schaute sich am Potsdamer Bahnhof die erste Eisenbahn an. In zahlreichen Biergärten wurde Musik angeboten; auch Werke der Zeitgenossen (Beethoven, Weber), oft in den unglaublichsten Bearbeitungen, kamen hier nicht zu kurz. Vielleicht hat Fanny Mendelssohn so manchmal gestaunt, was man aus einer Beethoven-Sinfonie machen konnte. Und wie oft hat sie die Melodien aus dem »Freischütz« als Blechbläserfassung gehört und darüber gelächelt? Die Prachtstraße der Preußenkönige Unter den Linden, die »erste Adresse« Berlins (und die es gerade wieder werden will), war auch zum Domizil vieler Bankiers geworden, die hier nicht nur ihre Geschäftshäuser, sondern auch ihre Wohnungen unterhielten.

Was Fanny anbetrifft, so wissen wir zum Beispiel nicht – und darüber schweigt auch Fannys Tagebuch, und in Briefen ist kaum etwas zu finden –, ob sie mit ihrer Schwester Rebecka oder mit ihrer Mutter Lea gerne »ausging«. Wahrscheinlich zog sie es meist vor, in dem riesigen Gelände des Hauses mit Garten, Boccia-Bahn, Obstbäumen und allen angrenzenden Gebäuden zu bleiben, um in Ruhe zu üben und zu komponieren. Am kulturellen Leben haben jedoch alle Mendelssohns rege teilgenommen; das zeigen Fannys gute und kritische Anmerkungen zu Uraufführungen in Berlin.

Mit der Berliner Mittelschicht hatte Fanny wohl kaum zu tun, und wir können sie uns auch schwerlich vorstellen, wie sie – nur wenige hundert Meter von der Leipziger Straße entfernt – wie die ihr wohlbekannte Bettina von Arnim in die Häuser von Tagelöhnern geht, um in irgendeiner Form karitativ tätig zu sein. Dies war ein Gebiet, auf dem Bettina von Arnim unermüdlich arbeitete. »Wo die Not so groß ist, muß man tätig unterstützen, nicht moralisieren, bis die Leute vor Hunger sterben«, schrieb sie in ihrem berühmten Buch an den König Friedrich Wilhelm IV., der wenig davon wissen wollte und sein Geld lieber in die Kunst steckte. Fanny Mendelssohn, aus einer der reichsten großbürgerlichen Familien Berlins stammend, hat – und da tun wir ihr sicherlich nicht Unrecht – soziale Mißstände kaum gekannt. Sie war rundum behütet und lebte in einer kulturgesättigten Atmosphäre, die sie bis an ihr Lebensende nicht verlassen hat.

Der heimische Gartensaal im väterlichen Anwesen wurde Fannys musikalischer Mittelpunkt. Hier spielte sie 1826 mit Felix eine vierhändige Version seines »Sommernachtstraums«; das Werk erklang dann später in einer »Sonntagsmusik« in der Orchesterfassung. Der daraus stammende »Hochzeitsmarsch« hat unzähligen Brautpaaren das Warten vor dem »Ja«-Sagen verkürzt, und er wurde zu Mendelssohns populärstem Werk. Zelter, der Lehrer, der über das Können seines prominentesten Schülers nur staunen konnte, entließ daraufhin Felix aus seiner musikalischen Obhut und machte ihn nach altem Freimaurer-Brauch zu seinem »Gesellen«. Felix schrieb im selben Jahr, also 1826, noch sein Streichquartett op. 18 und das »Te Deum« für Soli, achtstimmigen Doppelchor und Continuo. Fanny war ihrerseits auch sehr produktiv: Es entstanden rund fünfzehn Lieder, Duette, Quartette für Singstimmen, einige Klavierstücke (meist nur einsätzige), das Goethe-Lied »Nähe des Geliebten« und »Ich denke dein«. Hier half ihr sicherlich einmal wieder die Musik über die Sehnsucht hinweg.

Gleichzeitig macht sie – 21jährig – einen erstaunlichen Vorschlag »zur Errichtung eines Dilettantenvereins« (den sie bereits im März 1825 zu Papier bringt) und aus dem wir zitieren möchten: »...Der gegenwärtige Zustand der Instrumentalmusik in Berlin erheischt die Bestrebungen künftiger und sachkundiger Männer, die sinkende Kunst, muß mit starker Hand gehoben werden, sonst geht sie unter in der Geschmacklosigkeit der Zeit, in dem Egoismus der Anführer in der Verwöhnung des Publicums... Berlin besitzt viel geschickte und kunstliebende Dilettanten... Dergleichen Privatversammlungen giebt es unzählige hier, aber vereinzelt wirken sie nichts und verbreiten nur einer der Kunst mehr schädlichen als vortheilhaften Dilettantismus. Faschs Singacademie könnte, was die äußere Form betrifft, unserem Institute zum Vorbild dienen. Die Singacademie, welche sich nur mit heiliger Musik beschäftigt, deren Mitglieder zum größeren Theil aus Frauen und Mädchen bestehen, muß sich schon aus dem Grunde von aller Öffentlichkeit möglichst fernhalten, weil ernste Musik in die Kirche und nicht in den Konzertsaal paßt, und weil Frauen aus dem Privatstande jedes Auftreten vor einem Publicum scheuen ...« Schließlich möchte sie die Ziele ihrer geliebten Singacademie mit den meist von Männern durchsetzten Instrumentalvereinigungen miteinander verbinden und schlägt vor: »... Jeder Dilettant, der irgendeines Instrumentes kundig ist, findet Zutritt, am liebsten würde man gute Geiger annehmen. Bläser möchte man selten unter Dilettanten finden ... Um bei der ersten Einrichtung die Kosten für Musikalien zu sparen, müßte man sich so lange in einer Leihbibliothek abonnieren, bis die Gesellschaft reich genug ist, um an eine eigne Bibliothek zu denken ... wöchentlich finden zwei Versammlungen statt. Hier werden unter Leitung des Direktors (Anm. der Autorin: Sie hat wohl nie daran gedacht, selbst einmal die Leitung zu übernehmen?), der an der ersten Geige steht, Symphonien und andere große Instrumentalsätze geübt ...« Am Ende, so schlägt Fanny vor, sollen zwölf Abonnementskonzerte stehen, die möglichst auch in Zusammenarbeit mit der Singacademie veranstaltet werden und die Werke eines Bach, Händel, Haydn, Mozart, Cherubini und Beethoven »in nie gehörter Vollkommenheit« bringen sollen. Fanny Mendelssohn hat damit die ganze Berliner Musikszene reorganisieren wollen. Aus dem Vereinsvorschlag wurde leider nichts. Doch haben sich viele ihrer Vorstellungen im väterlichen Gartensaal in den »Sonntagsmusiken« realisieren lassen. Unser ganzes heutiges semiprofessionelles Konzertleben profitiert von ihren Vorschlägen. Und Felix setzte manches davon später als Musikchef in Leipzig in die Tat um.

1827 war ein Jahr, in dem sich Felix nicht nur musikalisch profiliert. Er schrieb sich an der Berliner Universität bei Hegel und Alexander von Humboldt ein, belegte Geographie bei Ritter und Jura bei Eduard Gans. Der große Geologe und Biologe

Alexander von Humboldt hatte übrigens seine ausgedehnten Forschungsreisen mit der großzügigen finanziellen Unterstützung von Abraham Mendelssohn machen dürfen. Humboldts gehörten zum sogenannten »Tugendbund«, dem Verein von Henriette Herz, Dorothea Veit und Rahel Levin; man pflegte erstmals ein humanistisches Bildungsideal und trat für eine liberale preußische Verfassung ein. Fanny schrieb an Klingemann über einen zweiten naturwissenschaftlichen Kurs, den Humboldt wegen der großen Nachfrage sogar in den Räumen der Singakademie abhielt: »Das Gedränge ist fürchterlich, das Publikum imposant und das Kollegium unendlich interessant. Die Herren mögen spotten, soviel sie wollen, es ist herrlich, daß in unseren Tagen uns die Mittel geboten werden, auch einmal ein gescheites Wort zu hören...«

Dieser außeruniversitäre Kurs war für Fanny als Frau die einzige Möglichkeit der Weiterbildung, stand ihr doch zu jener Zeit noch keine Universität offen. Hundert Jahre später: Welches Fach hätte Fanny wohl an einer Berliner Universität belegt? Bei ihrem Bruder Felix hätte sie leider als gelehrsame Frau nicht mehr Sympathie erlangen können, als sie bereits besaß, verabscheute er doch offensichtlich »alle klugen Frauen«, die für ihn von Henriette Herz bis Bettina von Arnim reichten. Ihre Salon-Bildung hat er nie gemocht und ihre Salons auch nicht gerne besucht. Schließlich pflegten die Mendelssohns in der Leipziger Straße ihren eigenen »Salon«.

Die Heirat

Am 27. März 1827 starb der von Fanny und Felix hochgeschätzte Ludwig van Beethoven; kennengelernt hatte ihn von den Mendelssohns persönlich niemand. Heinrich Heine veröffentlichte sein »Buch der Lieder«, und Felix hatte einen ersten

Opernerfolg mit der »Hochzeit des Camacho«. Fanny schrieb kleinere Klavierstücke und Lieder, darunter »Sehnsucht«, »Die Ersehnte« und »An den Mond« und weitere Hölty-Vertonungen. Das Thema »Sehnsucht« hat sie übrigens im Laufe ihres Lebens zehnmal vertont, wobei sich aus dem Jahre 1827 allein vier Versionen finden.

Es war das letzte Jahr ohne Wilhelm Hensel, der endlich im Oktober 1828 aus Italien zurückkam. Dieser war mittlerweile vierunddreißig Jahre alt, Fanny knapp zweiundzwanzig. Wilhelm hatte anfänglich alle Mühe, Fanny aus dem festen Familienkreis herauszulösen. Es gab erste Mißverständnisse zwischen ihnen, aber die Eltern pochten jetzt auf eine Eheschließung, schließlich hatten alle fünf Jahre lang darauf gewartet. Abraham schrieb am 14. November 1828 (an ihrem Geburtstag) an Fanny: »... du mußt dich ernster und emsiger zu deinem eigentlichen Beruf, zum einzigen Beruf eines Mädchens, zur Hausfrau bilden. Die wahre Sparsamkeit ist die wahre Liberalität, wer Geld wegwirft, muß ein Geizhals oder ein Betrüger werden... Es fehlt dir wahrlich nicht am Gemüth, noch weniger am Verstande, um sie treu zu erfüllen, aber am ernsten Willen, an der Sammlung, an der rechten Wahl und Würdigung deiner Beschäftigungen wirst du noch Stoff genug finden... Gieb dem Gebäude einen festen Grund...«

Abraham scheint also nicht nur mit ihrem musikalischen Können Probleme zu haben, sondern auch mit ihren menschlichen Qualitäten, die ihm für eine angehende Ehefrau nicht ausreichen. Nun, die Verlobten können sich jetzt oft sehen, sie schreiben sich täglich Briefe; es gibt harte Auseinandersetzungen über Religion, Politik und den Freundeskreis. Aber Fanny notiert auch in ihrem Tagebuch, das sie in jener Zeit anlegt: »Mittwoch aß Hensel hier, der die Skizze des Bildes mitbrachte, die sehr hell und schön und prächtig aufgefaßt ist. Felix selbst ist ganz entzückt davon, und ich finde, daß er seit diesem Bilde ganz anders gegen Hensel ist... Ich war unendlich glücklich zu hören, daß sich die beiden sehr miteinander gefallen haben...«

Hier spricht sie also erstmals das heiße Eisen »Konkurrenz« zwischen den beiden Männern in ihrem Leben an. Groß muß ihre Sorge gewesen sein, daß sich Hensel nicht im Familienkreis wohlfühlen würde, zumal er gänzlich unmusikalisch war. Sein Metier war die Malerei, aber auch das Wort; er liebte die Wortspielerei und pflegte eine Form der literarischen Kleinkunst, den Kalauer. Ob Fanny ihn darin je verstanden hat, ob sie dies erheiterte? In ihrem bürgerlichen Zirkel, literarisch nur an den Größen der Zeit geschult, las man Goethe, Uhland, Tieck und Shakespeare. Humoristisches scheint den Weg in die Familie Mendelssohn kaum gefunden zu haben. Da stand Hensel ganz alleine mit diesem Talent, das doch auch nichts weniger zeigt als ein tolerantes, humorvolles Herz. Er war wortkarger als viele Mendelssohns, und sein Humor mag lange Zeit seine eigene Art der Kommunikation gewesen sein.

Das Jahr ging nicht zu Ende, ohne daß Fanny nicht weitere Lieder zu Papier brachte. Sie vertonte Heinrich Heine, Klopstocks »Die frühen Gräber« und schrieb ihr Klavierstück e-moll mit dem Vermerk »Abends in der Familie komponiert«. Ein aufschlußreicher Zusatz für uns, gibt er uns doch Einblick in ihre Kompositionsweise. Sie konnte offensichtlich ohne Schwierigkeiten mitten im Familienkreis zur Feder greifen. Ein eigenes Arbeits-, sprich Musikzimmer hat sie wahrscheinlich vor ihrer Ehe nicht besessen.

Felix macht sich in derselben Zeit an ein großes Orchesterwerk, die Ouvertüre »Meeresstille und glückliche Fahrt«, und schreibt das geistliche Werk »Hora est« für Soli, 16stimmigen Chor und Orgel. Gleichzeitig trägt er schon den Gedanken mit sich herum, Bachs »Matthäuspassion« in der Singakademie einzustudieren.

Anfang 1829 wendete sich das Blatt zugunsten des zukünftigen Schwagers Wilhelm, der so lange auf seine Braut warten mußte. Er wurde zum Mitglied der Preußischen Akademie der Künste berufen; am Tag danach bat er die Eltern um die Hand von Fanny. Abraham war zufrieden, Felix zeigte sich sehr zugänglich, nur Mutter Lea hatte, wie zu erwarten, Bedenken über die Schnelligkeit des Geschehens. Fanny schrieb einmal wieder an Klingemann: »Beinahe hätte ich vergessen, Ihnen zu danken, daß Sie erst aus meiner Verlobungskarte geschlossen haben, ich sei ein Weib wie andere. Ich meinestheils war darüber längst im Klaren, ist doch ein Bräutigam auch ein Mann wie andre. Daß man übrigens seine elende Weibsnatur jeden Tag, auf jedem Schritt seines Lebens von den Herren der Schöpfung vorgerückt bekommt, ist ein Punkt, der einen in Wuth und somit um die Weiblichkeit bringen könnte...«

Es ist wieder einmal unmöglich, das Leben Fannys als Einzelerscheinung zu schildern, so tief ist sie eingebettet in den familiären Kreis und in die Geschwisterbeziehung. Sie hatten beide – Fanny und Felix – nun alle Hände voll zu tun mit der geplanten Aufführung der »Matthäuspassion«. Beide studierten das ihnen gänzlich unbekannte Werk vierhändig am Klavier ein, Fanny kannte jeden Takt auswendig und sang selbst in den Altstimmen mit. Mit großem Erfolg dirigierte Felix – knapp 20-jährig – dieses Monumentalwerk am 11. März 1829 in Berlin. Daß dieses Werk nach seiner Uraufführung in Leipzig im Jahre 1729 in Vergessenheit geraten war, scheint uns heute völlig unverständlich. Doch wissen wir mit Bestimmtheit, daß es nur der Bach-Liebe Zelters und Mendelssohns zu verdanken ist, daß dieses größte Chorwerk des Abendlandes heute zu unserem gängigen Konzertrepertoire gehört. An Bachs Geburtstag, dem 21. März, wurde das Werk unter Felix' Leitung mit ebensolchem Erfolg wiederholt. Finanziert hatte die Aufführung niemand anderes als Abraham Mendelssohn.

Daß es am 17. April noch eine dritte Aufführung unter Zelters Leitung gab, vermerkt Fanny kritisch und vergleicht nun mit der Aufführung ihres Bruders, an den sie schreibt: »Von den Montags und Dienstags Proben wollte ich dir gar nichts schreiben, um nicht den Jammer in dir zu erwecken, von dem meine Seele voll war. Zelter spielte selbst, und was er, mit seinen zwei Fingern und seiner völligen Unkenntnis der Partitur herausbrachte, kannst du dir denken. Mißstimmung und Angst verbreitete sich im ganzen Chor, und dein Name wurde vielfach genannt... Im Ganzen genommen, war es für das Publicum eine gute Aufführung, auf dem Orchester aber fühlte ein Jeder wo es fehlte... Es war übrigens sehr voll, der König von Anfang zu Ende da...«

Dieser Brief erreichte den Bruder Felix bereits in England, dem Ort seiner ersten längeren Alleinreise. Schon nutzt der junge Musiker, versehen mit einer Reihe von Empfehlungsschreiben seines Vaters und mit dem nötigen Geld, seine Freiheit aus. Er läßt sich auf einem Konzert-Billet nur mit dem Namen Felix Mendelssohn ankündigen. Fanny verhält sich neutral, ja sie billigt geradezu sein Verhalten (»Ich kenne und billige deine Absicht, diesen Namen, den wir alle nicht lieben, einst wieder abzulegen...«), doch Abraham ist erbost: »...ich muß vermuthen, daß du dort den von mir angenommenen Familiennamen Bartholdy entweder ganz suprimiert oder doch wenigstens vernachlässigt und geduldet hast... Ich bin nun mit der Sache sehr unzufrieden.« Und er fügt weise hinzu: »...einen christlichen Mendelssohn giebt es so wenig als einen jüdischen Confucius. Heißt du Mendelssohn, so bist du eo ipso ein Jude, und das taugt dir nichts, schon weil es nicht wahr ist...«

Eine äußerst rege Korrespondenz geht nun zwischen England und Berlin hin und her: Rebecka macht manchmal den Briefanfang, Fanny vollendet, und sie buhlen beide um die Gunst des fernen Bruders, der von England begeistert ist und dort erste Erfolge als Dirigent und Komponist hat. Auch Schottland inspiriert ihn derart, daß er die Idee zu seiner Konzertouvertüre »Die Hebriden« und zur »Schottischen Sinfonie« mitbringt. Zu Hause ist man stolz über jeden Bericht. Fanny an Klingemann in London, wo Felix zeitweise wohnt, am 4. Juni 1829: »Sie werden es nicht mißverstehen, wenn ich Ihnen sage, daß Felixens Erfolg mich nicht überrascht, nicht verblendet... daß ich überhaupt, was ihn betrifft, einen an Borniertheit grenzenden Prädestinationsglauben habe... Ach, bester Klingemann, je mehr Sie seine Anwesenheit empfinden und das Leben, das er überall hinträgt, je mehr müssen sie begreifen, wie wir die Lücke empfinden.« Und Felix nach Berlin am 25. Juni: »Ich sehne mich nach Euch! Und namentlich heute. Es ist Sommer, und die Saison geht zu Ende. Draußen gehen die Leute spazieren, pfeifen aus der ›Stummen von Portici‹ und dem ›Freischütz‹ und die Wagen in der Regent Street rasseln heftig... Abends ging ich mit Rosen, Mühlenfels und Klingemann nach Coventgarden: Hamlet. Ich glaube, Kinder, daß jener recht hatte, der behauptete, die Engländer verständen den Shakespeare zuweilen nicht.«

Ähnlich wie in Paris ist Felix sichtlich enttäuscht vom Musikverstand der Engländer, von ihrem Musik-Snobismus. Es stehen ihm zwar fast alle Türen offen, man läßt ihn dirigieren, doch er läßt eine Zeitlang die Londoner im Glauben, er habe es nicht nötig, Musik als Beruf zu ergreifen. Er gefiel sich, wie Eric Werner in seiner Mendelssohn-Biografie schreibt, in der Rolle des brillanten Amateurs, wie es viele adelige junge Männer Englands schätzten. Schließlich hatte ihn die englische Großstadt so verwirrt, daß er bekannte: »Es ist entsetzlich, es ist toll. Ich bin confus und verdreht. London ist das grandioseste und complizirteste Ungeheuer, das die Welt trägt.«

Fanny nutzt die Abwesenheit des Bruders zu einem ihrer zyklischen Werke, dem »Liederkreis« nach Texten von J.G. Droysen. Sechs Lieder sind es, die sie dem abwesenden Bruder widmet. Sie schreibt am 25. August 1829: »Überhaupt bin ich recht froh, zu der Überzeugung gelangt zu seyn, daß der Brautstand meiner Musik nicht geschadet hat. Habe ich nun erst ein gutes Stück im Ehestande gemacht, dann bin ich durch und glaube an ein ferneres Fortschreiten...« Felix ist begeistert und sagt es auch sofort dem Vater: »Diese Lieder aber sind schöner, als gesagt werden kann. Ich spreche bei Gott als kalter Beobachter und finde sie sehr hübsch. Aber es gibt doch wirklich Musik, die ist, als ob die Quintessenz aus der Musik genommen wäre. So die Lieder. O Jesus! Besseres kenne ich nicht.« Ein Lob übrigens, das Felix in dieser Deutlichkeit nicht mehr wiederholen wird.

In Berlin liefen währenddessen die Vorbereitungen für das

Hochzeitsfest von Fanny und Wilhelm auf Hochtouren. Felix hatte seine Rückkehr versprochen, fiel aber Mitte September bei einem Postkutschenunfall so unglücklich, daß er sich ernstlich am Bein verletzte. Er mußte die Heimreise um zwei Monate verzögern: eine Nachricht, die Fanny wirklich sehr hart traf. Am Hochzeitstag, dem 3. Oktober 1829, fand sie sogar noch Zeit, ihm zu schreiben. Auch das von Felix versprochene Hochzeitsgeschenk, ein Orgelpräludium, ließ wegen seiner Krankheit auf sich warten. So setzte sich Fanny wirklich am Morgen ihrer Hochzeit hin und komponierte in rund drei Stunden ein Präludium in F-Dur, das zwar nicht zu ihren stärksten Stücken gehört, aber doch die innere Harmonie wiedergibt, in der sie sich offensichtlich befand. Es klingt in ihrem Brief an Felix in London natürlich auch Wehmut mit: »Meine erste Freude an diesem Tag ist, daß ich die ruhige Viertelstunde finde, die ich mir längst wünschte, um gerade heut an dich zu schreiben. Ich bin ganz ruhig, lieber Felix, und Dein Bild steht neben mir, aber indem ich deinen Namen niederschreibe, und du mir dabei so ganz vor den leiblichen Augen stehst, weine ich...« Sie unterschrieb: »Nun leb wohl, und bleibe der Alte, hier findest du Alles beim Alten, auch das Neue. Zum Letztenmal Fanny Mendelssohn Bartholdy«.

Doch auch Wilhelm Hensel hatte einige Mühe, seine ihm sehr nahestehende Schwester Luise davon zu überzeugen, daß durch die Heirat kein Bruch in der Familie eintreten würde. Fanny erleichterte es ihm durch Sätze an seine Schwester wie die folgenden vom 30. März 1829: »... ich hoffe, ihn in unserer Ehe recht innig zufrieden zu stellen. Ich habe es ihm gesagt und kann es Dir sagen, daß ich selbst noch bei meiner Verlobung nicht so glücklich zu werden hoffte, als ich wirklich bin... Ich kann überhaupt die Enge des Herzens nicht begreifen, worin der Bruder oder die Freundin dem Geliebten erst Platz machen muß, als wär's eine Wohnung mit abgeschlossenen Räumen...« Und Wilhelm fügte an seine Schwester hinzu: »... wohl hat sie recht, daß Geschwisterliebe andrer nicht Platz zu machen braucht, und das ist Beweis, wie in wahrer Liebe schon Göttliches, Unbeschränktes, Unendliches ist. So wollen wir sie denn auch als eine Vorbereitung fürs Jenseits betrachten.«

Nun gehörte Fanny nicht mehr lückenlos ins elterliche Haus und unter die elterliche Gewalt. Sie, die Begüterte von Hause aus, heiratete 24jährig unter ihrem Stand einen Maler, der nur von Gelegenheitsverkäufen leben würde. Doch das war für sie nicht von Bedeutung, erhielt sie doch mit ihrer Verlobung ein stattliches Vermögen von 18613 Reichstalern, das weiterhin von ihrem Vater verwaltet wurde. Auch hatte sich der rundum sorgende Vater verpflichtet, ihr jährlich fünf Prozent Zinsen und 1500 Reichstaler auszuzahlen. Damit konnten die Hensels gut leben, und die Sorge um verkaufte oder unverkaufte Bilder von Wilhelm stand nicht im Vordergrund. Es wurde Gütertrennung vereinbart.

Abraham bot dem jungen Paar noch im selben Monat die Gartenwohnung auf dem elterlichen Grundstück an. Hier war es zwar im Sommer schön, die Winter erwiesen sich aber leider als feucht und kalt, die Räume hatten keine Unterkellerung, und die Sonne konnte sie kaum aufwärmen. Außerdem richtete Abraham ein Atelier für Wilhelm ein, das direkt an die Wohnung im Gartenhaus angrenzte. So konnte dieser eine eigene Malschule aufbauen und empfing seine Schüler im eigenen Haus. Fanny genoß seine ständige Nähe. Oft bat Wilhelm sie ans Klavier, ermunterte sie zum Spielen und Komponieren und meinte, das helfe ihm beim Malen. Und Fanny wiederum konnte ihm des öfteren, wenn er malte, über die Schulter schauen. Mit viel Ermunterung und Freude an ihrem musikalischen Treiben hat Hensel zeitlebens seine Frau unterstützt. Er liebte sie und ließ ihr einen großen Freiraum.

Endlich kam Ende 1829 Felix, wieder gesundet, aus England zurück, gerade recht, um die Silberhochzeit der Eltern mitzuerleben, für die er das Liederspiel »Heimkehr aus der Fremde« geschrieben hatte. Fannys Beitrag zu diesem im Mendelssohn-Kreis ausgiebig gefeierten Termin hieß »Die Hochzeit kommt« für sechs Solostimmen, vierstimmigen gemischten Chor und

11 Das Gartenhaus im Mendelssohnschen Domizil, Leipziger Straße 3, das Fanny und Wilhelm Hensel nach ihrer Verheiratung 1829 bewohnten, Zeichnung von Wilhelm Hensel.

Orchester; den Text hatte Wilhelm Hensel gemacht, der sich in Zukunft noch öfter als Textdichter anbot. Fanny soll das Werk in einer knappen Woche zu Papier gebracht haben. Der Festakt fand in Leas großem Zimmer im Haupthaus statt; im Gartensaal war es zu kalt geworden. Fanny und Felix hatten alles blendend inszeniert, mit Kostümen, Bühnenbildern, hervorragenden Solisten vom Königlichen Opernhaus. Drei Herolde traten an, die Damen hatten Diamanten und Myrten im Haar: Es wurde eine gelungene Vorstellung zu Ehren des Elternpaares, das vor lauter Stolz über die künstlerisch so begabten Kinder sehr gerührt war. Es war zudem eines der schönsten Ereignisse, an dem die Familie Mendelssohn noch komplett war. Felix genoß die Familie sehr, und er gewöhnte sich schnell an den Gedanken, daß seine Schwester nun einen zweiten Mann als

12 *Felix Mendelssohn Bartholdy (1809–1847), der Bruder von Fanny Hensel, Aquarell von James Warren Childe, London 1830.*

Vertrauten hatte. Wie hatte er doch aus London geschrieben: »Ob ich die Schwester dann mit Fräulein oder Madame anrede, bedeutet wenig.«

Die ersten Ehejahre

Fanny und Wilhelm Hensel haben vielleicht etwas erreicht, was nur wenige erreichen: Um mit Sebastian Hensel zu sprechen: »aus zwei Naturen ein harmonisches Ganzes bilden und dieses Ganze in Zusammenhang mit den übrigen zu erhalten«. Und Fanny hat es – so Sebastian – wohl erreicht, daß Wilhelm, der sie anfangs unter Ausschluß der übrigen Welt allein für sich haben wollte, die anderen Beziehungen gelten ließ und selbst als geliebtes Mitglied in den Kreis der Mendelssohns eintrat. Wie sehr und ob überhaupt sich der Tagesablauf der jungen Ehefrau Fanny nach ihrer Verheiratung änderte, können wir nur wenigen Aufzeichungen entnehmen. Die Familie besaß genug Personal, um Hausarbeit abgeben zu können. Fanny hat ihren Haushalt nicht alleine bewältigen müssen, hat aber angesichts der vielen Konzerte und Gäste so manches an Organisation meistern müssen. Und abendliches Handarbeiten war auch im Hause Mendelssohn beliebt. An einem Weihnachtsfest schreibt sie einmal: »... daß wir Frauenzimmer weit länger als die Männer gefesselt, uns mit wirklich kindischem Sinn so darin gebannt fühlen, daß wir keine andere Bestimmung kennen als die stickerliche. Ich bin erst in den Feiertagen gewahr geworden, daß es andere Instrumente gibt als Nadeln und andre Fäden als seidene.«

Doch sie hatte in jener Zeit bereits Sehnsucht nach Italien, und es war vielleicht nur eine Geldfrage, die Fanny und Wilhelm von einer Reise abhielt. Felix packte währenddessen wieder seine Koffer, um seine große zweijährige Italienreise anzutreten. Zuvor hatte er einen neu eingerichteten Lehrstuhl für Musik an der Berliner Universität zugunsten seines Freundes Adolf Bernhard Marx ausgeschlagen. Mitte Mai brach Felix über Weimar (wo er wieder mit Goethe zusammentraf), München und Wien nach Venedig auf. Fanny berichtet ihm über die eigenen Reise-Pläne: »...ob die Eltern es nicht vieleicht mit Recht mißbilligen würden, wenn wir, statt uns im Anfang unsrer Verheiratung einzuschränken und ruhig zu leben, uns gleich ein so kostspieliges Göttervergnügen machten, wobei, im besten Fall, der ganze Erwerb des Jahres darauf ginge...« Sie blieb zu Hause, begrub vorerst ihre Italien-Pläne und begleitete den Bruder nur in Gedanken.

In ihrem Tagebuch finden sich keine Eintragungen aus dem ersten Ehehalbjahr, und es entstehen auch keine Kompositionen. Erst im März 1831 schrieb sie wieder in ihr Tagebuch, daß sie – Wilhelm und sie – sich mit jedem Tag lieber gewännen. »Wenn wir allein oder nur zu Hause sind, immer zufrieden und vergnügt sind, und leider von drüben (aus dem Vorderhaus, wo die Eltern wohnen. Anm. der Autorin) meist verstimmt herüberkommen... Es kommt uns immer unmöglich vor, daß Liebe und Zufriedenheit noch steigen könnten...«

Hensel gehörte bald zu den produktivsten Porträtmalern seiner Zeit. Ständig wanderte er mit seinem Skizzenblock unter dem Arm durch den Garten, und man nannte ihn in der Familie schon spöttisch – an seine eigene Kalauer-Fähigkeit erinnernd – den »Al-bummler«. Kaum ein Künstler, der in Berlin wohnte oder gastierte, entging seiner Feder: Zelter, Paganini, Weber, Henselt, Clara Schumann, Liszt, Gounod, Hiller, Devrient, Pasta, Ungher-Sabatier, Novello, Grisi, La Motte Fouqué, Körner, Brentano, die Arnims, E. T. A. Hoffmann, Heyse, Varnhagen, Heine, Goethe und viele mehr. Seine Porträtsammlung ist im Laufe der Jahre auf rund 1000 angewachsen, und die Berliner Staatsbibliothek hat ihm im Jahre 1994 eine herrliche Ausstellung gewidmet. Die in Berlin wohnende Historikerin Dr. Cécile Lowenthal-Hensel, Urenkelin von Fanny

13 *Wilhelm Hensel: Titelentwurf mit einem Gedicht für Fanny im Buch seines Freundes Wilhelm Müller »77 Gedichte aus den Papieren eines reisenden Waldhornisten«.*

und Wilhelm Hensel, betreut die erste Gesamtausgabe seines künstlerischen Schaffens.

Für Fanny muß es sehr angenehm gewesen sein, einen Künstler an ihrer Seite zu haben, der kaum Identitätsschwierigkeiten hatte, so viele Menschen mit seinen Porträts erfreute und mit seiner Historienmalerei bei Hofe hochangesehen war. Am 30. Juli 1830 sagt sie, wenige Wochen nach der Geburt ihres Sohnes Sebastian: »Einstweilen bin ich wieder eine frischkartoffelessende, abends im Freien bleibende, überhaupt genußfähige und genießende Person, und mein Kleines wird alle Tage größer. Komponiert habe ich noch nicht; als ich nicht durfte, hatte ich Ideen genug, jetzt wird wohl wieder die bekannte Dürre eintreten, die ich dem Wetter alle wegnehme.« Für diese geistige Dürre hat Felix sehr viel Verständnis, und seine Antwort lautet: »...wenn ich mein Kind zu päppeln hätte, so wollte ich keine Partitur schreiben und da ich ›Non nobis‹ komponiert habe, so kann ich leider meinen Neffen nicht auf dem Arm herumtragen...«

Fanny erlebte jetzt am eigenen Leib – wie unzählige Komponistinnen vor und nach ihr –, wie wenig kreativ eine Frau sein kann, wenn ihr die Kindererziehung und die Alltagsarbeit nicht abgenommen werden. Wilhelm kümmerte sich nie allzu intensiv um Sebastian; das war für die damalige Zeit auch unüblich und unmännlich. Andererseits ist Wilhelm für Fanny als Künstlerin von großer Bedeutung, denn sie sagt von ihm: »Mein Mann hat es mir zur Pflicht gemacht, jeden Morgen gleich nach dem Frühstück ans Clavier zu gehen...« Sechzig Jahre nach Fanny Hensel wird eine andere Komponistin eine Partnerschaft erleben, die ihr diesen Freiraum nicht ließ: Alma Mahler. Bereits in ihrer Verlobungszeit mit Gustav Maler hatte er ihr das Versprechen abgenommen, ihr eigenes Schaffen hinter das seinige zu stellen. Das Ehepaar Schumann stellte er als Zerrbild zweier begabter Künstler hin, die zu gleicher Zeit Karriere machen wollen. Alma 1903: »Ich habe meine Kompositionen wieder gespielt, meine Klaviersonate, meine vielen Lieder. Ich fühle es wieder – Das, das, das! Ich sehne mich, wieder zu produzieren. Ich brauche meine Kunst... Wenn ich nur Zemlinsky zum Arbeiten hätte, aber da ist ja Gustav Mahlers vollkommen unbegründete Eifersucht...« An anderer Stelle klagt sie: »Ich habe den ganzen Tag gearbeitet. Für Gustav Mahler kopiert, Kinder gehütet, Klavier gespielt. Ich kopiere für ihn, ich spiele Klavier, um ihm zu imponieren, ich lerne Griechisch, ich lese die Bücher, die er liebt...« Alma Mahler hat sich für die Ehe mit dem späteren Wiener Hofoperndirektor entschieden und damit gegen ihre Kunst. Uns bleiben heute nur sechzehn Lieder als Vermächtnis einer Karriere, die im unrechten Moment unterbrochen wurde. Alma hat in ihrem langen Leben ohne und nach Gustav Mahler den Anschluß an ihre Kunst nie mehr gefunden.

Wieviel liberaler erlebte Fanny ihre Ehezeit, und wir wissen nicht, wie sie auf ein Verbot ihres eigenen Mannes zu ihrer schöpferischen Tätigkeit reagiert hätte. Da ihr der elterliche Gartensaal als Konzertpodium zur Verfügung stand, war sie zudem voller Tatkraft und Elan. Sebastian über diesen Raum: »Das Schönste an der Gartenwohnung war der große in der Mitte gelegene Saal. Derselbe faßte mehrere hundert Menschen und bestand nach dem Garten zu aus lauter zurückschiebbaren Glaswänden mit Säulen dazwischen, so daß er in eine ganz offene Säulenhalle zu verwandeln war. Hier war das eigentliche Lokal, wo die Sonntagsmusiken ihre volle Ausdehnung gewinnen sollten. Man genoß aus ihm den Überblick über den sieben Morgen großen, parkartigen Garten, der bis an die Gärten des Prinzen Albrecht reichte und... einen großen Reichtum der schönsten alten Bäume besaß.«

Felix macht Fanny in einem Brief aus Rom Mut zu ihren Plänen: »Ich kann dir gar nicht sagen, liebe Fanny, wie sehr mir der Plan mit den neuen Sonntagsmusiken gefällt.« Und angeregt davon, beginnt er die Vertonung von Goethes »Erster Walpurgisnacht«. Auch Fanny machte sich erstmals an größere Chorwerke mit Orchester: den »Lobgesang« zu Sebastians erstem Geburtstag, ein Werk mit biblischen Texten, in denen es unter anderm heißt: »Ein Weib, wenn sie gebieret, so hat sie Traurigkeit, denn ihre Stunde ist gekommen, wenn aber das

Kind geboren ist, denkt sie nicht mehr an die Angst um der Freude willen, daß der Mensch zur Welt geboren ist.« Im Oktober desselben Jahres folgen die Kantate »Hiob« und im November die »Cholera-Musik«, oder auch »Oratorium nach biblischen Bildern«, ein Werk das Anfang der achtziger Jahre dieses Jahrhunderts von der Kölner Dirigentin Elke Mascha Blankenburg in Köln wiederentdeckt und zur Aufführung gebracht wurde. Um dieses Werk hat es bislang zahlreiche Diskussionen gegeben, auch um seine Titulierung. Es war lange unbekannt, daß die »Musik für die Toten der Cholera-Epidemie 1831« identisch ist mit dem »Oratorium nach Bildern der Bibel« desselben Jahres. Seit der Wiederentdeckung des Werkes und seiner Uraufführung im Mai 1984 durch Chor und Orchester der Kölner Kurrende unter E. M. Blankenburg, der Gründerin des Internationalen Arbeitskreises Frau und Musik e. V., Köln, war das Werk unter dem Titel »Oratorium« bekannt. Entgegen der Meinung zahlreicher Kritiker, die es ungerechtfertigt mit Felix Mendelssohns »Elias« oder »Paulus« vergleichen, hat es seinen Siegeszug durch die Konzertsäle angetreten. Es hat nicht den symphonischen Schwung des Bruders, auch nicht die Süße einiger seiner Arien. Es hat noch viel barocke Ernsthaftigkeit und formale Gebundenheit, und die Bach-Liebe der Familie Mendelssohn ist aus manchem Chor heraus zu spüren. Doch, was viel wichtiger ist für die Rezeption der Schwester: Es ist kein Abbild der brüderlichen Oratorien und auch kein Vorbild geworden (»Paulus« entstand 1834/35, »Elias« zehn Jahre später, also 1844/45). Für die nur in heimischen »Sonntagsmusiken« mit Chorwerken kompositorisch erfahrene Fanny war und ist die »Cholera-Musik« alias »Oratorium« ein großer früher Wurf gewesen. Das Werk ging 1996 bei Furore, Kassel, in Druck.

Fanny hat offensichtlich viel Kraft in der Phase nach der Geburt geschöpft, fühlte sich in der ersten Ehezeit wohl und hatte einen meist harmonisch gestimmten Ehemann an der Seite, der sie in seiner ruhigen Art oft besänftigen konnte. Nur beim »Lobgesang« fand sie in Felix einen kritischen Rezensenten, der vor allem die Instrumentierung tadelte. »Wie Teufel kannst du dich unterfangen, deine G-Hörner so hoch anzusetzen? Und muß bei dem Einsatz der Blasinstrumente, am Ende der Introduktion nicht offenbar ein tiefes E stehen... Weißt Du nicht, daß man einen Gewerbeschein lösen muß, um das tiefe H in den Oboen zu schreiben, und daß er nur bei besonderen Anlässen erteilt wird...«

Doch bevor Fanny darüber traurig und sich ihrer Unerfahrenheit im Orchestersatz bewußt wurde, lobte er sie: »Was aber deine Musik und Komposition betrifft, so ist sie sehr gut für meinen Magen. Der Frauenzimmerpferdefuß guckt nirgends hervor, und wenn ich einen Kapellmeister kennen würde, der die Musik könnte gemacht haben, so stellte ich den Mann an meinem Hofe an.« Was er nicht registrierte, war die Tatsache, daß Fanny erst dann, als er Berlin verließ und ihr auch symbolisch nicht mehr über die Schulter schaute, zu großen Besetzungen griff. Sie hatte jahrelang »nur« Lieder und Klaviermusik zu Papier gebracht; das Selbstvertrauen in eine große Komposition fehlte ihr. Seine bereits in jungen Jahren komponierten zahlreichen großen Chorwerke schienen sie eher zu hemmen als zu ermutigen. Nun kamen zwei positive Umstände zusammen (der neue Gartensaal und die Abwesenheit des großen Bruders), die sie beflügelten. Nur hat sie offensichtlich nie daran gedacht, sich einen neuen Kompositionslehrer nach Zelter zu suchen, der mit ihr große Orchesterpartituren studierte.

Aus anfänglichen kleinen Proben entwickelten sich bei den »Sonntagsmusiken« hervorragende Aufführungen; Fanny konnte auf die Musiker des Opernhauses zurückgreifen, und es stellte sich allmählich ein guter kleiner Chor ein, den sie selbst einstudierte. Und Sebastian dazu: »An einem schönen Sommermorgen konnte es aber auch nichts Hübscheres geben als den Gartensaal... angefüllt mit einer dichtgedrängten Menge munterer, festlich gekleideter Menschen, und sie am Flügel, mit ihrem Chor irgendein altes oder neues Meisterwerk aufführend. Hatte Hensel die Ateliertüren offen und hatte er ein Bild der Vollendung nahe, so sah wohl ein ernster Christus auf die bunte, moderne Welt hernieden.«

Möglich waren hier größere Aufführungen nur durch die Gastfreundschaft, das Mäzenatentum und die Großzügigkeit des Abraham Mendelssohn. Und so ist auch der folgende Dank an den Vater zu verstehen: »Ich kann einen so frohen und schönen Tag unmöglich beschließen, ohne mich an Dich zu wenden, lieber Vater, und Dir zu sagen, wie sehr wir Dich dabei vermißt haben ... So kann ich nicht umhin, Euch – denn dieser Brief ist eigentlich für Mutter mit gemeint, wieder einmal ... zu danken, daß Ihr mich hierher geführt habt, Euch zu danken für mein Leben, für meine Erziehung und für meinen Mann, und Euch zu danken, daß Ihr gut gewesen seid, weil guter Eltern Segen auf den Kindern ruht ...«

Von vier Kindern war sie die einzige, die neben ihrer Schwester Rebecka, die sich 1831 mit dem Mathematiker Peter Lejeune Dirichlet verlobte, noch zu Hause wohnte. Der jüngste Sohn Paul verließ im selben Jahr das Elternhaus, um bei B. A. Goldschmidt & Co. in London, einem befreundeten Bankier, zu arbeiten.

Mitte Juni 1831 kam Felix – er ist noch nicht einmal einundzwanzig Jahre alt und Fanny fünfundzwanzig – aus Rom über Florenz, Mailand und die Schweiz nach Berlin zurück und dirigierte in München die »Sommernachtstraum«-Ouvertüre. Er hatte seine »Italienische« und die »Schottische Sinfonie« in Italien skizziert und saß bereits über der »Walpurgisnacht«; 1831 schrieb er auch sein g-moll Klavierkonzert op. 25. Doch bei allen landschaftlichen und künstlerischen Anregungen Italiens (am liebsten war er mit den Malern der Villa Medici zusammen) war er entsetzt über so manch musikalischen »Auswuchs« des Katholizismus: »Die päpstlichen Sänger sogar werden alt, sind fast ganz unmusikalisch, treffen sogar selbst die herkömmlichen Stücke nicht ganz richtig, und der ganze Chor besteht aus zweiunddreißig Sängern, die aber nie zusammen sind ...« Und den Vater beruhigte er: »Aber auch die andere Absicht, daß ich mir ein Land aussuchen solle, wo ich leben möchte, ist mir, wenigstens im allgemeinen, gelungen. Das Land ist Deutschland, darüber bin ich mir jetzt ganz sicher geworden. Die Stadt aber wüßte ich nicht zu sagen...« Berlin nannte er nicht als Wunschheimat, London war ihm zu groß, und andere europäische Großstädte hatte er nur auf der Durchreise kennengelernt. Er sollte ein ruheloser Komponist werden.

Anfang 1832 starben Goethe und kurz danach sein Freund Zelter, der von sich selbst nach dem Tod des Freundes als einer »trauernden Witwe« sprach. Fanny brachte ihre dramatische Arie für Sopran und Orchester »Hero und Leander« nach einem Text von Wilhelm Hensel zu Papier. Rebecka heiratete Peter Lejeune Dirichlet, anfänglich gegen den Willen Lea Mendelssohns, die seine wissenschaftliche Kompetenz und seine Liebe zu Rebecka anzweifelte. Nach Felix' Rückkehr nach Berlin wurde sehr viel Musik gemacht; er dirigierte seine »Hebriden«-Ouvertüre und die »Walpurgisnacht«; er zeigte sich den Berlinern als reifer Musiker und Dirigent und versuchte, dort künstlerisch Fuß zu fassen. Er komponierte das Capriccio brillant op. 26, sein Konzertstück f-moll op. 113 und Lieder für Singstimme und Klavier. Ob er eine Aufführung von Fannys »Hero und Leander« bei den »Sonntagsmusiken« miterlebt hat, wissen wir nicht. Es sollte Fannys letzte größere Komposition mit Orchester werden, wobei sie Felix als musikalischen Ratgeber offensichtlich nicht mehr fragen wollte.

Die Singakademie

In London hörte Felix vom Tod Friedrich Zelters, und die Eltern schienen ihn gerne in der Position des Nachfolgers zu sehen. Abraham, ehrgeizig in seinen Plänen für Felix, bat ihn darum dringend, nach Hause zu kommen, um sich der Wahl zu stellen. An Fanny schrieb Felix jedoch: »Du schreibst, liebe

Fanny, ich möchte nun doppelt eilend zurückkommen, um womöglich die Anstellung bei der Akademie zu erhalten. Das werde ich aber nicht tun. Ich komme zurück, so bald ich kann, weil Vater mir schrieb, er wünsche es...«

Schließlich kam er zurück; fast widerwillig hat er sich der Wahl gestellt; seine Mitbewerber waren Reißinger, Loewe, Mosewius, Schelble, Neukomm, Grell und Rungenhagen. Letzterer war Assistent Zelters. Dessen Tochter Doris, oft Gast im Hause Mendelssohn, hat offensichtlich im Hintergrund gegen Felix intrigiert. Die Wahl fiel so aus, wie die Berliner Hardliner es erwartet hatten: 148 Stimmen für Rungenhagen, nur 88 für Mendelssohn. Offiziell entschied man sich also für den weit älteren, erfahrenen Musiker, inoffiziell meinte man, daß wohl ein »Judensohn« eine solch alte, in christlicher Tradition gehaltene Akademie nicht leiten könne. Fanny äußerte sich schriftlich dazu nicht. Für den 23jährigen Felix war es eine Entscheidung, mit der er innerlich jahrelang zu kämpfen hatte. Er, der bisher alle Türen in allen Musikzentren Europas offen fand, spürte zum erstenmal eine Barriere, die er nie überspringen würde: seine jüdische Herkunft. Auch die Taufe der Eltern und seine eigene Konvertierung änderten daran nichts. Die Familie Mendelssohn konnte diese Kränkung nicht verwinden. Geschlossen traten alle aus der Singakademie aus. Für Abraham war das »Nein« zu Felix auch eine deutliche Entscheidung gegen ihn, den Vater, und dies, obwohl er den Ankauf wertvoller Notendrucke in bekannter Großzügigkeit für die Singakademie ermöglicht hatte.

Nur einmal noch im Leben wurde Felix Mendelssohn seine jüdische Herkunft vorgehalten, auf eine ganz perfide, anonyme Weise: von Richard Wagner. Dieser hatte Mendelssohn nach außen hin in seinen Briefen geschätzt, ja sogar hofiert. Am 17. April 1845: »Hochverehrtester Freund,... seien Sie mir nicht böse, wenn ich Sie so plage!... Ihre bereits bezeugte Bereitwilligkeit, uns zu unterstützen, läßt uns hoffen, daß Sie unsere Zudringlichkeit nicht übel nehmen werden. Mit der wiederholten Versicherung meiner allergrößten und aufrichtigsten Verehrung und Bewunderung bin ich Ihr ergebenster Richard Wagner.«

Diese Freundlichkeit war falsch und galt nur Mendelssohn als potentiellem Sponsor eines Weber-Denkmals. In einem Brief an Samuel Lehrs vom 7. April 1843 schreibt Wagner u. a.: »Ich weiß aus guter Quelle, daß Mendelssohn – der jetzt auch eine Oper componiren will – mehr als eifersüchtig auf mich ist... die Leipziger Clique, die nun Mendelssohn unbedingt gehorcht, weiß nicht, was sie mir für ein Gesicht schneiden soll: die Esel...«

Schließlich, in der berühmten Schrift »Das Judentum in der Musik« (1850 unter Pseudonym veröffentlicht), bekennt Wagner Farbe: »Der Jude, der an sich unfähig ist, weder durch seine äußere Erscheinung noch durch seine Sprache, am allerwenigsten durch seinen Gesang, sich uns künstlerisch kundzutun... An welcher Erscheinung wird uns dies alles klarer... als an den Werken eines Musikers jüdischer Abkunft (Anm.: Mendelssohn), der von der Natur mit einer spezifisch musikalischen Begabung ausgestattet war wie wenige Musiker vor ihm? Dieser hat uns gezeigt, daß ein Jude von reichster... Talentfülle sein kann, ohne durch die Hilfe aller dieser Vorzüge es je ermöglichen zu können, auch nur ein einziges Mal die tiefe, Herz und Seele ergreifende Wirkung auf uns hervorzubringen, welche wir von der Kunst erwarten...« Und er führt beredt, besserwisserisch, noch weiter aus, warum der musikalische Stil Mendelssohns voll »Zerflossenheit und Willkürlichkeit« sei. Felix wie auch Fanny haben dies nicht mehr gelesen; es hätte beide zutiefst erschüttert, brachte Felix doch dem Komponisten Wagner Vertrauen entgegen und führte sogar seine Werke im Gewandhaus Leipzig auf.

Noch ein weiteres Ereignis des Jahres 1833 hinterließ negative Spuren im Selbstbewußtsein der Familie Mendelssohn: die Herausgabe der ersten Bände des Briefwechsels zwischen Goethe und Zelter durch Prof. Friedrich Wilhelm Riemer. Ein knappes Jahr nach dem Tod der beiden erschienen die ersten Briefe bereits im Handel. Da Abraham fast erblindet war, las man abends gemeinsam aus dieser Veröffentlichung. Die Bestürzung und Wut über soviel Indiskretion und Geschwätz zweier prominenter Männer war allgemein. Fanny schreibt entsetzt an Felix, der bereits seine erste Berufung als Generalmusikdirektor nach Düsseldorf erhalten hatte: »... Es thut mir wirklich Zelters wegen leid, der sich selbst hier auf eine so schlechte Art auf die Nachwelt bringt. Goethes Ruf kann erstlich schon eher einen Puff vertragen und dann sind seine Briefe unendlich besser als Zelters, obwohl beide durch diese Veröffentlichung nur verlieren können. Von Zelters Seite herrscht darin eine unangenehme fatale Gesinnung, die wir zwar immer bei ihm vermuthen konnten, die wir uns aber immer wegraisoniert haben. Eigennutz, Selbstsucht, eine ekelhafte Vergötterung Goethes ...«

Fanny als Musikerin wird hingegen gar nicht so kritisch von Zelter unter die Lupe genommen. Lea, Fanny und Rebecka nannte Zelter jedoch »die jüngsten Großmütter des Alten Testamentes«. Fanny an Felix: »... Der Herausgeber hat sich die Mühe gegeben, hinten ein alphabetisches Verzeichnis anzuhängen, in welchem jeder nachsehen kann, wo und wie oft er im ganzen Werk geschimpft oder gelobt (du bists 58 mal)... Es beleidigt mich von Anfang bis zum Schluß, daß in einem Land ohne Preßfreiheit, wo also die zur Öffentlichkeit bestimmten Personen sich der Öffentlichkeit entziehen, harmlose Privatpersonen so plötzlich, wie von Räubern aus dem Busch angefallen ... besprochen und verlästert, auch mitunter ihnen die Ehre abgeschnitten wird... Mir hat das Buch das Andenken an einen Mann, den ich lieb gehabt habe, und gern geachtet hätte, ganz und für immer getrübt ...«

Nun, Felix entzog sich der leidigen Geschichte, über die ganz Berlin sprach, und trat mit 24 Jahren am 20. Mai 1833 in Düsseldorf am Rhein den Posten des Generalmusikdirektors als Nachfolger von Joachim Burgmüller an. Dort wurde er mit rheinischer Herzlichkeit und Offenheit empfangen. Er hatte zuvor das Niederrheinische Musikfest so erfolgreich geleitet, daß man ihm prompt den Posten des Generalmusikdirektors

14 Düsseldorf. Eine Zeichnung von Felix Mendelssohn Bartholdy aus dem Jahr 1833.

anbot. Und Vater Abraham schrieb stolz aus Düsseldorf (er war alleine dorthin gereist): »Es ist mir aber auch noch nicht vorgekommen, einen Menschen so auf Händen getragen zu sehen wie Felix hier...« Er berichtet von der Lockerheit des Konzertverlaufs: »...während der Pausen stürmt alles in den Garten, Massen von Butterbroden, Maitrank... werden verzehrt, und das Ganze sieht einer Kirmeß gar sehr ähnlich.« Düsseldorf und das Rheinland: Hier war man ideologisch, obwohl durch und durch katholisch, relativ liberal, und der herzliche persönliche Kontakt zur Familie Otto von Woringens, des preußischen Vertreters in den rheinischen Provinzen, und zu Wilhelm Schadow, des Direktors der Düsseldorfer Kunstakademie, ließen ihn hier seinen ersten Ruhm genießen. Was er in Berlin mit der Wiederaufführung von Bachs »Matthäuspassion« geleistet hatte, versuchte er in Düsseldorf mit Händels großen Oratorien, und das mit Erfolg. Fanny tröstet sich über die Abwesenheit des Bruders mit Komponieren hinweg, es entstehen wieder einige Hölty-Lieder, und im Winter 1833 berichtet sie Felix: »Ich habe einen Versett aus der Messe der Heiligen Cäcilia... in zwei Tagen componirt, in solcher Eil, daß die Begleitungsstimme bis heut noch nicht aufgeschrieben ist.« Das Werk, das sich in Privatbesitz befindet, ist für gemischten

Chor und Klavier geschrieben und ihrer Namenspatronin gewidmet: Cäcilia. Felix vollendet derzeit die »Italienische Sinfonie«, schreibt die Ouvertüre zur »Schönen Melusine« und die Konzertstücke op. 113 und 114. Die ersten Entwürfe zum Oratorium »Paulus« entstehen; es war jenes Oratorium, das er mit triumphalem Erfolg 1836 in Düsseldorf aufführen sollte.

Fanny studierte für ihre »Sonntagsmusiken« Beethovens »Fidelio« ein, und wir können nur ahnen, welche guten Musiker und Sänger sie dazu heranziehen und wieviel Vater Abraham zu solchen Aufführungen beisteuern mußte. Am 11. Juni 1834 berichtete sie stolz dem Bruder über ihre ersten Dirigiererfahrungen: »... Es ist übrigens eine sehr musikreiche Woche. Also Mutter hat Dir doch gewiß vom Königstädter Orchester am Sonnabend erzählt, und daß ich mit dem Stock wie ein Jupiter tonans da gestanden habe. Lecerf ließ seinen Scholaren spielen und zerklopfte sich die Finger dabei. Da ging ich heraus und holte dein weißes Stäbchen und gabs ihm in die Hand. Nachher ließ ich meine Ouvertüre spielen und stellte mich dabei ans Clavier, und da flüsterte mir der Teufel in Lecerfs Gestalt zu, das Stöckchen in die Hand zu nehmen. Hätte ich mich nicht so entsetzlich geschämt und bei jedem Schlage genirt, so hätte ich ganz ordentlich damit dirigieren können ...«

Fannys erste Schritte als Dirigentin: Wie gut, daß sie den Mut dazu hatte und daß sie im halb-öffentlichen Rahmen ihrer »Sonntagsmusiken« die Solisten besaß, die ihrem kritischen Gehör genügten. Sicherlich auch angespornt von dem Können der Berliner Geiger, setzte sie sich bald an den Schreibtisch, und es entstand in diesem Jahr eines ihrer exzellentesten Kammermusikwerke, das Streichquartett in Es-Dur, das sie am 23. Oktober 1834 – sie war noch nicht ganz 29 Jahre alt – vollendete und das mittlerweile seinen Siegeszug durch die Konzertsäle angetreten hat. Allein 1988 entstanden zwei Druckausgaben dieses temperamentvollen und hochmelodischen Werkes, das allerhöchste Anforderungen an die Streicher stellt.

Kurz zuvor hatte Fanny in Berlin Niccolo Paganini gehört, was sie so kommentiert: »Paganini habe das Geigenspiel verändert? Ist denn das nicht wahr? Spielt man denn heut, wie man auf der ersten Geige gespielt hat? Wer hat denn die Sache anders gemacht als große Talente? Und wozu sind Umschwünge in den Leuten, wie Du sagst, wenn sie nicht auch außer sich etwas umschwingen?«

Gleichzeitig ereifert sich Fanny in ihrem Brief vom 24. November 1834 an Felix über den Geiz des russischen Zaren Nikolaus I., der mit der preußischen Prinzessin Charlotte verheiratet war und in einer Akademie-Ausstellung auch Hensels großes Historienbild »Christus vor Pilatus« sah. Beide, Wilhelm und Fanny, hatten wohl insgeheim mit dem Ankauf von Bildern durch die auswärtigen Gäste gerechnet. Fanny: »Weder er noch der Kronprinz, noch sonst jemand vom Hofe hat etwas gekauft, was eine unerhörte Sache ist. Nach Bildern von 20 Louisdor hat die Kaiserin gefragt und sie waren ihr zu theuer...«

Drei Heine-Vertonungen und die Konzertarie »Io d'amor, Oh Dio« beenden das für Fanny so schaffensreiche Jahr 1834, in dem sie die »Sonntagsmusiken« zu einem weiteren Höhepunkt führt.

Aus Düsseldorf hört Fanny bereits Ende 1834, daß Felix sich mit Theaterdirektor Karl Immermann überworfen hat und seine Stelle als Generalmusikdirektor zur Verfügung stellt. Felix verspricht zwar, noch einige Niederrheinische Musikfeste in Düsseldorf zu dirigieren, doch als Leiter der gesamten Musikszene in der Stadt am Rhein möchte er inmitten aller Querelen nicht verschlissen werden. Vielleicht machte ihm auch die Leitung der Kirchenmusik in der katholischen Stadt ein wenig Kopfzerbrechen; schließlich war er mit Leib und Seele Protestant, und es war für ihn selbstverständlich, daß Musik im Gottesdienst stattfand und nicht nur einen Teil der Liturgie darstellt. Doch schon wartete der nächste, ehrenvolle Posten auf ihn: Leipzig wollte ihn als Leiter der Gewandhauskonzerte engagieren, und Felix sagte zu.

Der folgende Brief von Fanny Hensel vom 17. Februar 1835 aus Berlin nach Düsseldorf an Felix ist sehr bedeutungsvoll in der Biographie der Komponistin: »Die Arie aus ›Wer nur den lieben Gott‹ bringt mich darauf, Dir zu sagen, daß ich in mehreren Solosachen Deiner kleinen geistlichen Musiken eine Art von Gewohnheit finde, die ich nicht gern Manier nennen möchte... die aber auch etwas Kindisches haben, und mir der ganzen Gattung sowohl, als auch Deiner ernsten Art die Chöre zu behandeln, nicht ganz angemessen scheinen. – Habe Dank für die ordentliche Critik meines Quartetts. Wirst Du es einmal spielen lassen?... Die ganze vorige Woche konnte ich Dir nicht schreiben, weil ich sehr fleissig Dein Rondo brillant einstudiert habe. Dies ist nun gestern mit doppeltem Quartett und Contrabaßbegleitung vom Stapel gelaufen, unter allgemeinem Beifall, und ich war toll genug, es hustend und matt wie eine Fliege zweimal zu spielen, solche Lust hatte ich daran... Ich habe nachgedacht, wie ich eigentlich gar nicht excentrische oder hypersentimentale Person zu der weichlichen Schreibart komme? Ich glaube, es kommt daher, daß wir gerade mit Beethovens letzter Zeit jung waren und dessen Art und Weise, wie billig, sehr in uns aufgenommen haben. Du hast das durchlebt und durchgeschrieben, und ich bin drin stecken geblieben, aber ohne Kraft, durch die Weichheit allein bestehen kann und soll. Es ist nicht sowohl die Schreibart, an der es fehlt, als ein gewisses Lebensprinzip, und diesem Mangel zufolge sterben meine längeren Sachen in ihrer Jugend an Altersschwäche, es fehlt mir die Kraft, die Gedanken gehörig festzuhalten, ihnen die nöthige Consistenz zu geben. Daher gelingen mir am besten Lieder, wozu nur allenfalls ein hübscher Einfall ohne viele Kraft der Durchführung gehört.«

Ein wichtiger Brief, eine wichtige Selbstäußerung Fannys, die – was ihr kompositorisches Können anbetrifft – niemals zur vollen Talententfaltung kommen konnte. Die Weichen wurden unserer Meinung nach bereits bei Zelter gestellt, jenem Liedkomponisten, der vorwiegend Anregung gab, viele, viele schöne und erbauliche Lieder zu vertonen. Hätte er je eine einzige dreisätzige Klaviersonate mit ihr analysiert, hätte er Fanny nicht nur bei schönen »Einfällen«, sondern auch bei der Durchführung dieser Einfälle über 100 Takte hindurch gelobt und gefordert: ja, dann besäßen wir sicherlich noch etliche Streichquartette der Qualität ihres Es-Dur Quartettes und einige Klavierwerke mehr, die über die capricenhafte Einsätzigkeit hinausgehen. Das deutlich vorhandene dramatische Talent in der Kompositionsweise Fannys hat sich beim Lied erschöpft und war gleichzeitig dabei unterfordert.

Einige Werke aus dem Jahre 1834 sind uns heute noch unzugänglich, da sie sich in Privatbesitz finden. Aus 1835 wissen wir von einigen Vokalquartetten und -terzetten, von der Vertonung des Goethe-Liedes »Über allen Gipfeln ist Ruh« und von der Vertonung des Heine-Textes »Wenn der Frühling kommt«, beide im Seebad Boulogne entstanden, wo Heinrich Heine der Familie Mendelssohn begegnete.

Sechs Wochen nach dem Amtstritt von Felix in Leipzig im Oktober starb unerwartet Abraham Mendelssohn am 19. November des Jahres 1835. Die Familie war zutiefst erschüttert; auch Fanny, die damit ihre erste Bezugsperson im Leben verlor (dies war offensichtlich Abraham mehr als Lea). Eine von allen akzeptierte Autorität war plötzlich nicht mehr vorhanden, und Fanny mußte sich ihrer neuen Situation, ohne ständiges Korrektiv und ohne Zeigefinger leben zu müssen, erst einmal klar werden. Die Mutter Lea zog zu Rebecka und Peter Dirichlet.

Über Fannys Verhältnis zu ihrer Mutter erfahren wir in ihren Tagebüchern und Briefen nicht allzuviel. Ob Lea eine zärtliche oder autoritäre Mutter war, wie sehr sie Fanny als Älteste geliebt, wen der vier Kinder sie eventuell bevorzugt hat: all das scheint in der Mendelssohn-Familie nicht diskutiert worden zu sein. Es gab eben Familiengeheimnisse. Indiskretionen, ja Familiengeschwätz kennen wir überhaupt nicht, wenngleich uns Tausende von Briefen überliefert sind. Davor stand die überaus gute Erziehung.

Mitten in einer beginnenden Identitätskrise Fannys – sie war 31 Jahre alt – gab es von Felix' Seite kaum ein wirklich ermunterndes Wort zu ihren Werken. Ihr meisterhaftes Streichquartett hat er nie aufgeführt, und so meldet sie sich am 5. Januar

1836: »Darum ist es mir auch so leid, wirklich nicht aus Eitelkeit, daß ich Dir schon so lange nichts Musikalisches recht habe zu Dank machen können. Habe ich es denn früher wirklich besser gemacht, oder warst Du nur leichter zu befriedigen?« Felix antwortet prompt darauf: »... so liegt der Grund gar nicht tiefer als darin, daß Du jetzt weniger geschrieben hast als in früheren Zeiten, wo ein oder zwei Lieder, so schnell gemacht und wieder andere so schnell nachgeschrieben wurden ... Wenn Du aber glaubst, daß mir Deine neueren Compositionen irgendwie Deinen früheren nachzustehen scheinen, so irrst Du dich ganz und gar, und ich kenne kein Lied von Dir als das englische aus g-moll, oder den Schluß des Liederkreises, und so manche aus der neueren Zeit, die mir weniger lieb waren als andere von Dir. Wenn ich aber alle Deine Sachen liebhabe und nun gar die, die mir so recht ans Herz gewachsen sind, das weißt Du, und sollst mir umgehend schreiben, daß Du mir unrecht tust ...«

Von Fanny kommt wenig später diese Antwort: »... Du hast in Leipzig gesagt, ich möchte lieber keine geistliche Musik mehr machen, weil mein Talent dazu nicht neigte ... Was Du sagst, fällt bei mir auf einen steinigen Boden, und ich bin mißtraurisch geworden, wiewohl ich im Allgemeinen glaube, es jetzt besser machen zu können als damals, und ich mich schon dran gemacht hätte, Einiges umzuarbeiten, wenn nicht Dein Interdict mich störte.« Sie erwartete also zu jenem Zeitpunkt kaum einen freundschaftlichen Impetus von Felix, der seinerseits alle Hände voll zu tun hatte, sich als Generalmusikdirektor in Leipzig zu bewähren. Das Orchester wurde von ihm reorganisiert, erweitert und in jeder Weise verbessert; auch kämpfte er erstmals für soziale Leistungen seiner Musiker. Felix benötigte nur zwei Orchesterproben, um in seinem ersten Konzert Beethovens 4. Sinfonie, Cherubinis Ouvertüre zu »Ali Baba«, Spohrs Violinkonzert Nr. 8, Webers Freischütz-Ausschnitte und seine eigene Ouvertüre »Meeresstille und glückliche Fahrt« aufzuführen. Die Leipziger waren begeistert, und in der Allgemeinen Musikalischen Zeitung hieß es: »Gleich bei seinem Auftreten als Direktor sprach sich im überaus gefüllten

Saal die lebhafteste Freude der Versammlung durch laute Beifallsbezeugung unzweideutig aus... Alles ging vortrefflich...«

Im Juni desselben Jahres ist es Fanny leid, von ihrem »Korrektor« Felix im Stich gelassen zu werden. Sie wendete sich kurzerhand an den gemeinsamen Freund Karl Klingemann, den Diplomaten und ehemaligen Untermieter aus der Leipziger Straße: »Ich lege zwei Klavierstücke, die seit Düsseldorf geschrieben (Fanny war im Mai zum Niederrheinischen Musikfest nach Düsseldorf gereist. Anm. der Autorin), für Sie bei, Sie mögen beurteilen, ob sie sich eignen... kann aber nicht unterlassen zu sagen, wie angenehm es mir ist, in London für meine kleinen Sachen ein Publikum zu finden, das mir hier ganz fehlt... Seit Rebecka nicht mehr singen mag, liegen meine Lieder durchaus ungehört und unbekannt da, und man verliert am Ende selbst mit der Lust an solchen Sachen das Urteil darüber, wenn sich nie ein fremdes Urteil... entgegenstellt. Felix, dem es ein leichtes wäre, mir mein Publikum zu ersetzen, kann mich auch, da wir nur wenig zusammen sind, nur wenig aufheitern, und so bin ich mit meiner Musik ziemlich allein. Meine eigne und Hensels Freude an der Sache läßt mich indes nicht ganz einschlafen, und daß ich bei so gänzlichem Mangel an Anstoß von außen dabeibleibe, deute ich mir selber wieder als ein Zeichen von Talent.«

Fanny – resigniert angesichts einer Fülle von herrlichen Liedschöpfungen, im Kreise zahlreicher Musikerfreunde, die ihr doch ein Publikum hätten sein können? Es wirkt für uns fast unverständlich, wenn sie von mangelndem Publikum und Akzeptanz spricht: sie, die sie durch die »Sonntagsmusiken« und die hervorragenden Beziehungen ihres Vaters auf so manchen Musikerfreund rechnen konnte, auf Künstler, die im Hause Mendelssohn jahrelang ein und aus gingen? Doch scheint sie offensichtlich – und jetzt wollen wir einen Blick in die Programme ihrer eigenen Konzertreihe im Gartensaal werfen – vorwiegend Musik anderer Komponisten gespielt zu haben. Um ihre eigenen Werke aufführen zu lassen, hätte es eben der Ermunterung von außen bedurft, und die gab es für sie nur in

Gestalt des Bruders, dem sie noch im Juni desselben Jahres mitteilt: »Ich weiß zwar nicht genau, was Goethe mit dem dämonischen Einfluß meint, von dem er zuletzt soviel spricht, doch soviel ist klar, daß wenn dergleichen existirt, Du es in Bezug auf mich ausübst. Ich glaube, wenn Du mir im Ernst vorschlügst, ein guter Mathematiker zu werden, so würde ich keine besondere Schwierigkeit dabei finden, eben so wie ich morgen keine Musik mehr würde machen können, wenn Du meintest, ich könne keine machen. Nimm Dich daher mit mir in Acht...« Welch ein Satz, welch eine Feststellung und Erkenntnis, die den starken Einfluß des Bruders endlich beim Namen nennt. Felix war sich der Tragweite dieses Einflusses wohl zeitlebens nicht bewußt.

Daß Felix bei seinen vielen Kontakten und Reisen auch andere Frauen, Musikerinnen und Komponistinnen, fördern würde, davon wußte Fanny wohl wenig. Ein Beispiel: Josephine Lang (1815–1880). Felix hatte ihr 1831 Klavierunterricht gegeben. »Sie ist mir eine der liebsten Erscheinungen, die ich je gesehn... Die hat nun die Gabe, Lieder zu komponieren, und sie zu singen, wie ich nie etwas gehört habe, es ist die vollkommenste musikalische Freude, die mir jetzt wohl zu Theil geworden ist... in jeder Note das tiefste, feinste Gefühl.« Felix Mendelssohn tat alles, um sie weiter ausbilden zu lassen. Beide korrespondierten noch bis 1841 miteinander, schickten sich gegenseitig kleine Kompositionen, von Josephine Lang kamen Lieder in Leipzig an, wovon er zwei für Männerchor setzte, er wurde Patenonkel bei ihrem Sohn Felix, zu dem er schrieb: »Soll ich den kleinen Felix die Kapellmeisterei und Kontrapunktschaft lehren? Und soll er darin nachholen, was Sie versäumt haben? – Nichts nämlich...« Langs Lieder gehören zu den Schönsten der Romantik und übertreffen an Ausdruckstiefe manches Lied von Fanny. Sie hat musikalisch so manches persönliche Schicksal verarbeiten müssen: Tod ihres Mannes und eines Kindes, eigene Krankheit, Geldnot und eine gänzlich ungesicherte Existenz. Sie wurde mit 41 Jahren Witwe und hatte sechs Kinder zu versorgen. All diese Unwägbarkeiten hat

Fanny Hensel in ihrem Leben kaum zu spüren bekommen. Behütet, sehr behütet, darum auch sorgenfrei in der Harmonie des großbürgerlichen Hauses hat sie vorwiegend ruhige Jahre gehabt. Hat sich das musikalisch niedergeschlagen? Biographische Brüche, wie eventuell die Ablehnung eigener Publikationen durch den Vater, das Nein der Singakademie zu Felix, sind bei Fanny musikalisch kaum nachzuweisen. Und wenn, dann sind es die positiven Dinge, die sie zur Feder greifen lassen, wie zum Beispiel die Italienreise der Jahre 1839 und 1840.

Die Sonntagsmusiken

Von 1822 bis zu ihrem Tod 1847 hat Fanny die »Sonntagsmusiken« im elterlichen Gartensaal organisiert und geleitet. Ganz im Sinne der bürgerlichen Salon-Tradition hat sie diese Sonntage mit Musik und geistvoller Unterhaltung gestaltet. In ihren Konzerten wurde niemand (wie Felix es aus London entsetzt berichtete) mitten in einem Adagio vom Händeklatschen des Hausherrn unterbrochen, der säuselte »Ça suffit, mon cher.« Zu den regelmässigen Interpreten der Mendelssohnschen Konzerte in Berlin gehörten die berühmte Opernsängerin Pauline Decker (1811–1882), Karl Bader, Tenor der Berliner Oper (1789–1870), Ferdinand David, Geiger (1810–1873), Adolph Bernhard Marx, Komponist und Musikkritiker (1795–1866), Eduard Rietz, Dirigent und Geiger, Gründer der Philharmonischen Gesellschaft (1802–1832), aber auch Julius Rietz, Dirigent, Komponist und Cellist (1812–1877), der Mendelssohns Nachfolger in Düsseldorf wurde. Auch der Lehrer Carl Friedrich Zelter ließ sich nicht lange bitten, in der Leipziger Straße mitzuwirken. Unter auswärtigen prominenten Gästen sei vor allem Clara Wieck Schumann (1819–1896) genannt, die unter

Mendelssohns Leitung im Leipziger Gewandhaus in jeder Saison auftrat. Dann auch Jenny Lind, Primadonna assoluta (1820–1887), Favoritin von Felix, als er Stars für seine Gewandhauskonzerte suchte, oder Clara Novello (1818–1908); Ferdinand Hiller (1811–1885), vor allem aber auch Franz Liszt (1811–1886) waren umringt von Musikfreunden. Charles Gounod (1818–1893), Henri Vieuxtemps (1820–1881) und Robert Schumann (1810–1856) kamen als Solisten oder Gäste. Kurzum, Fanny hatte die besten Leute um sich versammelt. Und doch bildeten sie – wie wir gehört haben – kein Publikum für ihre eigenen Werke?!

Johanna Kinkel, die Bonner Komponistin (1810–1858) war so angetan von Fannys Art zu dirigieren, daß sie schrieb: »Mehr als die größten Stimmen, die ich dort hörte, galt mir der Vortrag Fanny Hensels, und ganz besonders die Art, wie sie dirigierte. Es war ein Aufnehmen des Geistes der Komposition bis zur innersten Faser und das gewaltigste Ausströmen desselben in die Seelen der Sänger und Zuhörer. Ein Sforzando ihres kleinen Fingers fuhr uns wie ein elektrischer Schlag durch die Seele und riß uns ganz anders fort, als das hölzerne Klopfen eines Taktstocks auf ein Notenpult es tun kann.« Darüber hinaus beschreibt sie schön die Atmosphäre der Veranstaltungen: »Die Proben zu den Aufführungen, welche Fanny Hensel am Klavier dirigierte, fanden gewöhnlich am Samstag abend statt, und da nur sehr geübte Sänger mitwirkten, bedurfte es kaum ein- oder zweimaligen Durchsingens und einer kurzen Abrede. Am darauffolgenden Sonntag zwischen 11 und 2 Uhr war die Aufführung vor großer Gesellschaft in dem sehr geräumigen Gartensaal. In der warmen Jahreszeit standen die Glastüren offen, und während der Pausen wandelten Sänger und Gäste unter den mächtigen Baumgruppen des sich bis nahe an die Stadtmauer streckenden Gartens. Hensels Atelier stieß an eine Seite des Musiksaals, und durch die Flügeltüren sah man eines oder mehrere seiner historischen Bilder aufgestellt... Fast alle berühmten Künstler, die Berlin besuchten, erschienen sonntags einmal mitwirkend oder zuhörend bei Frau Hensel. Auch die Elite der Berliner Gesellschaft suchte dort Zutritt, und die großen Räume des Hauses waren meist überfüllt...«

Diese »Sonntagsmusiken« kosteten keinerlei Eintritt, und man muß annehmen, daß es für die meisten dort auftretenden Künstler keine Honorarfrage, sondern eine Frage der Ehre war, mitmachen zu dürfen. Wenn Honorare gezahlt wurden, dann aus dem unerschöpflichen Fonds des Mäzens Abraham Mendelssohn.

Von Interesse ist auch ein Blick in die Programme, deren Gestaltung fast alleine auf Fanny zurückging. Sie selbst stand als Komponistin fast ganz zurück vor den Heroen Bach, Beethoven und Mozart. Nur selten – 1831 – ließ sie als Uraufführungen hintereinander ihre eigenen großen Chorwerke erklingen: »Lobgesang«, »Hiob«, das »Oratorium nach biblischen Bildern« und die Arie für Sopran und Orchester »O daß ich tausend Zungen hätte«, eines ihrer Lieblingsstücke aus dem »Lobgesang«. »Hero und Leander« führte sie 1832 auf, ihre »Gartenlieder« erst 1846, ihr Klaviertrio im Todesjahr 1847.

Auch aus der großen Zahl ihrer Sololieder hat sie nur wenige singen lassen. »Die Spinnerin« und »Heimkehr« in einer »Sonntagsmusik« des Jahres 1834 sind durch Meg Freeman Wahlen nachgewiesen; von anderen Aufführungen haben wir keine exakten Daten. Es ist aber anzunehmen, daß Fanny auch andere Lieder zu Gehör brachte. Angesichts der Fülle ihres Liedschaffens ist es wiederum wenig, zu wenig.

Beethoven, den von Zelter verachteten und von Fanny geehrten Komponisten, stellte sie jedoch oft in Berlin vor. Seine Klaviertrios op. 1 und op. 97, sein G-Dur Klavierkonzert, sein Tripelkonzert, die Diabelli-Variationen für Klavier, Ausschnitte aus dem »Fidelio« und sogar sein einziges Violinkonzert in D-Dur standen zwischen 1833 und 1841 auf ihren Programmen. Gluck war in den Sonntagsmusiken mit Opern-Ausschnitten vertreten, Louis Spohr mit seinem Klavierquintett op. 130 und den deutschen Liedern für Klarinette und Klavier op. 103; von Mozart hat sie weniger seine Kammermusik gekannt und aufgeführt als seine Opern, und da ihr mit Pauline

Decker eine so hervorragende Sängerin zur Verfügung stand, waren Ausschnitte aus dem gängigen Opern-Repertoire ständig im Programm. Von Felix gab es unter andern sein Klavierkonzert in g-moll op. 25, Ausschnitte aus dem Oratorium »Paulus«, seine »Lobgesang«-Sinfonie und den Psalm 114 zu hören; nicht zu vergessen die vierhändige Fassung seines »Sommernachtstraums«, die Fanny und Felix gemeinsam spielten. Seine »Erste Walpurgisnacht« op. 60 wurde mehrfach aufgeführt und war eines ihrer Lieblingswerke. Der von allen verehrte Johann Sebastian Bach durfte natürlich nicht fehlen, und wir wissen von Aufführungen aus dem Jahre 1835 mit vier Kantaten, worunter mit Sicherheit die erklärte Lieblingskantate der Familie war, »Actus Tragicus« (BWV 106 »Gottes Zeit ist die allerbeste«) mit seiner sanften Orchestereinleitung und Blockflötenbesetzung.

Angesichts der Qualität dieser Werke und der nachweislich hohen Qualität der Solisten aus Berlin und aus ganz Europa können wir verstehen, daß Fanny Hensel als Organisatorin und Dirigentin keinen anderen Rahmen brauchte, kein anderes Podium, um ihr Können zu zeigen. Daß sie auch dirigiert hat, spricht für ihr Selbstbewußtsein und ihre Autorität als Musikerin nach dem Weggang des Bruders aus Berlin. Es wäre zu schön, wenn sie nun auch noch als Komponistin den ihr gebührenden Rang in den »Sonntagsmusiken« erhalten hätte. Doch Rezensenten scheinen selten die Mendelssohn-Reihe als Ort wichtiger Uraufführungen benutzt zu haben.

1836, das Jahr, in dem wir uns nun wieder befinden, bringt als Kompositionen von seiten Fannys das Terzett »Frühzeitiger Frühling« und das Terzett »Winterseufzer«, einige Vokalduette, eine Vertonung von Goethes »Suleika« und diverse Klavierstücke. Felix hatte unterdessen mit dem Klavierlied, den »Liedern ohne Worte« erste verlegerische Erfolge erzielt, schrieb den Trauermarsch a-moll für Orchester op. 103 und mehrere Vokalwerke.

Und auch die folgenden Begebenheiten im Leben von Felix sind eng mit Fanny verknüpft – beider Leben läuft fast parallel vor uns ab: In Frankfurt am Main hatte Felix die damals 19-jährige Cécile Jeanrenaud kennengelernt, die Tochter eines hugenottischen Predigers, und es geschah für Felix wohl ebenso überraschend wie für die ganze Familie: Er verliebte sich. An Rebecka und Fanny schrieb er zuerst ein wenig unbeholfen darüber, seiner Mutter gegenüber behält er Stillschweigen, da er sich selbst noch über seine Gefühle im klaren werden wollte: »Wie sie aussieht? Gar sehr gut. Spricht? Deutsch und viel französisch ... geht wie ein etwas verzogenes Kind. Musikalisch? Nein, gar nicht ...« Rebecka scheint er diesmal mehr anzuvertrauen als Fanny, indem er ihr sagt: »Siehst Du, Du hast jetzt ein Geheimnis, wovon Du keinem Menschen was sagen darfst. O Beckchen, was soll ich anfangen?« Lange konnte er jedoch sein Geheimnis nicht bewahren, und am 9. September 1836 verkündet er der Mutter: »In diesem Augenblick, wo ich wieder in mein Zimmer trete, kann ich nichts anderes tun, als an Dich schreiben, daß ich mich jetzt eben mit Cécile Jeanrenaud verlobt habe. Mir schwindelt der Kopf von dem, was ich an diesem Tage erlebt habe. Es ist schon tief in der Nacht ... Wie ist mir so reich und glücklich ...«

Felix, nach einigen Jugendfreundschaften nun in der intimen Nähe einer anderen Person, die nicht mit ihm verwandt war, muß sehr verunsichert gewesen sein. Cécile, von allen wegen ihrer Schönheit geliebt, war ein ruhiger, auf Felix' Temperament sanft einwirkender Mensch. Ihre Indifferenz in musikalischen Fragen hat ihn wohl nicht gestört, war er doch von reichlich viel Musikern umgeben.

Am 28. März des gleichen Jahres heirateten Felix und Cécile. Weder Lea noch Fanny, Rebecka oder Paul waren bei der Hochzeit in der Heimatstadt Céciles, in Frankfurt, zugegen. Felix hatte seine Berliner Familie keineswegs ausgeladen, aber er hatte es nicht für nötig erachtet, seine Braut in der Leipziger Straße vorzustellen. So kam es einer eiferschüchtigen Trotzhandlung gleich, daß sich sowohl Fanny als auch Rebecka zum Fernbleiben entschlossen. Nur die alte kränkliche Tante Dorothea Schlegel vertrat die Familie. Dorothea, die Schwester von

Abraham, war im Gegensatz zu ihrem Bruder zum Katholizismus übergetreten, hatte nach ihrer aufsehenerregenden Scheidung von Simon Veit den Dichter Friedrich Schlegel geheiratet. Sie führte einen großzügigen Lebensstil, der oft von Skandalen gekennzeichnet war.

Auf ganz andere Art erwies sich Fanny jedoch als gute Schwägerin. Sie schickte Cécile zu Weihnachten 1836 das lange Zeit Goethe zugeschriebene Lied »Ach um deine feuchten Schwingen« sowie die Abschrift eines Duettes von Suleika-Hatem, das Felix unter seiner op. 8, 12 veröffentlichte. Die Liedblätter hatte Wilhelm mit kleinen Zeichnungen versehen. Fanny faßte den Mut, an Cécile direkt zu schreiben: »Ich muß Dir nun sagen, wenn jetzt jemand kommt und mir von Deiner Schönheit erzählen will und von Deinen Augen, so schnauze ich ihn an! Gehört habe ich genug davon, schöne Augen aber will man nicht hören.«

Ein ganzes Jahr später erst ist Fanny in Leipzig bei Cécile und Felix zu Gast, muß alle in ihr aufkommenden Eifersuchtsgefühle begraben und berichtet Klingemann in London: »Daß ich meine Schwägerin nun kenne, hat mir allerdings einen großen Stein vom Herzen gewälzt, denn ich kann nicht läugnen, daß Unbehagen und Mißstimmung in dieser Beziehung sehr in mir überhand genommen hatten. Sie ist aber ein so liebenswürdiges, kindhaft unbefangenes, frisch erquickliches, immer gleich und heiter gestimmtes Wesen, daß ich Felix nun glücklich preisen kann, sie gefunden zu haben, da sie ihn unaussprechlich liebt, ihn aber dabei nicht allzusehr verzieht und seiner Launenhaftigkeit mit einem Gleichmuth begegnet, sie ihm am Ende vielleicht gar abgewöhnen wird. Ihre Gegenwart hat etwas von frischer Luft, sie ist so leicht, klar und natürlich.«

Dies ist eine großartige Charakterstudie aus der Feder der Schwester, die gut wußte, welcher Mensch für ihren über alles geliebten Bruder der richtige war, die seine Eigenschaften kannte und auch wußte, wie man ihn in seiner oft zitierten Unruhe besänftigte. Natürlich stand Felix ihr nun nicht mehr so oft als Korrespondenzpartner zur Verfügung, Fanny mußte sich

15 *Felix' Ehefrau, Cécile Mendelssohn Bartholdy, geb. Jeanrenaud (1817–1853). Fanny lernte ihre Schwägerin erst ein Jahr nach der Hochzeit kennen.*

jetzt noch mehr einschränken, was den musikalischen Gedankenaustausch angeht. In ihrem eigenen ersten Ehejahr schrieb sie, wie die Hensel-Biographin Françoise Tillard berichtet, allein 46 Briefe an Felix; nach seiner Heirat sind es dann nur noch zehn pro Jahr. Wirklich heimisch geworden ist Felix' Frau wohl aber nie in der großbürgerlichen Familie Mendelssohn mit ihrer ausgeprägten Musik-Kennerschaft. Wie sollte sie da mitreden können, wenn alle über ein gerade gehörtes Konzert fachsimpelten, man ans Klavier ging, um zu phantasieren, und der gesamte Freundeskreis »nur« aus Künstlern bestand? Cécile war durch und durch bürgerlich, und es ist für eine Fanny Hensel-Biographie durchaus nicht von Wichtigkeit, ob Felix eine leidenschaftliche Ehe mit ihr führte oder nicht. Denn dies wissen wir auch nicht von Fannys Ehe, die von allen Biographen als durchgängig harmonisch beschrieben wird.

Nun standen sich also plötzlich zwei Ehepaare gegenüber, die sich zwar persönlich kannten, aber kaum Zeit hatten, menschlich zueinanderzufinden. Fanny beschwert sich mit Recht bei Felix, daß er nie mehr nach Sebastian oder Hensels Arbeiten frage, und sie fährt fort (Brief vom 2. Juni 1837): »Der musikalische spleen, über den Du Dich mokirst, kam ganz natürlich daher, daß ich den Winter wenig Musik gemacht und gehört habe ... ich lasse mich überhaupt sehr leicht niederschlagen, hatte damals angegriffene Nerven und kam mir unbeschreiblich veraltet vor. Seitdem aber habe ich mich wieder erholt und mir Chopins Etüden angeschafft ...«

Was war geschehen? Fanny hatte – ermuntert durch ihren Mann – mit dem Gedanken gespielt, einige ihrer Lieder herauszugeben. Verständlich angesichts der Vielzahl an hervorragenden Texten, die sie mittlerweile vertont hatte. Sie schrieb darum an Felix: »Was mein Herausgeben betrifft, so stehe ich dabei wie der Esel zwischen zwei Heubündeln. Ich selbst bin ziemlich neutral dabei, es ist mir aufrichtig gestanden einerlei, Hensel wünscht es, Du bist dagegen. In jeder andern Sache würde ich natürlich dem Wunsch meines Mannes unbedingt Folge leisten, allein hierbei ist es mir doch zu wichtig, Deine

Bestimmung zu haben, ohne dieselbe möchte ich nichts der Art unternehmen.« Wie ehrlich hier Fannys Satz gemeint war, »es ist mir einerlei«, können wir nur ahnen. Aus anderen Äußerungen spricht, daß es ihr beileibe nicht einerlei war.

Der Musikverlag Schlesinger in Berlin hatte angeboten, ein Sammel-Album mit Liedern zu veröffentlichen, wozu Fanny ihre Hölty-Vertonung »Die Schiffende« aus dem Jahre 1827 beisteuerte. Damit war ihre erste Veröffentlichung in Deutschland vollzogen. Felix schien anfänglich davon angetan: »Weiß Du denn, Fenchel, daß dein A-Dur Lied in Schlesingers Album Furore macht? Daß alle sagen, es sei das Beste im Album, was ein schlechtes Kompliment ist, denn wo ist sonst was Gutes?« Fanny selbstkritisch dazu: »Meine Autorschaft, bestehend aus einem Liede, hat mir gar keinen Spaß gemacht, lieber Felix, im Gegenteil war mir das Geschrei und Posaunen, das Schlesingers von diesem eigentlich doch ganz erbärmlichen Ding von Album gemacht haben, sehr zuwider.« Was Fanny nicht wissen konnte: Ein Redakteur der Neuen Musikalischen Zeitung hatte ihr Lied sehr gelobt, und es war kein Geringerer als Robert Schumann, damals noch ein Unbekannter.

Anfang 1837 führte man sogar das Lied in Leipzig auf. Felix dazu: »Ich will Dir über Dein Lied gestern schreiben, wie schön es war. Meine Meinung weißt Du zwar schon, doch war ich neugierig, ob mir mein alter Liebling, den ich immer nur im grauen Kupferstichzimmer oder im Gartensaal von Beckchen gesungen und von Dir gespielt kannte, nun auch in dem sehr gefüllten Saal, bei hellem Lampenlicht, nach vieler, lärmender Orchestermusik, die alte Wirkung tun würde... Niemals hat mir das Lied besser gefallen als gestern abend, und die Leute begriffen es auch... Ich meinesteils bedanke mich im Namen des Publikums zu Leipzig und den anderen Orten, daß Du es gegen meinen Wunsch doch herausgegeben hast.«

Aus diesem Schreiben des erfolgreichen, in der Öffentlichkeit stehenden Bruders wird deutlich, daß er Fannys Schritt in die Öffentlichkeit im Grunde mißbilligte; er wollte mindestens vorher gefragt werden. Und es war für ihn sichtlich schwer vorzustellen, daß Fannys in der Familien-Intimität vorgestellten Werke nun ihren Weg vor ein kritisches Pubikum finden würden. Hatte er damals schon Angst vor beginnender Konkurrenz aus der eigenen Familie? Oder fürchtete er eine Blamage?

Drei Monate später kam seine alte Meinung in einem Brief an Lea zutage: »Du schreibst mir über Fannys neue Stücke und sagst mir, ich solle ihr zureden, sie herauszugeben. Du lobst mir ihre neuen Kompositionen und das ist wahrhaftig nicht nöthig, damit ich mich von Herzen darauf freue und sie für schön und trefflich halte, denn ich weiß ja, von wem sie sind. Auch darüber, hoffe ich, brauche ich nicht ein Wort zu sagen, daß ich, sowie sie sich entschließt, etwas herauszugeben, ihr die Gelegenheit dazu soviel ich kann, verschaffen und ihr alle Mühe dabei, die sich ersparen läßt, ersparen werde. Aber ihr zureden, etwas zu publiciren, kann ich nicht, weil es gegen meine Ansicht und Überzeugung ist. Wir haben darüber früher viel gesprochen, und ich bin noch immer derselben Meinung... ich halte das Publiciren für etwas Ernsthaftes (es sollte das wenigstens sein) und glaube, man soll es nur thun, wenn man als Autor sein Lebenlang auftreten und dastehen will. Dazu gehört aber eine Reihe von Werken, eine nach dem andern – von einem oder zweien allein ist nur Verdruß von der Öffentlichkeit zu erwarten, oder es wird ein sogenanntes Manuscript für Freunde, was ich auch nicht liebe. Und zu einer Autorschaft hat Fanny, wie ich sie kenne, weder Lust noch Beruf – dazu ist sie zu sehr eine Frau wie es recht ist, sorgt für ihr Haus und denkt weder ans Publikum, noch an die musikalische Welt, noch sogar an die Musik, außer, wenn jener erste Beruf erfüllt ist. Darin würde sie das Drucken lassen nur stören und ich kann mich eben einmal nicht befreunden damit. Darum ich ihr nicht zurede – verzeih es mir. Wenn sie sich aus eigenem Antrieb, oder Hensel zu Gefallen dazu entschließt, bin ich, wie gesagt, ihr behülflich, soviel ich nur vermag, aber ermuntern zu etwas, das ich nicht für richtig halte, das kann ich nicht.«

Wieviel Wahrheit und Ehrlichkeit, aber auch wieviel Unkenntnis über die Wünsche seiner Schwester spricht hier aus dem Bruder, der seine komponierende Schwester seit Kindesalter erlebt, die ersten Kompositionsversuche mit ihr ausgetauscht, ihr Vorankommen gesehen hatte, ihre großen pianistischen Qualitäten lobte und genoß und ihre Lieder unter seinen eigenen Opuszahlen veröffentlichte, ihre Kantaten und Vokalwerke kannte, ihre Klaviermusik mit ihrer ganzen melodischen Fülle vielleicht sogar als Anregung zu den eigenen zahlreichen »Liedern ohne Worte« nahm. Felix schloß aus der Tatsache, daß Fanny gut verheiratet an der Seite eines preußischen Hofmalers im elterlichen Hause lebte, eventuell, daß sie selbst wenig Ehrgeiz hatte, an die Öffentlichkeit zu gehen. Doch da irrte er sich, und er hat manche Briefe Fannys, manches zwischen den Zeilen Gesagte, verdrängt.

Fanny hat aus diesem Teufelskreis der Verbote nicht mehr herausgefunden. Wenn wir jedoch beiden, dem Vater und dem Bruder, zugestehen, daß sie Fannys Talent erkannt haben, bleibt nur ein einziger Grund des Verbots: Sie scheuten, vor allem Felix, nach den ersten eigenen Erfolgen, einen öffentlichen Verriß von Fannys Werken. Denn der hätte auch für Felix' Karriere einen peinlichen Rückschritt bedeutet. Cécile Lowenthal-Hensel ist in diesem Punkt anderer Meinung und sieht nicht so sehr die verhinderte Komponistin in Fanny, der man das Publizieren verbot. Lowenthal-Hensel: »Fanny war sehr kritisch mit ihren Werken. Sie hat und hätte nur die Werke herausgegeben, die sie selbst für gut und wert hielt.« Vorausgesetzt, daß sie ihre Lieder op. 1 und 7, ihre Gartenlieder op. 3, ihre Klaviermusik op. 4 und 6 für besonders gelungen hielt, dann war sie vielleicht gar nicht so unzufrieden mit der kleinen verlegerischen Ausbeute ihres Lebens?

Wir zählen jetzt das Jahr 1838, das Jahr der Geburt zweier anderer Komponisten: Georges Bizet und Max Bruch. Das Jahr, in dem Robert Schumann seine »Kinderszenen« schrieb und Fanny, 33jährig, ihren einzigen Auftritt als Pianistin in Berlin in einem Wohltätigkeitskonzert hat. Sie spielt Felix' Klavierkonzert g-moll und kann darüber dem gemeinsamen Freund Klingemann berichten: »Vorige Woche hat hier in der eleganten Welt ein Concert grosses Aufsehen gemacht. Es ist nämlich... ein Dilettantenconcert zum Besten der Armen mit verdoppeltem Eintrittsgeld gegeben worden, wobei die Chöre fast von lauter Gräfinnen, Gesandtinnen und Offizieren gesungen wurden. Da war ich vornehme Frau denn auch dringend gebeten worden zu spielen, und habe zum ersten Mal in meinem Leben öffentlich gespielt und zwar Felixens Concert aus g-moll. Ich habe mich gar nicht geängstigt, meine Bekannten waren so gütig, es für mich zu thun, und das ganze Concert, so elend das Repertoire auch war, hat so viel Neugier und Interesse erregt, dass die Einnahme 2500 Thaler betrug.«

Nicht sehr viel Stolz spricht aus diesen Zeilen, und den Anfang einer Solistenkarriere bildete das Konzert auch nicht für Fanny. Merkwürdig, daß man sie in Berlin angesichts ihres großen Könnens am Klavier nicht öfter aufs Podium bat. Schließlich hatte ein englischer Kritiker einmal von ihr gesagt: »Wäre Mrs. Hensel die Tochter eines armen Mannes gewesen, sie wäre der ganze Welt als eine Pianistin höchsten Rangs bekanntgeworden an der Seite einer Mrs. Schumann und einer Mrs. Pleyel. Wie ihr Bruder hatte sie in ihren Kompositionen etwas von jener südlichen Lebhaftigkeit, die bei den Deutschen so selten ist. Ihr Spiel war weiblicher als das des Bruders, ähnelte jenem aber in seinem Feuer, seiner Deutlichkeit und Solidität.« Nun, eine zweite Clara Schumann oder Nannerl Mozart, die von ehrgeizigen Vätern durch Europas Konzertsäle geschleift wurden, wollte Fanny sicherlich nie werden. Beide hatten als Wunderkinder ihre Virtuosen-Laufbahn begonnen, beide waren von Kind an die Öffentlichkeit gewohnt. Für Fanny gab es nur eine »Öffentlichkeit« in ihrem Leben: Das war die Familie, und die hat sie nie wirklich verlassen wollen.

1838 wurde Felix' erster Sohn geboren, und der Bruder Paul reiste dazu nach Leipzig. Nur Fanny war unzufrieden: »...wie einem zumut ist, der ein Lied machen will, weiß ich gar nicht mehr. Ob das wohl noch wieder kommt, oder ob Abraham alt war? Was ist übrigens daran gelegen? Kräht ja doch kein Hahn danach und tanzt niemand nach meiner Pfeife!« Betrachten wir ihre Werke jenes Winters 1837/38, so sind es zwischen September 1837 und März 1838 nur sechs Lieder, die sie zu Papier gebracht hat. Augenscheinlich war sie selbst damit nicht zufrieden.

Wilhelm Hensel machte sich derweil startbereit für seine erste große England-Reise, die er ohne Fanny antrat. Am 27. Mai 1838 fuhr er nach London, und der ansonsten so schreibfaule Wilhelm schickte regelmäßige Berichte an Fanny. Bei einem Besuch bei Queen Victoria erhält er endlich die ersehnte Bestellung: Sie wünscht sich ein Bild von Hensel. Er ist überglücklich, und nach seiner Rückkehr beschließen Fanny und Wilhelm eine zweite, diesmal gemeinsame London-Fahrt. Fanny in einem Anflug von herrlicher Selbstironie hört, wie sehr Wilhelm vor Londoner Freunden von ihr geschwärmt hatte, und sie meint: »Die Freunde meines Mannes erwarten mich als eine Prophetin, eine Heroine, und es kommt ein Knirps.« Aus der London-Reise wurde nichts, da Wilhelm mit dem Malauftrag nicht früh genug fertig wurde. Dafür fuhr Fanny mit Schwester Rebecka in das Ostseebad Heringsdorf, wo sie – ebenfalls in feiner Ironie – von einem »jüdischen Zahnärztchen« spricht, dem sie als Kurgast begegnete.

Im September ist sie dann endlich dem lang ersehnten Ziel nahe: Fanny und Wilhelm planen ihre Italien-Reise, die am 4. September beginnt. Vorher vertont sie noch Goethes »Sehnsucht« und ein Duett für Sopran, Alt und Klavier nach einem Text von Anastasius Grün. Es war das Jahr 1839, ein Jahr voller Vorfreude auf den Süden.

Die Italien-Reise

Es existiert kaum ein deutscher Künstler von Rang, der nicht von der Inspirationsquelle Italien gezehrt hat. Die südliche Fülle, das Licht, die Heiterkeit der Menschen hat unzählige Nordeuropäer zu großartigen Werken animiert. Niedergeschlagen haben sich solche Erlebnisse in Briefen, Tagebüchern, Gedichten, Bildern, Kompositionen. Auch Mendelssohns kannten natürlich Goethes »Italienische Reise«, die 1816/17 in Buchform erschien (der Dichter war 1786 nach Italien »geflohen«), und so ist es verständlich, daß Fannys erster Brief aus Venedig ähnlich beginnt wie der Brief Goethes: »So stand es denn im Buche des Schicksals auf meinem Blatt geschrieben, daß ich 1839, den 12. Oktober nachmittags, nach unserer Uhr um zwei, Venedig zum erstenmal... erblicken und bald darauf diese wunderbare Inselstadt, diese Biberrepublik, betreten und besuchen sollte.«

Wie oft hatte Fanny in ihren Liedern, wie in Goethes »Mignon« von 1826 oder in der Goethe-Vertonung »Sehnsucht nach Italien« von 1822, das südliche Land besungen. Wie oft mag sie in Gedanken in dem Land gewesen sein, an dessen Grenze sie bereits mit der Familie im Jahre 1822 gestanden hatte?

Zehn Jahre lang hatten Fanny und Wilhelm den Wunsch mit sich herumgetragen, die Casa Bartholdy in Rom zu sehen, wo der Bruder Leas preußischer Generalkonsul war. Es scheint kurz nach der Eheschließung neben persönlichen Gründen auch wirtschaftliche Beweggründe gegeben zu haben, die eine Italienreise undenkbar machten. Und es spricht für Fanny, daß sie nicht die väterliche Großzügigkeit über Gebühr strapazierte und sich einen Italien-Aufenthalt schenken ließ. Seitdem sie mit Wilhelm verheiratet war, bestritt das Ehepaar seinen Lebensunterhalt neben den Zinseinkünften aus dem auch Fanny zugänglichen Familienvermögen offensichtlich auch aus Hensels Bilderverkäufen.

Schon von der ersten Reisestation, Venedig, waren beide restlos begeistert; Fanny war richtig verliebt in diese Stadt der Kanäle und Lagunen, und Wilhelm zeichnete für Fanny eine Gondel mit einer schlummernden, von Liebe träumenden Venezianerin, die von einem Gondoliere beobachtet wird. Und er schrieb dazu das köstliche kleine Gedicht:

Bessres Deiner lieben Stadt
Möcht ich heut besitzen.
Doch weil man nichts Bessres hat
bringt man eben Skizzen.
Löwen von dem Arsenal
Und die Gondel im Canal
Weih ich meinem Schatze.

Hensels Reiseziel Ende 1839 war Rom; sie machten vorher noch einen kurzen Aufenthalt in Florenz. Vom ersten Tag an führte Fanny ein Reisetagebuch, das uns durch Eva Weissweiler in Auszügen überliefert ist. So berichtete die begeisterte, aber auch sehr kritische Fanny aus der Kunststadt Florenz am 19. November 1839:

»Wie schön es hier ist, wie reizend die Gegend, wie unerschöpflich die Kunstschätze, nun, das ist ja bekannt. Der Palast Pitti und die Uffizien könnten die Welt mit Kunstschätzen versorgen. Nicht genug zu loben ist die Liberalität, mit der der vom Großherzog bewohnte Palast Pitti mit allen Kunst- und Mobiliarschätzen dem Publikum zu unbeschränkter Benutzung frei steht... Die Raffaels sind haufenweis da, bis zu sechs in einem Zimmer...«

Schließlich erreichten Hensels im November Rom, und Fanny konnte stolz berichten: »Auch dies große und wichtige Reiseziel wäre glücklich erreicht, und wir legen nun die Wanderstäbe für ein Weilchen beiseite.«

Welches Italien-Bild bot sich den beiden Preußen im Jahre 1839, oder anders gefragt: Was ließen sie in Preußen hinter sich? Zu nennen wäre die Gründung der Berliner Universität

1810, die Juden-Emanzipation von 1812, ein neues Nationalbewußtsein nach den Freiheitskriegen um 1813, die Reformen der Minister vom Stein und Hardenberg. Sie hatten miterlebt, wie man in Preußen den Hugenotten Zuflucht gewährte und sie als Kaufleute, Lehrer und Diplomaten schätze. Sie hatten aber auch den Zustrom von Juden aus Österreich und anderen Ländern erlebt, die sich aus ähnlichen Gründen wie die Hugenotten in Preußen niederließen. Ihre Assimilation (wenn sie nicht den Umweg der Konvertierung benutzte) war ungleich schwieriger als die der Hugenotten, die heute in Deutschland und anderen europäischen Ländern voll integriert sind.

Italien 1839: Alles befand sich in Aufbruchstimmung. Es brodelte überall. Kein Wunder; Napoleon I. hatte sich 1800 in Mailand zum König von Italien krönen lassen. Ligurien, Etrurien und der Kirchenstaat wurden Frankreich einverleibt. Nur auf Sardinien und Sizilien behaupteten sich die einheimischen Fürsten. Nach dem Sturz Napoleons hatte der Wiener Kongreß über eine Neuordnung Italiens bestimmt, und man befand, daß Italien nur ein »geographischer Begriff« sei. Zuallererst stellte man den Kirchenstaat wieder her; Österreich wurde Herrscher über die Lombardei und Venedig, die Habsburger wurden in der Toskana und Modena eingesetzt, und nach Neapel kehrten die Bourbonen zurück.

Verständlich, daß sich gegen soviel Fremdbestimmung die Bürger erhoben; es war die Zeit des risorgimento (1815–1870). Liberale Verfassungen wurden gefordert, es gab die ersten Volkserhebungen und die ersten Freiheitskriege um 1830; das wiederum bewog die österreichischen Truppen zum Eingreifen. Allgemeine Unzufriedenheit machte sich vor allem im einfachen Volk breit. Die Städte waren ungepflegt, die Straßen schmutzig, die Kinder für preußische Verhältnisse verwahrlost, die historischen Bauten, von denen man aus der Ferne viel gehört hatte, oft heruntergekommen. Fanny und Wilhelm hatten die sozialen Errungenschaften einer straff verwalteten preußischen Großstadt schätzen gelernt und waren manchmal entsetzt über italienische Zustände.

Am Ende ihrer Italienreise lernten sie den populären und lange Zeit inhaftierten Freiheitskämpfer Frederigo Confalioneri kennen und erfuhren mehr über die sozialen und politischen Mißstände ihres Gastlandes, von dem sie bis dahin nur seine musikalischen Vertreter kannten: Rossini, Bellini, Donizetti und Spontini, wovon letzterer in Berlin Operndirektor geworden war.

Geplant war, während des Italien-Aufenthalts in größeren Städten jeweils eine möblierte Wohnung anzumieten und dort auch Personal einzustellen. Fanny, die mit Wilhelm, Sebastian und der Köchin Jette gereist war, berichtet aus Rom: »Wir zahlen für vier Stuben, gut möbliert, nahe der besten Gegend, freilich zwei Treppen hoch und ohne schöne Aussicht, 30 Scudi monatlich, welches hier ein mittlerer Preis ist. Ich habe alle meine Niedlichkeiten ausgepackt, um dem Salotto noch mehr auf die Beine zu helfen.« Und über Wilhelm kann sie stolz berichten: »Ich wollte, Ihr könntet ihn hier sehen, ich habe wirklich meine Freude daran, das Glück leuchtet ihm aus den Augen; wie sie sich freuen, ihn wiederzusehen und alles behalten haben, was er tat und sprach und aß und trank. Sein und Felixens Name sind mir hier ein paar weiche Ruhekisssen. Ich habe es aber um so schwerer und muß verflucht liebenswürdig sein, um den Meinigen Ehre zu machen.«

Natürlich war es für Wilhelm ein herrliches Wiedersehen mit der Stadt, in der er fünf Jahre (1823–1828) als preußischer Stipendiat verlebt hatte. Hier fand er seine alten Malerkollegen wieder, darunter seinen Berliner Schüler August Kaselowsky und vor allem Jean August Dominique Ingres, Direktor der Académie Française von 1834 bis 1841, damit Chef der Villa Medici. Hensel hatte schon bei seinem ersten Rom-Aufenthalt zahlreiche Kollegen im Bild festgehalten, und nun drängten sich viele zu unserm preußischen Porträtzeichner. Endlich stand Wilhelm Hensel einmal im Mittelpunkt: ein Zustand, der ihm aus dem Mendelssohnschen Kreis nicht bekannt war; dort regierten die Musiker, waren Felix und Fanny tonangebend. In Rom wendete sich das Blatt zugunsten Wilhelms: Das muß er sehr genossen haben, denn es schuf ein Gleichgewicht innerhalb der ehelichen Identitätssuche.

Fanny war in Italien als Musikerin sofort gefragt und trat bald in einer musikalischen Soirée bei Cavaliere Landsberg auf. Fanny: »Der ist hier eine Personnage, hat einen sehr hübschen Salon und ein göttliches Instrument, empfängt Herren und Damen mit Grazie ma non troppo, begleitet von einem kleinen Tenörchen Adelaide, läßt eine andre Dame zwei Trios spielen und mich eins ...« Das war also Fannys erster Auftritt in einem Salon, der nicht der eigene war.

Und dann berichtete sie: »Gestern waren wir bei Papstens in der Sixtinischen Kapelle, und ich habe ihn und alle Kardinäle aufs genaueste gesehen, vorbeipassieren nämlich, denn für die Zeremonien sind wir armen Weiber übel dran; wir müssen hinter einem Gitter sehr weit absitzen, und wer nun, wie ich, ein kurzes Gesicht hat, bekommt von dem ganzen Spaß nichts zu sehn und muß drei Stunden lang sitzen und den sehr unreinen und mittelmässigen Gesang der päpstlichen Kapelle und den nicht kurzweiligen Vortrag der Messe durch ein paar zittrige Kardinalstimmen anhören. Ich werde indessen doch öfter in die Sixtina gehen, man muß sich daran gewöhnen, und es etwas genauer kennenlernen, es gehört doch einmal dazu.« Und nun die erstaunliche Feststellung Fannys, aus der wir rege Teilnahme am gesellschaftlichen Leben der Berliner Oberschicht schließen können: »Denk Dir meinen Gram, liebes Beckchen, die Gesandten werden dies Jahr keine Bälle geben! Und ich hatte mich doch so darauf gefreut, einen Galopp mit Kestner zu tanzen ... Warum aber nicht Schiffe mit den 11000 Jungfrauen der Heiligen Ursula nach Rom ziehen, kann ich nicht begreifen, denn ich habe in den acht Tagen allein 12000 Junggesellen schon kennengelernt, wie viele mögen nun noch sein, die ich nicht kenne ...«

Auch hatte sich Fanny das Musikleben der Großstadt vielfältiger vorgestellt: »Von Musik habe ich, seit ich in Italien bin, noch nichts Erbauliches gehört«, meldete sie am Neujahrstag 1840 ihrem Bruder Felix und seiner Frau Cécile nach Leipzig.

»Die päpstlichen Sänger habe ich dreimal gehört... Eigentlich bin ich erstaunt gewesen, die Ausführung nicht vollkommen zu finden. Sie scheinen gerade jetzt keine besonderen Stimmen zu haben, und singen durchaus nicht rein... Man kann sich nicht so geschwind von seinen gewohnten Vorstellungen losmachen. Eine Kirchenmusik in Deutschland, mit einem Chor von ein paar hundert Sängern, und verhältnismässigem Orchester, füllt nicht nur das Ohr, sondern auch noch die Erinnerung so an, daß mir die paar Sänger, namentlich in den weiten Räumen der Peterskirche, sehr dünn vorkamen...«

Fanny, hier ganz kritisch, fast im Stil einer Rezensentin, vermißt ihre deutschen Bach-Kantaten, oder genauer: Sie vergleicht die Gregorianik, für sie blutlose Einstimmigkeit, mit einem prachtvollen vierstimmigen Satz, den sie aus unzähligen Aufführungen der Singakademie gewohnt war. Diese Kritikfähigkeit behält sich Fanny bis zum letzten Tag ihres Italien-Aufenthaltes vor. In musikalischen Fragen war sie puristisch und manchmal sehr verwöhnt.

Es ist ihr erstes Weihnachtsfest außerhalb der Familie, in einer fremden Stadt, in einer fremden Kultur, die wenig von deutscher Weihnachtswehmut weiß. »Einen Weihnachtsbaum hatten wir natürlich Sebastians wegen aufgebaut, von Zypressen, Myrten- und Orangenzweigen. Mein Mann, liebe Cécile«, schrieb sie an Felix und Frau, »hat mir ein sehr schönes Schränkchen, mit Elfenbein eingelegt, geschenkt, und ich ihm eine Skizze von Paul Veronese, die ihm sehr gefiel und die er selbst ein wenig zu restaurieren gedenkt, denn das hat sie nötig...«

Auch alten Berliner Freunden begegnete Fanny in Rom: »Mit Schadows sind wir sehr viel zusammen. Er sieht sehr krank aus, erholt sich aber hier...« Und nun an den Bruder ganz privat gerichtet, der ja bereits vor ihr in Italien war: »Alle möglichen Damen haben mit Entzücken von Dir gesprochen, und mir mit Stolz erzählt, Du hättest sie besucht und ihnen vorgespielt, Du kennst sie aber gewiß nicht mehr dem Namen nach, und ich will auch Cécile nicht kränken, und von Luise Nitschmann sprechen...«

Fannys allgemeines Wohlbefinden ist aus folgenden Zeilen zu spüren: »Das Klima geniesse ich mit wahrer Wonne, ich kann Dir nicht sagen, wie wohl ich mich befinde, auch Sebastian bekommt es sehr gut, und er sieht besser aus als je. Wir sind außerordentlich mit ihm zufrieden. Das Kind ist wirklich so liebenswürdig, wie man in seinem Alter nur sein kann. Ich glaube, einen solchen Winter, wenn man ihn einmal gekostet hat, wird man ewig regrettieren, ich möchte wahrhaftig keine Italienerin sein, und überhaupt nichts anderes als eine Deutsche, wenn wir aber unser liebes Vaterland ein wenig nach dem Süden rücken könnten, das wäre doch gar nicht so übel...«

Fanny, es ist hier deutlich, fühlt sich längst nicht mehr als Jüdin, sondern nur noch als Deutsche. Und als Preußin, aus großbürgerlichem Hause, entwickelt sie wirklich so etwas wie Nationalstolz. Bei Wilhelm brauchte diese Eigenschaft nicht erst entwickelt zu werden. Er war ein treuer Preuße und nannte sich preußischer Hofmaler.

Nun, in Rom mögen sie zwar ab und zu über die Musik geseufzt haben. An der italienischen Kunst hatten sie – Gott bewahre – nur ihre Freude. Es gab unendlich viel zu besichtigen, und Fanny schrieb am 11. Dezember 1839: »In dieser Woche habe ich nun die unermesslichen Schätze des Vatikan zuerst gesehen und etwas, das nicht jeder Fremde sieht, die Wohnung des Papstes. Es ist charakteristisch für die Zähigkeit dieses 75-jährigen Mannes, daß er sich jetzt all seine Zimmer neu, in einfach noblem Geschmack – roter Damast, grüne Gardinen – hat einrichten lassen, als gedächte er noch wer weiß wie lange darin zu wohnen. Prachtvolle elfenbeinerne Kruzifixe, Mosaikstühle, eine göttliche Aussicht nach dem Albanergebirge, Monte Cavo, Campo Annibale, Frascati, im Vordergrund Rom, zu Füßen der Petersplatz...«

Hensels besuchten bald die Casa Bartholdy, in der Leas Bruder Jakob gelebt und gearbeitet hatte und die jetzt von Engländern bewohnt war. Fanny: »Ich habe mich mit einer Mischung aus Behagen und Rührung darin umgesehen, um so mehr, da mein Mann mir beschreiben konnte, wie alles früher gewesen.«

Und von der Villa Albani berichtet sie: »Früher ging man ganz frei durch den Garten und alle Räume, seit aber vor drei Monaten ein Fremder eine Statue beschädigt, um ein Stück davon mitzunehmen, ist der Eintritt nur in Begleitung eines Bedienten erlaubt. Ich hätte allen Fremden meine Villa vor der Nase zugeschlossen, das weiß ich wohl!«

Fanny – immer zu kritischen Gedanken bereit – bemerkt auch ökologische Mängel in der Stadt. »In dieser himmlischen Luft, auf diesem reichen Boden wächst weniger als in unseren Sandsteppen durch nördlichen Fleiß und Industrie. Ich muß immer an die Spargel denken, die von Berlin aus trotz 20 Grad Kälte in alle Welt geschickt werden! Hier, wo man der Natur nur ein wenig nachzuhelfen brauchte, bekommt man im Winter gar keine eßbaren Früchte, und wenige Gemüsearten und die auch noch schlecht...« Schließlich äußert sie sich auch politisch: »Was könnte aus dem Lande und auch aus den Menschen darin werden, wenn Gott sich ihrer einmal erbarmen und ihnen den Mann schicken wollte, den sie brauchen. Es ist ein Thema, über das wir in müßigen Stunden politisieren, was aus der Welt geworden wäre, wenn Napoleon statt Frankreich sich Italien unterworfen, sich dann darauf beschränkt und es von Grund aus organisiert hätte. Ich glaube, Frankreich hätte sich selbst geholfen und Italien wäre jetzt, was es früher war, das Paradies der Erde.«

Glaubt Fanny an den »starken Mann«, der Europa retten kann? Oder ist sie nur – ganz deutsch – obrigkeitsgläubig und der irrigen Ansicht, daß Gott die Politiker schickt? Vielleicht dürfen wir ihren Worten nicht allzu viel Bedeutung beimessen; es ist nicht anzunehmen, daß man im Elternhaus in Berlin lükkenlos über die politischen Verwicklungen informiert war.

Ungeachtet der Tatsache, daß die Kardinäle unsauber sangen, das Gemüse nicht frisch war und Napoleon sich nicht besonders um Italien kümmerte, feiern Fanny und Wilhelm Hensel ihren ersten römischen Karneval. Sie genießen das Burleske, Laute, Grelle, Südliche: Stimmungen, die sie aus dem nördlichen Berlin wahrlich nicht kannten. Fanny über den Straßenkarneval: »Sehr häufig sitzen die Kutscher als Frauenzimmer auf dem Bock und sehen oft gar nicht übel aus; die großen über und über behangenen Wagen, deren Räder ganz mit Lorbeer umwoben sind, machen sich sehr hübsch. Wenn man sich aber solch einem Wagen nähert, muß man sein Gesicht wahren, denn es gibt unfehlbar einen Hagel von Confetti. Die meisten Damen halten sich zu diesem Zweck Drahtmasken vor das Gesicht, da ich aber die Lorgnette brauche, kann ich dies Mittel nicht anwenden, sondern schütze mich nur durch den Schleier...«

Kurz vor Karneval erkrankte Wilhelm Hensel. Fanny verließ sechs Wochen nicht das Haus, um ihn zu pflegen (»... und wir darum die prächtigsten Feten versäumt haben...«), und beschwerte sich bei Felix am 4. März 1840: »Du begehst wahrlich einen Raun an meiner Gesundheit, wenn Du mir nicht öfter schreibst, denn Du glaubst gar nicht, wie gesund es mir ist, mich krank zu lachen. Deine vortrefflichen Fragen und Ratschläge will ich der Reihe nach beantworten. Was ich in Rom treibe? Mich freuen die ersten 2 Monate... den dritten Monat meinen Mann gepflegt und nicht weiter gekommen als Monte Pincio, wo ich oft mit Tränen spazierenging, weil ich spazierengehen sollte und mich doch so ängstigte und grämte... Wohnen tun wir in der Via del Tritone, die im Piazza Barbarine ausläuft...«

Gleichzeitig beklagte Fanny, daß sie in Rom kaum prominente Künstler antraf. »Wir haben überhaupt auf dieser Reise Pech mit Menschen gehabt, eine ganze Saison in Rom zu sein und nicht eine einzige Person von großer Auszeichnung zu treffen, ist doch wirklich schade. Voriges Jahr war Liszt vier Monate hier, wie gern hätte ich den ungarischen Magnaten gehört...« Schließlich holte ihr schlechtes Gewissen als Komponistin sie ein: »Auf und komponieren! Ich habe es eben erst nach Berlin geklagt, daß mir gar nichts mehr einfällt, nichts Gutes und nichts Schlechtes. Dio mio: Abraham wird alt.«

Ob ihr in der Zeit des Italien-Aufenthaltes der Bruder noch eigene Werke zur Begutachtung schickte – so, wie er es in den ersten Jahren tat? Er hatte 1839 seine Ouvertüre zu Ruy Blas op. 95, sein Klaviertrio d-moll op. 49, zahlreiche Chorlieder und einen Psalm zu Papier gebracht. Gleichzeitig begann er mit der »Lobgesang«-Sinfonie. Als Chef des Leipziger Musiklebens hatte er außerdem alle Hände voll zu tun. »Mein Steckenpferd ist jetzt unser armes Orchester und seine Verbesserung. Ich habe ihnen mit unsäglicher Lauferei, Schreiberei und Quälerei eine Zulage von 500 Thalern ausgewirkt, und ehe ich von hier weggehe, müssen sie mehr als das Doppelte haben...«

Mendelssohn zeigt sich also hier als der erste deutsche Kapellmeister, der sich für die sozialen Belange von städtischen Musikern einsetzt. Am Ende seiner Leipziger Laufbahn richtete er sogar Pensionskassen für die Musiker des Gewandhaus-Orchesters ein. Wieviele Privilegien unserer heutigen städtischen Musik-Beamten gehen auf Mendelssohn zurück!

Leipzig hatte sich schon damals – weit vor Berlin – zu einer europäischen Musikmetropole entwickelt. Die Stadt war relativ reich; in vielen Bürgerhäusern wurde die Musik gepflegt, das Vereinsleben blühte. Nur einen professionellen Musikunterricht, den gab es noch nicht. Mendelssohn spürte das große Potential an Musikbegeisterten in dieser Stadt, und so schrieb er im April 1840 an seinen Kreisdirektor: »Sollte es nämlich nicht möglich sein, des Königs Majestät zu bitten, diejenige Summe, welche der verstorbene Herr Hofkriegsrath Blümner... aussetzt, zur Errichtung und Erhaltung einer gründlichen Musikschule in Leipzig zu bestimmen?« Diese Bitte fand Gehör, und Mendelssohn gründete das Leipziger Konservatorium, das von Anfang an einen ausgezeichneten Ruf in Europa hatte.

Mitten in diesen bahnbrechenden Schritten zu einer Professionalisierung des deutschen Musiklebens wurde Friedrich Wilhelm IV. in Berlin zum König gekrönt; eine Tatsache, die Felix nochmals in seiner Laufbahn korrigierte. Der König schickte einen Regierungsvertreter zu Felix Mendelssohn nach Leipzig, um ihm eine feste Anstellung in Berlin anzutragen. Auch in Berlin sollte ein Konservatorium errichtet werden, und man wollte die Akademie der Künste mit einer Musikabteilung versehen. Viele Vorschläge prasselten auf Felix nieder. Er entschied sich für Berlin und verabschiedete sich von den Leipzigern mit einer unvergeßlichen Aufführung der »Matthäuspassion« und versprach, in einem Jahr wiederzukommen. Die Leipziger hatten ihm das Versprechen abgenommen, weitere Abonnements-Konzerte zu dirigieren. Wiederum sagte Felix »ja«, und so begannen die Jahre der Zerrissenheit zwischen Berlin und Leipzig. In keiner der beiden Städte ist er zeitlebens heimisch geworden.

Bald enttäuschte ihn Berlin, und des Königs Versprechungen entpuppten sich als leere Lockungen. Felix beschwerte sich, von der Einrichtung eines Konservatoriums sei keine Rede und ihm selbst sei es unmöglich, auch das Geringste zu fördern; nichts als schöne Worte, in Wahrheit geschehe nichts, nichts. Mendelssohn schrieb zwar im Zuge neu erwachten Hellenismus die Musik zu »Ödipus auf Kolonos« und zur »Antigone«, aber er bat schnellstens um seine Entlassung aus preußischen Diensten. Die Antwort von Friedrich Wilhelm IV. war typisch für ihn. Statt ihn gehen zu lassen, ernannte er Mendelssohn zum Generalmusikdirektor der weltlichen und kirchlichen Musik Berlins.

Gleichzeitig winkte der König in Sachsen mit einer Festanstellung und bot Mendelssohn ein stattliches Gehalt und 20000 Taler zur Errichtung des Konservatoriums. Felix sagte wieder »ja«, denn die Idee zu einer Konservatoriumsgründung war ihm von größter Wichtigkeit. Wieviel von allen Plänen in Felix' Werdegang zu Fanny und Wilhelm gedrungen ist, wissen wir nicht. Wir wissen nur, daß sie nicht mehr so häufig miteinander korrespondierten. Doch durch Mutter Lea drangen ab und zu wichtige Ereignisse durch, wie die Meldung, daß es Clara und Robert Schumann gegen den Willen des Vaters per Gerichtsbeschluß erreicht hatten, heiraten zu dürfen. Oder daß Bettina von Arnim 1840 ihren Roman »Die Günderode« veröffentlicht hatte, in der sie ihre innige Freundschaft mit Karoline von Günderode in Briefen festhält. Daß im selben Jahr ein weiterer bedeutender Komponist geboren wurde, ist nur für uns heute – rein statistisch – von Bedeutung. Es war Peter Iljitsch Tschaikowsky.

Villa Medici

Endlich fanden Fanny und Wilhelm ihren Kreis in der Académie Française, jener vom französischen Staat so großzügig geförderten Einrichtung – ähnlich der Villa Massimo, die von Deutschland getragen wird. In Rom wollten bereits damals zahlreiche Länder eigene Kultureinrichtungen unterhalten. So gab es bald eine Accademia di Spagna, eine Accademia di Polonia, eine Accademia di Ungheria und viele mehr. Die Französische Akademie, bereits 1666 von Ludwig XIV. gegründet, war seit 1725 im Palazzo Mancini untergebracht. Nach Napoleons Besetzung Italiens und während der Repubblica Romana (1798) zog man in die heutige Villa Medici, die einem reichen Bourbonen, Luigi di Borbone Parma, gehörte. 1804 wurde das stattliche Bauwerk Eigentum des französischen Staates, und man begann, die mit dem Prix de Rome ausgezeichneten Stipendiaten dort unterzubringen. Die meisten Preisträger waren Absolventen des Conservatoire de Paris.

Da dieses Stipendium zu jener Zeit ausschließlich Männern vorbehalten war, schrieb 1903 eine Mademoiselle Juliette Toutain, hochbegabte Schülerin von Gabriel Fauré am Pariser Konservatorium und Gewinnerin zahlreicher Preise, an den Direktor der Akademie und reklamierte ihr Recht, dort als Frau einen Studienaufenthalt machen zu können. Ausflüchte, es gäbe keine getrennten Schlafräume für Frauen etc., erwiesen sich als nicht haltbar. Man stellte fest, daß die Statuten überhaupt nichts über die Exklusivität der Männer sagten. Seit 1903 dürfen also dank Juliette Toutain auch Frauen nach Rom

16 Die Villa Medici, der Künstlertreffpunkt Roms im 19. Jahrhundert. Hier waren Fanny und Wilhelm Hensel 1840 oft zu Gast.

reisen; für uns heute so unendlich selbstverständlich, und doch ist alles erst von mutigen Frauen erkämpft worden.

Die französische Komponistin Nadia Boulanger war 1908 die erste Frau, die einen zweiten Rom-Preis errang. Ihre berühmte, als Komponistin jetzt wiederentdeckte Schwester Lili Boulanger (1893–1918) war die erste Frau der Musikgeschichte, die den ersten Rom-Preis erhielt und zwar mit ihrer Kantate »Faust et Hélène«. Seitdem haben immer wieder auch Künstlerinnen den begehrten Preis gewonnen und sind, wie in der Villa Massimo, eine Selbstverständlichkeit geworden.

Ob Fanny je darüber nachgedacht hat, daß sie dort ausschließlich auf bärtige Männer traf? Am 5. April 1840 sind Hensels jedenfalls Gäste des Akademieleiters Ingres. Er selbst war begeisterter Hobbygeiger, musizierte sofort mit Fanny und behandelte sie während der ganzen Rom-Zeit mit Hochachtung. Noch ein Jahr nach ihrer Rückkehr nach Berlin erhielt sie von ihm eine Zeichnung der Heiligen Francesca Romana mit der Widmung an das »génie musical« von Berlin.

Neben Ingres lernten die Hensels den Maler Charles Dugasseau, den Musiker George A. Bousquet, den Komponisten Charles Gounod und den Maler Horace Vernet kennen. Der letztgenannte faszinierte Hensel sehr »mit seinem orientalischen Kostüm, langem Bart, markierten Zügen, blitzenden Augen und gebräunter Haut«, so Fanny. In ihr Reisetagebuch notierte sie am 5. April: »Abends zu Ingres, Vernet zu sehen, der... wie ein wahrer Araber aussieht. Wer das nun hört, muß es lächerlich finden... wer ihn aber gesehen, hat sich gewiß über ihn gefreut, denn es erscheint bei ihm nicht als eine Mummerei, alles stimmt zu der schönen Tracht, welche bei ihm noch durch europäische Reinlichkeit und malerischen Geschmack gehoben wird... Als Wilhelm ihm sagte, daß seine äußerste Sehnsucht nach jenem Land (dem Orient, Anm. d. Autorin) gerichtet sei, machte er ein ganz verblüfftes Gesicht und sagte, er könne ja in 14 Tagen da sein, und diese glückliche Leichtigkeit, mit der ein Franzose alle äußeren Verhältnisse ergreift und das Leben zu behandeln weiß, hat etwas so Ansteckendes, daß ich wirklich in dem Augenblick kein Hindernis und keine Schwierigkeiten sah und meinem Wilhelm wahrlich aufrichtig und aus wahrstem Herzen dringend vorschlug, uns bis Triest zu bringen und sich einzuschiffen ...«

Warum aus diesem spontanen Plan nichts wurde, ist unbekannt. Fanny bedauert: »Daß wir Deutsche immer warten. Immer den Moment verpassen! Immer zu spät kommen! Daß man doch aus seiner Zeit, seiner Familie, seinem eigenen Selbst so schwer sich erhebt. Die Sache bewegt und ergreift mich aufs Tiefste.« Da zeigte sich Fanny unternehmungslustiger als Wilhelm; kaum in Italien, wollte sie schon alles wieder verlassen, um einmal im Leben den Orient zu erleben. Welche Sehnsucht mag da in ihr gesteckt haben! Und wie gefiel ihr die französische Leichtigkeit, ihr, der Preußin, die sicherlich keine Reise tat, ohne sie vorher nicht bis ins Kleinste geplant zu haben.

Am Karfreitag desselben Jahres hatte Fanny die Möglichkeit, die musikalische Gestaltung des Tages in der Sixtinischen Kapelle mitzuerleben. Sie war zwar beeindruckt, sparte aber auch hier nicht mit Kritik. Fanny: »Zuerst ward die Passion gesungen, und da gelang es mir diesmal, den Faden zu behalten und bis zu Ende genau zu folgen. Die Einteilung ist im wesentlichen die, welche Bach beibehalten; Jesus ward von einer schönen Baßstimme gesungen, der Evangelist von einem ziemlich schreienden Bariton. Die Volkschöre sind von Vittoria. In ganz kurzen vierstimmen Sätzen wurden die Worte ohne alle Durchführung einmal gesungen, und doch sind diese kurzen musikalischen Sätze sehr wichtig zur Erholung nach dem unglaublich monotonen Ableiern der Passion ...

Jene starren Formen des Gesangs erinnerten mich aufs lebhafteste an die uralten Mosaiken, nur finde ich jene noch steifer und todähnlicher. Auch glaube ich, in einer byzantinischen Kirche würde mich jener Gesang als nicht unpassend angemutet haben, hier aber, in der Sixtina, wo sich die Überreife zeigt, tritt er in einen grellen Widerspruch der Versteinerung und Armseligkeit ... Nach der Passion erschien der Papst, und es ward eine lateinische Rede mit großem Pathos und unermeßlichem Geschrei gehalten, hierauf kamen die Gebete, es wird nämlich rubrikenweise für, wirklich, Gott und die Welt gebetet, und bei jeder Rubrik beugten der Papst und die Kardinäle das Knie. Auch diese so uralte, einfache und schöne Handlung der Kreuzanbetung hat die katholische Kirche wie so manches andere zur possenhaften Äußerlichkeit heruntergesetzt und knickst wie die Weiber beim Kaffeebesuch. Nur das Gebet für die Juden wird stehend abgemacht. Tout dégenère entre les mains des hommes.«

Fanny, die Protestantin aus Berlin, blieb sichtlich unbeeindruckt von den katholischen Riten, der Zeremonie, von der einstudierten Routine. Sie war unempfänglich für katholischen Mystizismus. Sie, kaum vom jüdischen Kultus beeinflußt und schon als Kind in die protestantische Religion eingewiesen, fand keinen Gefallen an der opulenten Schau eines römischen Karfreitags-Gottesdienstes. Und ihr entging nicht, daß der Papst die jüdischen Fürbitten ohne Knicks absolvierte. Wurde das Gebet damit weniger ernst genommen? Immerhin hört sie sich die gesamte Liturgie an, auch die »Lamentazioni« von Allegri, die über drei Stunden dauern, wobei sämtliche Lichter in der Sixtina erlöschen. Vom Papst, der unter einem Baldachin einherschreitet, sprach sie als einem »Mandarin unter einem Sonnenschirm«. Schließlich endete der Tag im Hause einer Gräfin Kaiseroff, die Pergolesis »Stabat Mater« in einer Kammermusikfassung aufführt. Und wieder ist Fanny über die Qualität des Gehörten entsetzt.

Nach soviel Religion und Ritus, nach einem Einblick in urkatholische Welten war Fanny, der dieser Glauben ein Leben lang fremd blieb, heilfroh, die Karwoche überstanden zu haben. Endlich konnte sie die Künstlerfreunde in der Villa Medici aufsuchen. Alle empfingen sie dort mit offenen Armen; als Musikerin wurde sie bestaunt; sie spielte vorwiegend Werke von Bach, dessen Ruhm noch nicht bis Rom gedrungen war. »Abends spielte ich mehreres und zuletzt das Bach'sche Konzert wieder, worüber die Leute dermaßen außer sich waren, ...daß sie mir die Hände küßten und drückten und sich gar nicht fassen konnten; namentlich Gounod, der überhaupt entsetzlich lebhaft ist und immer keine Worte finden kann, mir auszudrücken, welchen Einfluss ich auf ihn ausübe, und wie glücklich er bei uns sei. Die beiden sind sehr verschieden, Bousquet ruhiger und zur französischen Klassicität hinneigend, Gounod hyperromantisch und leidenschaftlich; dem fällt nun die Bekanntschaft mit deutscher Musik wie eine Bombe ins Haus, möglich, daß sie großen Schaden anrichtet.«

Wie sehr muß Fanny diese Anerkennung der Freunde genossen haben! Wie sehr hatte sie solches Lob zu Hause vermißt. Von Felix war kaum noch Anerkennung zu erwarten, da er längst außer Haus war, auf dem Höhepunkt seiner Karriere stand und kaum noch die Kompositionen seiner Schwester kannte. Wilhelms Lob war zwar lebensnotwendig für Fanny und ein Glücksfall für ihre Ehe, kam aber aus dem Munde eines Nicht-Musikers. Und sie schien in ganz besonderem Maße die Musiker und Maler der Villa Medici zu beeindrucken. Fanny: »Bousquet und Dugasseau machen es mir insofern schwer, als sie nie eine Sache vergessen, die ich ihnen, auch vor Monaten, nur einmal gespielt. Ein besseres Publikum kann man wirklich nicht haben. Ich schreibe auch jetzt viel; nichts spornt mich so an als Anerkennung wogegen mich der Tadel muthlos macht und niederdrückt. Gounod ist auf eine Weise leidenschaftlich über Musik entzückt, wie ich es nicht leicht gesehn. Mein kleines venezianisches Stück gefällt ihm außerordentlich, ferner das aus h-moll, was ich hier gemacht habe, Felixens Duett, sein Capriccio aus a-moll und vor allem das Concert von Bach, das ich wenigstens schon zehnmal habe spielen müssen.«

Manchmal mußte Fanny für die musikbegeisterten Stipendiaten stundenlang spielen. Und sie tat es gerne, fühlte sie doch, wie sie als Mensch und Musikerin geliebt wurde. »Jeder, der saß, durfte sich bei mir bestellen, was ich dazu spielen soll, und so spielte ich fast den ganzen Fidelio durch und noch vieles andre und zuletzt die C-Dur Sonate von Beethoven. Gounod war wie betrunken und sprach lauter dummes Zeug, und als er zuletzt in großer Begeisterung ausrief: ›Beethoven est un polisson‹, meinten die andern, wäre es Zeit, daß er zu Bett ginge und brachten ihn fort. Da war es wieder einmal halb eins geworden.«

Und am 3. Mai 1840: »Himmliche Luft, Glockengeläut, Sonntagsgefühl. Ich kann es gar nicht sagen, wie unbeschreiblich glücklich ich mich hier fühle, ich bin lange schon in einer fast fortwährend erhöhten Stimmung und habe das reinste Gefühl von Lebensgenuss im höchsten Sinne. Die einzige Bitterkeit dabei ist die Notwendigkeit, dies Paradies so bald zu verlassen und meinem Wilhelm nicht mehr lange die Freude gönnen zu dürfen, mit Lust und Behagen nach dieser schönen Natur zu arbeiten. Ach, wer hier leben könnte und dürfte!«

Fanny, angeregt durch die römischen Ereignisse, die milde südliche Luft und die neue Umgebung, war kompositorisch rege, wenngleich die Anzahl ihrer dort entstandenen Werke nicht groß ist; vieles blieb einfach nur Skizze, anderes wurde in Berlin vollendet. Neben den Skizzen zum Klavierzyklus »Das Jahr« schrieb sie ihr Klavierstück As-Dur »Villa Medicis«, das bis jetzt noch ungedruckt in Privatbesitz ist. Das Klavierstück g-moll war bereits am 26. Oktober 1839 in Venedig entstanden, die Cavatina für Sopran und Klavier »Deh torna a me« am 13. März, das h-moll Capriccio am 19. März und schließlich das g-moll Klavierstück am 29. März 1840 in Rom. Einigen Klavierstücken gab Fanny die Namen römischer Brücken, so »ponte mole« vom 22. April 1840.

Es ist nicht unwichtig für das Verständnis der Komponistin Fanny Hensel, daß sie auch unter dem Einfluß südlicher Fröhlichkeit kaum zu heiteren Tonarten greift. Vieles ist bei ihr in »dunklen« moll-Tonarten abgefaßt; g-moll scheint zu einer Lieblingstonart zu werden. Ganz anders Felix, der seine »Italienische Sinfonie« in heiterem A-Dur erklingen läßt. Fanny hat jedoch kaum zu einer überströmenden Heiterkeit gefunden. Oft spürt man bei ihr ein verstecktes dramatisches, aufwühlendes Element, das gezügelt bleibt und nur in wenigen Werken, wie dem Streichquartett oder dem Klaviertrio, ganz zum Vorschein kommt. Andererseits mag man ihr den Vorwurf nicht machen, den ihr Bruder oft von der Kritik hörte, den Vorwurf der Glattheit und Problemlosigkeit. Im Gegenteil: Es ist eher ein Gefühl von Unsicherheit, von Verträumtheit und Melancholie bei ihr zu spüren. Vielleicht darum auch die Tonart g-moll...

Noch aber hat Fanny keinen Grund zur Melancholie. Wir treffen sie wieder im Mai 1840 in Rom, von wo sie berichtet: »Was die Engländer anbetrifft, so gibt es keinen gröberen Flegel als einen Engländer, den man nicht kennt; ich ärgere mich alle Tage über sie. Sie bilden hier eine so kompakte Masse, daß man fast sagen möchte, es ist eine Bevölkerung, dabei aber fühlt man beständig, daß der Hintergrund nicht dazu passt... Derselbe Nationalstolz, der im Volk so Großes möglich macht, erscheint in dem einzelnen oft als unerträglicher Hochmut und selbst wenn sie sich alle Mühe geben, freundlich zu sein, stellen sie sich gewöhnlich dazu an wie die Bären...«

Und immer wieder das Erlebnis Roms, vom Monte Pincio und der Villa Medici aus beobachtet: »Abends eine Stunde... auf dem Pincio. Der Mond leuchtete schon in der Dämmerung hell, gelblich und warm, wie es nun dunkler ward, erschien er immer heller und strahlender, dazu traten die Sterne hervor, die Massen der Gebäude lagen so klar und ruhig da, alles, was am Tag störend scheint, geht unter in der großen Einheit und Ganzheit des Lichts, dazu Millionen Glühwürmer im Grase und auf dem Wege, eine laue, liebe Luft, eine vollkommene Stille und Ruhe – es war unbeschreiblich, unvergleichlich und unvergeßlich schön. Die Augen werden mir naß, indem ich nur daran denke.«

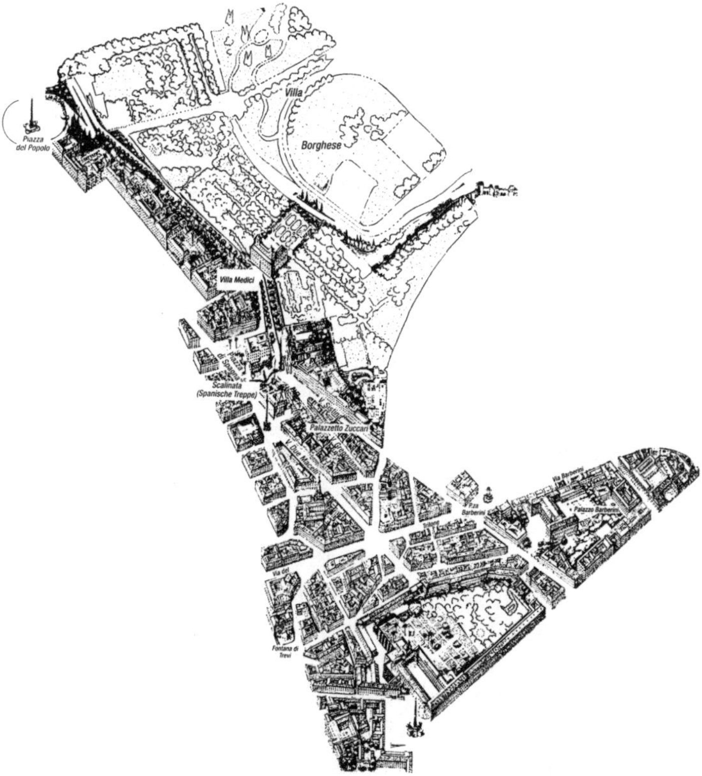

17 Rom zwischen Via del Tritone (wo Fanny und Wilhelm Hensel von November 1839 bis Mai 1840 wohnten) und der Villa Medici, die den Monte Pincio beherrscht.

Abschied von Rom

Noch wenige schöne Mai-Tage blieben dem Ehepaar Hensel in Rom; Tage, die sie voll genossen und manchmal sogar nicht mehr schlafen wollten. »Abends Magnus und unsere Franzosen, oder wie sie jetzt heissen, die drei ›Capricen‹, indem Bousquet sich Caprice en la, Gounod Caprice en mi, und Dugasseau Caprice en si bemolle nennt. Es ward wie gewöhnlich viel Musik gemacht, viel geplaudert und gelacht und spät beisammen geblieben. Bousquet zeigte mir seine angefangene Cantate, worin sehr schöne Sachen sind. Ihm, glaube ich, wird die Kenntnis deutscher Musik nur förderlich sein können, während Gounod dadurch verwirrt und halb toll gemacht wird. Der scheint mir viel unreifer, doch kenne ich noch nichts von seiner Musik, denn ein Scherzo, das er mir geben dürfte, will ich nicht rechnen, das war gar zu schlecht, und mir däucht, da spukte schon deutsche Musik drin...«

Daß Charles Gounod sich Hals über Kopf in Fanny und ihre Musik verliebt hat, wird oft zitiert. Auch daß sein populär gewordenes »Ave Maria« über dem C-Dur Bach-Präludium aus dem Wohltemperierten Klavier eine insgeheime Verarbeitung der römischen Zeit mit Fanny ist, gilt als sicher. Auch daß sich Gounod dem Goethe-Stoff »Faust« zuwandte, der von Felix und Fanny intensiv musikalisch behandelt wurde, kann durch die Bekanntschaft mit der Musikerin entstanden sein. Die Oper wurde 1859 in Paris uraufgeführt und erlebte auch in Berlin große Erfolge; wie sehr hätte sich Fanny gefreut, hätte sie erfahren, daß das Werk bei ihrem ersten Verleger Bote & Bock erschienen war!

In Gounods »Mémoires d'un artiste« wagt der Komponist kaum eine Andeutung seiner privaten Verliebtheit und schreibt nur: »Im selben Winter hatte ich das Glück, die Schwester Mendelssohns, Fanny Henzel, kennenzulernen... Madame Henzel war eine unvergleichliche Musikerin, eine ausgezeichnete Pianistin, eine geistig überlegene Frau, sie war klein, fast schmächtig, aber der feurige Blick aus tiefen Augen verriet ungewöhnliche Energie. Als Komponistin war sie von seltener Begabung... dank ihrem schönen Talent und ihrem stupenden Gedächtnis hörte ich eine Menge von Meisterwerken der deutschen Musik, die mir damals vollkommen unbekannt gewesen waren – lauter Offenbarungen aus einer ungeahnten Welt.«

Gounod selbst wurde mit wachsendem Alter immer religiöser, ja fast schwärmerisch und ließ sich von den Ideen des Pater Henri Lacordaire (1802–1861) beeinflussen. Dieser war Baron und Dominikaner und begründete den französischen Zweig des als dogmatisch ausgewiesenen Ordens. Seine Treue zu Rom war unverbrüchlich in einer Zeit, als man dem Papsttum schon längst aufgrund aufklärerischer und sozialer Gedanken kritisch entgegentrat. 1846 ging Gounod nach Frankreich zurück und wurde Organist in der Pariser Rue du Bac. Im selben Jahr entschied er sich, Priester zu werden, hieß ab dann Abbé Charles Gounod, geriet 1848 in die Revolutionswirren und verließ die Kirche wieder. Seine letzte Liebe galt dem Theater und der Oper. Sein wechselvolles Leben erinnert uns ein wenig an Franz Liszt, der auch leidenschaftlicher Musiker und leidenschaftlicher Priester war. Doch solche Schwärmereien waren Fanny fremd; schließlich hatte ihre Mutter bereits während ihrer Verlobungszeit mit Hensel – aus Angst vor einer Konvertierung zum Katholizismus – gesagt, der katholische Glaube führe zum Fanatismus.

»Was habe ich hier in Rom schon durchgelebt und durchempfunden«, schrieb währenddessen Fanny in den letzten Mai-Tagen des Jahres 1840. »Bei diesen lustig durchwanderten, hellen, südlichen Mondnächten fiel mir hundertmal die erste Nacht von Wilhelms Krankheit ein, wo ich in tödlichen Sorgen an seinem Bett saß. Bei all diesem Wechsel und dem vielen Erlebten fühle ich mich hier nicht älter, sondern jünger geworden.«

Wie sehr sie jedoch schon an Abschiednehmen dachte, zeigt der folgende Satz: »Überhaupt hat mein Mich-jung Fühlen hier einen starken Beigeschmack vom alten Weibersommer, denn ich habe immer das wehmütige Nebengefühl von der Vergänglichkeit aller schönen Zeit.« Fanny war ausgelassen wie ihre französischen Freunde, und von einem Stadtspaziergang berichtete sie gar: »Es fing einer an, das Konzert von Bach zu singen, und wir fielen alle im Chor ein und marschierten im Takt, kurz, wir durchzogen Rom ein wenig wie die betrunkenen Studenten, und heut schäme ich mich nachträglich vor dem

Fremden, der mich zum erstenmal gesehen hat und erst den Tag vorher in Rom angekommen ist. Um halb zwei kamen wir nach Hause, wir schlafen jetzt fast gar nicht.«

Die Künstler der Villa Medici, von Direktor Ingres bis Charles Gounod, hatten sich schon an die beiden Deutschen gewöhnt; der Porträtzeichner war ein gefragter Mann geworden; Fannys Klaviermusik lauschte man in jeder freien Minute, und so ist es verständlich, daß man ihrer Abreise mit Bedauern entgegensah. Es gab ein richtiges Abschiedsfest für die beiden, an dem fast alle Künstler der Villa Medici mitwirkten. Fanny am 20. Mai 1840: »Liebe Mutter und liebe Geschwister! Wir haben einen Tag erlebt, wie er wohl in Romanen vorkommt... einen durchaus poetischen Tag, wovon mir jede Minute unvergeßlich bleiben wird. Alle Anwesenden haben sich oben unterzeichnet, es waren sechs Maler, ein Musiker, zwei Dilettantinnen und Sebastian.«

Gemeinsam besuchte man an diesem Abschiedstag die Villa Wolchonsky, wo es ein deutsches Picknick (will sagen: ein Picknick mit deutscher Verpflegung) gab, am Abend dann eine Tombola, deren Gewinner wertvolle Prämien erhielten, zum Beispiel einen Stich von Raffael oder eine Komposition von Fanny. Die Komponistin dazu: »Das Schicksal erwies sich aber als höchst ungeschickt, meine drei Klavierstücke fielen alle in die Familie Paulsen... Die Folge davon ist, daß ich mehrere meiner Stücke noch mehrmals abzuschreiben versprechen mußte... Beckchen, wie würdest Du Dich gefreut haben!«

Die wunderschöne Villa Wolchonsky, nicht allzu weit von der Villa Medici gelegen, pries Fanny denn auch mit Recht: »Was an der Villa Wolchonsky so ganz besonders ist, das ist... die ›Lage von des olle Loch‹. Der Garten wird der Länge nach von den Ruinen einer Wasserleitung durchschnitten, welche zu den mannigfaltigsten Anlagen benutzt sind... Rosen klettern allenthalben bis zum Gipfel hinaus, Aloes, indische Feigenbäume, Palmen, Säulenkapitelle, alte Gefässe... Überhaupt ist alles Schöne hier ernst und ergreifend, es gibt in der Natur gar nichts Kleinliches oder Niedliches... und ich kann mich über fast nichts freuen, ohne daß mir die Tränen dabei in den Augen stehen.«

Den eigentlichen Abschiedstag, den 31. Mai 1840, gestalten die Freunde ihnen in der Akademie. Fanny: »Wir waren eingeladen, den ganzen Tag, vom Kaffee des Morgens an, auf der französischen Akademie zuzubringen, um meinem Wunsch gemäß in der wunderschönen Gartenhalle zu musizieren... Ich versichere Euch, es ist ganz nett, bei Springbrunnenrauschen zu musizieren, ich bin nicht leicht so vergnügt gewesen als an dem Tage; Papa Ingres war im siebenten Himmel, so viel Musik zu hören und einigen Beethoven zu begleiten... Bis zum zweiten Frühstück wird fast unausgesetzt gespielt, die bärtigen Schlingel (die französischen Stipendiaten, Anm. d. Autorin) lagen dabei auf den Treppen und Säulenpostamenten und wunderten sich den ganzen Tag, daß man sich den ganzen Tag so amüsieren könnte, dazu mußten wir erst aus Berlin kommen, um sie das zu lehren...«

Und sie berichtete weiter: »Wir besahen Vernets türkisch eingerichtetes Zimmer, bestiegen den Turm der Villa, wo ich noch nie gewesen war und wo ich die ganze Herrlichkeit bei Sonnenuntergang zum letztenmal ansah, nicht ohne viele Tränen. Darauf stiegen wir hinunter, das Instrument war in den großen Saal gerückt worden, es war tiefe Dämmerung, und bemächtigte sich eine wunderliche Stimmung der ganzen Gesellschaft. Ich präludierte lange Zeit gedämpft, ich wäre nicht imstande gewesen, stark zu spielen, alles sprach leise, und jeder fühlte sich durch jedes Geräusch verletzt. Ich spielte das Adagio aus dem G-Dur Konzert, das aus der cis-moll Sonate und den Anfang aus der großen Sonate aus fis-moll... Es war eine Stunde, die ich nicht vergessen werde. Hierauf gingen wir zu Tisch, dann auf den Balkon, wo es himmlisch war. Unglaubliche Sterne und Lichter in der Stadt, und Glühwürmer, und eine lange Sternschnuppe, eine ferne, auf einem Berge liegende erleuchtete Kirche, und laue Luft, und tiefe, innere Bewegung in uns allen. Wir stellten uns an ein Ende des Saals und sangen die Lieder, die außerordentlich gefielen. Zu guter Letzt mußte ich auf Begehren vielfacher Art noch die Phantasie von Mozart und die Kapricen eins und zwei wiederholen, hierauf wurden noch einmal die Lieder gesungen – es war Mitternacht und unsere Zeit zu Ende. ›Sie weinen, und wissen selbst nicht warum‹. Das war unsere letzte Musik in Rom.«

Welch ein Abschied, welch eine Hochachtung spricht hier aus der kultivierten Weise, wie man das deutsche Ehepaar, rundum verstanden und geliebt, wieder nach Hause ziehen ließ. Am ersten Reisetag, dem 1. Juni 1840, notierte Fanny: »Und eine herrliche, liebe, reiche Zeit ist verflossen. Wie soll man denn Gott genug danken für eine zweimonatliche, ununterbrochene Glückseligkeit. Die reinsten Genüsse, deren ein Menschenherz nur fähig ist, haben sich gefolgt, fast keine störende Viertelstunde in dieser ganzen Zeit, kein Schmerz als der, daß die Zeit verging. Das letzte Lebewohl von St. Pietro in Montorio wurde uns nicht leicht. Aber ich habe ein ewiges, unvergängliches Bild in der Seele, das vor keiner Zeit verblassen wird. Ich danke Dir, o Gott.« Musikalisch verarbeitet hat Fanny die Rom-Zeit in ihrem unvergleichlichen Klavierzyklus »Das Jahr« und den Verlust der Stadt in dem wehmütigen Klavierstück »Abschied von Rom« (beides ist mittlerweile in Druckausgaben erhältlich).

Von Wilhelm Hensel ist uns aus Italien kein Tagebuch, wie es Fanny geführt hat, bekannt. Er hat sein Wohlbefinden in jener Zeit in zahlreichen Porträtzeichnungen gezeigt. Von Sebastian wissen wir, daß er, angeregt durch die künstlerische Tätigkeit seines Vaters, den er oft beim Malen begleitete, in jenen Monaten auch Maler werden wollte. Zur Schule gegangen ist er nicht während des einjährigen Italien-Aufenthalts; Fanny hatte lediglich einen italienischen Knaben als Spielkameraden ausfindig gemacht. Wie oft hat Sebastian neben dem Vater an der Staffelei gestanden, der Klaviermusik seiner Mutter lauschend, das Lärmen der Menschen auf den Gassen im Ohr und mit der Gewißheit im Herzen, daß seine Eltern hier rundherum glücklich waren.

Sebastian war ein ausgezeicheter Beobachter; ohne ihn hätten wir keine authentische Schilderung der Mendelssohn-Familie. In seinem berühmten Band »Die Familie Mendelssohn 1729–1847«, der mehrere Auflagen erlebte und auch jetzt wieder im Reprint erhältlich ist, beschreibt er mit liebevoller Detailgenauigkeit sämtliche Personen der Mendelssohn-Familie. Dieses ursprünglich nur für seine eigenen Kinder gedachte Buch ist mit seinen rund 1000 Seiten in die deutsche Memoiren-Geschichte eingegangen.

Uns erstaunt heute nur, daß Sebastian – obwohl er seine komponierende Mutter doch fast täglich erlebte – nur einen Bruchteil ihres Œuvres zu kennen schien. Er nennt nur zwei Klavierwerke, das Klaviertrio und das Orgelprelude, das sie sich zur eigenen Trauung schrieb. Von den unzähligen Liedern, den Chorsätzen, den geistlichen Kantaten, scheint er nichts zu wissen oder findet sie nicht erwähnenswert. Oder heißt das: Fanny schrieb vor allem im stillen, ohne den Sohn daran teilhaben zu lassen?

Noch ein letzter Blick zurück: Mitte 1840 befinden sich Fanny und Wilhelm auf der Rückreise aus Italien; der Weg führt erst einmal nach Neapel. Einen Tag, nachdem in Berlin Friedrich Wilhelm III. von Preußen stirbt und Platz macht für den Kunstfreund Friedrich Wilhelm IV., den späteren Dienstherren von Felix, sitzt Fanny Hensel auf dem Balkon des Hôtel de Rome in Neapel. »Links der Vesuv, aus dem ein leichtes Wölkchen aufsteigt, gegenüber die Küste von Sorrent, etwas mehr rechts Capri... das ist die Aussicht, Hunderte von Booten fahren hin und wieder... So schwer war es uns, uns von Rom zu trennen, daß wir nicht zwei Tage für das Albanergebirg erübrigen konnten... Bei der Rückfahrt erhob sich ziemlich starker Wind, die Wellen schlugen in den Kahn und durchnäßten uns gänzlich, Sebastian bekam Katzenjammer und sah aus wie ein Wischlappen, doch hielt er sich noch ohne Explosion. Wir waren draußen... und hörten das brisante neapolitanische Geschrei in seiner Blüte. Von allem, was ich noch Schönes hier gesehen, ist mir unser Balkon das Liebste. Ohne Staub, mit frischer Meerluft, der Lärm nur in der Ferne, nicht störend, die herrlichste Aussicht vor Augen, so haben wir hier die ruhigsten, schönsten Nachmittage, kennen keinen Menschen, haben noch keinen Brief abgegeben und verlangen nicht nach neuen Bekanntschaften...« Und später: »Diesen Morgen auf der Treppe des Museums erblickte ich, wen? Liebe Mutter, Deine Freundin Pauline Garcia, jetzt Mme. Viardot. Ich erkannte sie auf der Stelle, und wir feierten ein zärtliches Wiedersehen... Liebe Mutter, warum meine Briefe nach Moschus riechen, mußt Du die Post fragen, vielleicht lagen sie in der Nachbarschaft irgendeines süßen Liebesbriefes...«

Neapel gefiel Hensels sehr, sie genossen den Blick auf den Golf, das Pfingstfest nahte, an dem man mit einem bunten Wagen und viel Volk durch die Stadt zieht. Hensel malte jede Begebenheit, hielt jede Szene fest; er war der »Fotograph« damaliger Zeit. Die Familie besuchte Pompeji, Ischia, und schließlich sollte Sebastian zum zehnten Geburtstag ein besonderes Geschenk erhalten: eine Wanderung auf den Vesuv. Alle drei – ungeübt in solchen Anstrengungen – verschätzten sich in den eigenen Kräften, und man mußte italienische Träger zu Hilfe holen, die ihnen beim Auf- und Abstieg halfen.

Niemand wollte an die Heimreise denken, und Wilhelm äußerte sogar den Wunsch, weiter nach Sizilien zu reisen. Erstmals seit ihrer Ehezeit (mit Ausnahme eines kurzen England-Aufenthalts von Wilhelm) trennten sich die beiden, und der Maler fuhr alleine auf die Insel, um Studien zu treiben. Genau in dieser Woche der Abwesenheit tauchte Charles Gounod in Neapel auf. Zufall? Er war in Begleitung zweier Freunde, die Fanny unternehmungslustig zu einer Schiffahrt einluden. Sie sagt nicht nein und hat sogar – eine Besonderheit für die damalige Zeit – im Golf von Neapel gebadet. An Hensel schreibt sie am 11. Juli 1840: »Sei mir gegrüßt, mein herzlieber Mann! In der Ungewißheit, ob dieser Bogen noch an Dich wird abgehen können, fange ich immer an... Was treibst Du und wo hausest Du? Arbeitest Du mit dem Auge oder auch mit der Hand? Sollte das erste der Fall sein, gräme und ängstige Dich nicht, was Du siehst, ist auch für Deine Kunst nicht verloren, und bei

Dir fällt nichts auf einen steinigen Boden und trägt alles Früchte, dreißigfaltig und vierzigfaltig... Denn jetzt hält mich die Sehnsucht nach Dir in Erdenschranken... Gounod ist angekommen und will Dir herzlich empfohlen sein, sowie Bousquet und Normand. Sie besuchen mich alle fleissig... Und zu allem Schönen kann ich Dich nicht rufen! Innerlich aber teile ich alles und jedes mit Dir, und, glaube nur, genieße nichts recht ohne Dich... Adieu, liebster Mann, schlürfe Sizilien und wenn Du Dich ganz vollgesogen hast, komm wieder zu Deinem Fannus und zu Deinem Bap, das sind ein paar Leute, die Dich liebhaben!«

Ihrem Reisetagebuch vertraut sie schon den Abschiedsschmerz über die baldige Abreise an: »Jetzt denke ich oft, wie bald mir nun all das Herrliche aus den Augen gerückt sein wird, und wie manches Jahr vergehen muß, ehe ich es wieder sehe. Gewisse südliche Pflanzenkombinationen haben sich besonders in das Gedächtnis meines Herzens geschlichen... Ich kann nicht ohne Rührung an die herrlichen Piniengruppen mit Zypressen untermischt denken, wie ich sie in der Villa Ludovici... gesehen. Die Palme steht gewöhnlich alleine und kann es auch. Es ist das Einsame, Geheimnisvolle, Wunderbare des Orients darin! O du schönes Italien! Wie reich bin ich innerlich durch dich geworden! Welch einen unvergleichlichen Schatz trage ich im Herzen zu Haus! Wird auch mein Gedächtnis recht treu sein? Werde ich so lebhaft behalten, wie ich empfunden?«

Zum Abschied werden die Hensels in Neapel vom Herzog von Montebello eingeladen, wobei man Fanny ans Klavier bittet. Sie berichtet: »Ich spielte auch mehreres auf dem schönen Erard und hatte dort ein sehr dankbares Publikum, obgleich ich mich leider gar nicht zu meinem Vortheil zeigen konnte, da ich mich auf dem herrlichen Instrument schwach und unfähig fühlte. Das Konzert von Bach konnte ich kaum bezwingen. Dann nahmen wir freundlichsten Abschied, im schönsten Mondschein, aber ganz gebadet nach Hause, denn es ist diese Tage unbeschreiblich heiß gewesen...«

Der Rückreiseweg führt sie über Genua, wo es Schirokko und

Regen gibt. Sie schauen sich eines der berühmten Rubens-Gemälde an, das beleibte, unbekleidete Damen zeigt. Hensel ist begeistert, Fanny findet es »unflätig«. Und wieder zeichnet Hensel alles, was er in der fremden Stadt sieht. Fanny: »Heut früh um sieben ging Wilhelm mit Sebastian auf den Dom zeichnen... Jetzt haben wir die Kirchen Italiens hinter uns, Basiliken, die ich auch sehr schön finde, Peterskirche und die vielen Ableger davon, germanisch- italienische, und was man alles in verschiedenen Stilen sieht, und es einem alles... gefällt. Aber heut hatte ich so recht die innige Überzeugung, dies ist die schönste Kirche Italiens und die hat ein Deutscher gebaut. Es ist doch ein herrlich Ding um den Menschengeist, und Gott hat nichts Schöneres geschaffen.«

Was hörte Fanny derweil von Berlin oder von Leipzig, von Felix? Der Bruder hatte Mitte Juni mit großem Erfolg seine »Gutenberg-Kantate« zur 400-Jahrfeier der Erfindung der Buchdruckerkunst in Leipzig uraufgeführt. Und er plante, wieder einmal nach England zu fahren, um in Birmingham bei einem großen Musikfestival mitzuwirken. Auch für die Errichtung eines ersten Bach-Denkmals setzte sich Felix ein und gab dafür ein Wohltätigkeitskonzert in der Leipziger Thomaskirche.

Ein Jahr hatten sich die Geschwister nicht gesehen; nicht alles war per Brief mitgeteilt worden. Und so konnte es Fanny kaum erwarten, auf der Rückreise von Italien Station in Leipzig zu machen. Später schrieb sie von diesem Besuch ihrer Schwägerin Cécile: »Ich will nicht sagen, daß es nicht Männer gebe, die ihre Frauen ebenso lieb haben, wie Felix Dich, aber einen so verliebten Ehemann habe ich doch in meinem Leben nicht gesehen. Erklärlich ist mir das zwar, denn ich bin nicht Dein Mann und auch ein bißchen verliebt in Dich.«

Ende September endlich kommen Hensels wieder per Postkutsche im herbstlichen Berlin an. Fannys ganz der Italienreise vorbehaltenes Tagebuch schließt mit den Worten: »Heut ist Mittwoch, sechs Tage sind wir nun hier. Die politischen Ereignisse drohen schwer; der König hat den Ständen auf ihren Antrag, eine Verfassung zu geben, eine entschieden abschlägige Antwort erteilt; die Franzosen rüsten offen. Alles sieht trübe, düster und unerfreulich aus, dazu stürmt, regnet und weht es draußen und ist eine Kälte, daß mir die Finger erstarren. In künstlerischer Hinsicht scheint durchaus nichts vom Könige zu erwarten zu sein. Über den Eindruck, den dies alles und überhaupt unsere ganze Rückkehr auf mich gemacht hat, später ausführlich, wenn die Gegenwart Vergangenheit geworden ist, das Ungewitter sich verzogen hat oder niedergegangen ist. Die Erfahrung hat mich belehrt, daß man dergleichen nicht unter dem Einfluß einer augenblicklichen Stimmung schreiben muß.«

In ihrem Tagebuch folgt dann eine leere Seite, und das erste Lied, das sie nach ihrer Rückkehr komponiert, beginnt mit einem Goethe-Text: »Hier sind wir denn vorerst ganz still zu Haus...« Fannys einjähriger Italien-Aufenthalt ist zu Ende. Das preußische Berlin hatte sie wieder; der Königswechsel brachte Unruhe in die Stadt und drohte, Fannys unbeschwerte Erinnerungen zu verdrängen. Diese Reise, wahrscheinlich vorwiegend aus dem elterlichen Erbe finanziert, war für sie ein Jungbrunnen und Kraftquell. Und Kraft hatte sie bitter nötig. Daß sie Italien noch einmal im Jahre 1845 sehen würde, ahnte Fanny damals noch nicht. Doch das später.

Berlin vor 1848

Nach dem dogmatischen, allen bürgerlichen und emanzipatorischen Bewegungen abholden Friedrich Wilhelm III. lagen nun alle Hoffnungen Preußens auf dem Nachfolger, König Friedrich Wilhelm IV. (1795–1861). In seinen Visionen als Staatschef ähnelte er ein wenig Friedrich dem Großen, wobei dieser wenigstens einen Teil seiner aufklärerischen Gedanken in die

Tat umsetzen konnte. Seine Begeisterung für Kunst und Musik entsprang der eigenen Musikausübung am Hofe; als Flötist und Komponist hatte er es doch zu beachtlichem Ruhm gebracht. Außerdem: Drei Frauen aus seinem engsten Familienkreis – die Schwestern Amalie und Wilhelmine von Bayreuth sowie die Nichte Anna Amalie, Herzogin von Sachsen-Weimar – waren als Komponistinnen hervorgetreten.

Friedrich Wilhelm IV. wollte vor allem große Namen um sich scharen: den Philosophen Friedrich Schelling als Nachfolger von Hegel, den Dichter Friedrich Rückert, dessen Texte so genial von Clara und Robert Schumann im »Liebesfrühling« vertont wurden, aber auch die Dichter Ludwig Tieck und Joseph von Eichendorff, wobei sich letzterer überhaupt nicht in einer beamtenähnlichen Position am Hofe wohl fühlte.

Auf soziale Mißstände im eigenen Lande reagierte der Monarch kaum, und deshalb blieb auch Bettina von Arnims berühmte Anklage gegen soziales Elend »Dieses Buch gehört dem König« (Berlin, 1843) fast ungehört. Aber es brodelte bereits im Volk. Reformer, Künstler und Journalisten trafen sich aus Unzufriedenheit mit den politischen und sozialen Mißständen in Berlin in der Konditorei Stehely am Gendarmenmarkt. Neben Heinrich Heine und E. T. A. Hoffmann fand man dort in der »roten Stube« alle, die an Fortschritt glaubten. Sämtliche Zeitungen Deutschlands lagen dort aus; hier erschienen die Jung-Hegelianer und die Mitglieder des sogenannten »Doktorclubs«. Oft schickte die Polizei ihre Leute in diese verdächtige Konditorei, um die angeblichen Revolutionäre auszuhorchen. Die Revolution der Berliner Konditoreien: Sie machte den Anfang im Vormärz Preußens.

Fanny, im Grund unpolitisch, wäre sicherlich zutiefst beunruhigt gewesen, wenn sie in aller Deutlichkeit die neuen Entwicklungen vorausgeahnt hätte. Wir können uns nicht vorstellen, daß einer aus der Mendelssohn-Familie dort am Gendarmenmarkt mitdiskutierte, bis in die Nächte Pläne schmiedete, wie man in Preußen bürgerliche Rechte einführen könne. Am 5. Dezember 1840 an Felix: »Was sagst denn Du zu der

18 Friedrich Wilhelm IV., König von Preußen (1795–1861), der kunstinteressierte Monarch war zeitweiliger Arbeitgeber von Felix Mendelssohn Bartholdy.

französischen Politik? Und wie gefallen Dir die Debatten in der Kammer? Ist das nicht höchst traurig?«

Für Felix brachte der Wechsel am Königshof die erste Festanstellung und Aufträge zu großen historischen Bühnenmusiken. Erstaunlich dabei: Wilhelm IV. holte zwei Konkurrenten gleichzeitig nach Berlin, Mendelssohn und Meyerbeer. Jakob

Liebmann Meyer Beer (1791–1864) führte im Gegensatz zu Mendelssohn ein strenggläubiges jüdisches Haus am Berliner Tiergarten, hatte sich 1831 für elf Jahre in Paris niedergelassen und wurde 1842 Nachfolger von Spontini als Generalmusikdirektor. Felix erhielt vor ihm diesen Titel, der in seinem Fall die Berliner Kirchenmusik, d.h. die Leitung des Domchores mit einschloß. Es waren zwei gegensätzliche Musiker aus jüdischem Hause, die da miteinander wetteiferten, wobei der opulente Opernstil eines Meyerbeer dem königlichen Geschmack manchmal näherzukommen schien als der an protestantischer Kirchenmusik geschulte, puristische Mendelssohn.

Zurück zu Fanny in die Leipziger Straße. Hier verarbeitete sie 1841 ihre Italien-Erinnerungen. Es entstand unter anderm der herrliche Klavierzyklus »Das Jahr«, dessen zwölf Sätze (plus Nachspiel) jeweils einem Monat des Jahres gewidmet sind. Darin finden sich viele liebgewordene Rom-Reminiszenzen: Karnevalsstimmung, Sommer- und Wintereindrücke, Springbrunnen, laue Nächte des Südens. Den Schluß bildet ein variierter Choral »Das alte Jahr vergangen ist«. Das Werk ist mittlerweile im Druck erschienen (Furore, Kassel) und in hervorragenden Einspielungen von renommierten Pianistinnen erhältlich. Gerade in diesem Zyklus wird deutlich, wie sehr Fannys Herz von Erinnerungen an den Italien-Aufenthalt überfließt, wie wenig sie sich aber ganz der südlichen Idylle kompositorisch hingibt. Beredt wie selten zuvor in ihren Werken der dreißiger Jahre beschreibt sie Monat für Monat, Episode für Episode. Alles sprüht voller Themen und melodischer Einfälle. Es wirkt manches überfrachtet, aufwendig. Ein Ausruhen gibt es auf diesem musikalischen Spaziergang durch Italien kaum, und das Werk spiegelt deutlich – wie später auch ihr Klaviertrio – eine große innere Ruhelosigkeit, die sich musikalisch fast nicht ausleben kann. Der Choral am Ende, ein Zugeständnis an das protestantische Berlin? Seine Variationen zeigen kaum kompositorisches Können. Hätte Fanny dahin ihren virtuosen »Saltarello Romano« (den römischen Springtanz von 1841) gesetzt, hätte »Das Jahr« für mich mehr Italienisches gezeigt.

19 »Dezember« aus dem Klavierzyklus »Das Jahr« (1841), der unter dem Eindruck der Italien-Reise entstand.

Daneben entstand eine »Einleitung zu lebenden Bildern« für Sprecher und Chor und dem denkwürdigen Zitat »Der Künstler spricht: zertrümmert habe ich Pinsel und Palette«. Dies Werk von Ende 1840 blieb jedoch ein Fragment, und wir nehmen an, daß es höchstens einmal in Fannys Hauskonzerten erklungen ist. Die Komponistin vollendete weiterhin ihren »Saltarello Romano« für Klavier, den sie bereits in Rom skizziert hatte (Bote & Bock, Berlin), sie vertonte Eichendorffs »Anklänge« sowie sechs Sololieder (darunter »Nach Süden«, »Von dir, mein Lieb, ich scheiden muß« und das »Gondolierlied« nach Geibel). Auch sind Duette und Terzette sowie Vokalquartette entstanden: Fanny hat sich mit Bestimmtheit ihre ganze Italien-Sehnsucht von der Seele geschrieben. Auch ihre »Sonntagsmusiken« wurden endlich wieder von ihr weitergeführt, und die Berliner schienen froh zu sein, nach einjähriger

Durststrecke wieder eine musikalische Adresse, einen jour fixe in der Leipziger Straße zu haben.

Felix seinerseits – mittlerweile in Sachsen und Preußen gleichzeitig in Diensten – war, so oft er konnte, in Berlin anzutreffen und dirigierte in den »Sonntagsmusiken« mehrere Konzerte. In Sebastian Hensels Erinnerungen gehören die sonntäglichen Matinee-Veranstaltungen zu den schönsten Erinnerungen seiner frühen Jahre. »Es wurden einige große Konzerte gegeben, die Felix dirigierte. Aber auch die Sonntage waren in großem Flor und wurden durch ein höchst brillantes Publikum besucht, das teilweise ebensoviel zu dem Interesse beitrug als die Musik...«

Hensel porträtierte sie alle, die zur Berliner Prominenz gehörten und in Postkutschen und Equipen in die Leipziger Straße kamen: den Bildhauer Thorwaldsen, die Sängerin Ungher-Sabatier, den Pianisten Franz Liszt, den Ägyptologen Lepsius, den Philologen Böckh und viele mehr. Auch die Sängerin Giuditta Pasta (1797–1865), die sich durch Rossini- und Bellini-Opern einen Namen gemacht hatte, kam ins Haus. Fanny fand jedoch, daß sie ständig einen Viertelton zu tief singe, und in diesem Punkt können wir getrost auf das solide Urteil der Mendelssohn-Tochter bauen.

Das Jahr 1841 brachte auch die erste Begegnung mit Franz Liszt, der in Berlin gastierte und in einer Mendelssohnschen Sonntagsmusik zu Gast war. Der Virtuose hatte in Berlin – was eine Sensation war – rund zwanzig Konzerte gegeben, trat – wie auch Clara Schumann – völlig alleine, d.h. ohne Orchester, auf und beeindruckte die Berliner sehr. Für den damals 30jährigen Pianisten war es eine Ehre, im Mendelssohnschen Salon zu erscheinen, wenngleich er nicht selbst spielte. Sebastian Hensel in seinen Memoiren: »...Außerdem Liszt, der in Berlin bei diesem ersten Aufenthalt einen rasenden Enthusiasmus erregte...« Ob Liszt mit seinem prätentiösen und extrovertierten, auf blanker Virtuosität basierenden Spiel Fanny gefiel oder gar imponierte, mag bezweifelt werden. Sie hielt sich in ihrem Urteil darüber zurück.

20 Der Klaviervirtuose Franz Liszt (1811–1886), Lithographie von Kriehuber.

Ein anderer Name tauchte in Familiengesprächen auf: Niels Wilhelm Gade (1817–1890); den jungen dänischen Komponisten schätzte Felix sehr und führte seine c-moll Sinfonie in

Leipzig auf. Aus dem Familienkreis gilt es aus jenen Monaten zu berichten: Cécile Mendelssohn bekam ihr drittes Kind, das nach dem Onkel Paul benannt wurde; Rebecka gebar einen Jungen, und so können wir uns vorstellen, daß es bei Berlin-Besuchen sehr munter zuging. Sebastian war mittlerweile elf Jahre alt geworden.

Der einzige Sohn Fannys und Wilhelms, zwar schon als Kind weit gereist, hatte aber bis dahin noch keine öffentliche Schule besucht. Deshalb schickte ihn Fanny in die Liebesche Schule und später in die Schmidsche Schule. Da Sebastian aus einem christianisierten Hause kam, standen ihm diese Schulen problemlos zur Verfügung. Jedoch: Hier ging es preußisch streng zu, und der in der liberalen Atmosphäre von Künstlern und Musikern aufgewachsene Knabe litt sehr. Trotzdem: Er zeigte sich in fast allen Fächern talentiert, und man glaubte lange Zeit, daß er sich auch für einen künstlerischen Beruf entscheiden würde.

1841: Unerwartet für Felix und die Familie schlägt Leipzig ihn für das ehrenvolle Amt des Thomaskantors vor. Felix lehnt zugunsten von Moritz Hauptmann ab, den er kurz darauf als Theorielehrer ans Konservatorium holte, denn die Gründung des Leipziger Konservatoriums nahm ihn ganz in Anspruch. Im Gründungsjahr 1843 nannte Felix das Konservatorium noch bescheiden »Musikschule«. Das erste Lehrerkollegium bestand aus den Lehrkräften: Felix Mendelssohn, Klavier und Komposition; Moritz Hauptmann, Musiktheorie und Kontrapunkt; Ferdinand David, Violine; K. F. Becker, Orgel; L. Plaidy, Klavier; E. F. Wenzel, Klavier; Grabau-Bühnau und F. Böhme, Gesang. Später kam sein Freund Ignaz Moscheles für die Klavierklasse hinzu.

Im Dozentenkollegium gab es eine einzige Frau in der Gesangsklasse. Hatte Felix nie daran gedacht, seiner eigenen Schwester eine Klavierklasse anzubieten? Wie stand es überhaupt mit Fannys pädagogischen Qualitäten in einer Zeit, in der es keine Ausbildung zum Musikpädagogen gab und auch alle männlichen Dozenten in Leipzig »nur« gute Interpreten waren? Hat Fanny überhaupt jemals Schüler gehabt? Wir wissen kaum etwas darüber. Es ist anzunehmen, daß sie nicht unterrichtet hat, weil sie unter anderm aus wirtschaftlichen Gründen nicht unterrichten mußte. Gute pädagogische Qualitäten in der Gestalt eines Kapellmeisters hatte sie in den »Sonntagsmusiken« und in unzähligen Kammermusik- und Chorproben bewiesen. Ihre pianistischen Qualitäten waren niemandem besser bekannt als Felix, und so wundern wir uns über sein Nicht-Angebot für Leipzig. Welch einen Auftrieb hätte ihr eine solche Anstellung geben können!

Felix selbst war bei aller Fähigkeit als Orchestererzieher und Dirigent bekanntlich kein guter Pädagoge; er zeigte sich oft ungeduldig und ohne Elan. Sein Verdienst in Leipzig lag im Bereich der Organisation. Doch schrieb er: »Die Schüler wollen alle componiren und theoretisieren, während ich glaube, daß ein tüchtiges practisches Wirken, tüchtig Spielen und Tact halten, tüchtige Kenntnis aller tüchtigen Werke die Hauptsache ist, die man lehren kann und muß. Aus denen findet sich alle andere Lehre von selbst, und das weitere ist nicht Sache des Lernens, sondern der Gottesgabe. Daß ich demungeachtet kein Handwerk aus der Kunst machen möchte, brauche ich wohl nicht erst zu sagen.« Daraus spricht ein Komponist, dem die Fähigkeit zum Komponieren wirklich wie eine Gottesgabe zugefallen war, dem man mühevolles Notenschreiben kaum abnehmen möchte, der mit elf Jahren schon geniale Jugendwerke zu Papier brachte und bis zum Lebensende eine bewundernswerte Leichtigkeit in der kompositorischen Arbeit spüren läßt. Und weil ihm dies scheinbar mühelos zuzufallen schien, weiß er genau, wieviel Fleiß bei weniger Begabten dazukommen muß.

Kurze Zeit nach der Eröffnung des Leipziger Konservatoriums, das damit das erste in Deutschland war, hatte Leipzig dreiunddreißig männliche und elf weibliche Schüler aus vielen europäischen Ländern. Die Damen wurden getrennt unterrichtet, und das war wohl für den Gründer Felix Mendelssohn völlig normal. Noch fünfzig Jahre danach haben englische Colleges, wie das Royal College of Music in London, ihre Studenten getrennt unterrichtet.

Ein letztes Mal begab sich Felix 1842 an den Rhein, um in Düsseldorf das Niederrheinische Musikfest zu leiten. Anschließend brach er zusammen mit Cécile nach England auf, wo er wieder mit offenen Armen empfangen wurde und Gast bei Queen Victoria und Prince Albert war. Und auch dieses Ereignis im Leben des Bruders darf in einer Fanny Hensel-Biographie nicht fehlen, denn zu sehr ist das Leben Felix' mit dem Leben und kompositorischen Schaffen der Schwester verbunden.

In England gibt man zu Ehren des deutschen Gastes eines der berühmten »fish dinner« von Greenwich; Moscheles läßt Felix' Chöre aus der »Antigone« singen, und endlich kam es zu dem lang erwarteten Besuch im Buckingham Palace, dem Sitz der Royal Family. Felix nach Hause: »Ohne Spaß, Prinz Albert hatte mich auf den Sonnabend um halb zwei zu sich einladen lassen, damit ich vor meiner Abreise seine Orgel noch probieren möchte. Ich fand ihn ganz allein, und wie wir mitten im Gespräch sind, kam die Königin, ebenfalls ganz allein, im Hauskleid... ›Aber, mein Gott, wie sieht es hier aus?‹, setzte sich hinzu, indem sie sah, daß der Wind von einem großen ungebundenen Notenheft alle Blätter einzeln auf das Pedal der Orgel... geworfen hatte. Indem sie das sagte, kniete sie hin und fing an, die Blätter zusammenzusuchen... Darauf sollte ich spielen und fing meinen Chor aus dem ›Paulus‹ ›Wie lieblich sind die Boten‹ an. Noch ehe ich den ersten Vers ausgespielt hatte, fingen sie beide an, den Chor ordentlich mitzusingen, und der Prinz Albert zog mir nun so geschickt die Register zum ganzen Stück...«

Felix berichtet diese Begebenheit sehr ausführlich, und endlich erfahren wir auch, was dies alles mit Fanny zu tun hat: »Die Herzogin von Kent kam dazu und während die sprachen, krame ich ein wenig unter den Noten und finde mein allererstes Liederheft darunter. Da bat ich nun natürlich, sie möchte lieber was daraus wählen... und was wählte sie? ›Schöner und schöner‹, sang es ganz allerliebst rein, streng im Takt und recht nett im Vortrag; nur wenn es nach der Prosa Last und Müh nach d runtergeht und harmonisch heraufkommt, geriet sie beide Male nach dis... Aber bis auf dies Versehen war es wirklich allerliebst, und das letzte lange g habe ich von keiner Dilettantin besser und reiner und natürlicher gehört. Nun mußte ich bekennen, daß Fanny das Lied gemacht hatte (»Italien« mit dem Text von Grillparzer wurde 1827 bei Schlesinger unter Felix' opus 8,3 veröffentlicht, Anm. d. Autorin)... und sie bitten mir auch eines von den wirklich meinigen zu singen. ›Wenn ich ihr recht helfen wollte, täte sie es gerne‹, sagte sie und sang ›Laß dich nur nichts nicht dauern‹ wirklich ganz fehlerlos und mit wundernettem, gefühltem Ausdruck...«

Felix hatte also Farbe bekannt und zugegeben, daß eines »seiner« schönsten Lieder von seiner Schwester Fanny stammte. Hätte Fanny ein solches Lob aus königlichem Mund früher gehört und hätte sie von der Qualität dieser Lieder und seiner Heiterkeit (es steht, für Fanny völlig ungewöhnlich, in G-Dur) noch ein Dutzend weitere geschrieben und publizieren lassen, dann gäbe es wohl heute kaum jemanden, der diese Werke nicht kennt und aufführt. Den Liedern ihres Bruders aus jener Zeit war »Italien« ebenbürtig. Es zeigt rhythmische Kraft und Eleganz, hieß ursprünglich in Fannys Handschrift »Zwischen Gaeta u. Capua«, entstand bereits 1825 in Berlin, ist in bewegtem Sechsachteltakt gehalten und fehlt bei keinem Fanny Hensel-Rezital heutiger Zeit. Felix hat später, als es unter seinem Namen als »Italien« erschien, der Tempobezeichnung »Allegro« noch ein »con fuoco« zugefügt. Dieses Feuer hat es bis heute bewahrt.

Das Jahresende 1842 brachte für die Familie einen unerwarteten Schicksalsschlag. Am 11. Dezember hatte Lea Mendelssohn Gäste; die Familie Varnhagen und die Düsseldorfer Familie von Woringen waren zu Besuch. Man setzte sich nach dem Abendessen zur Plauderei in den Salon. Ganz plötzlich fühlte sich Lea unwohl, und sie mußte sich legen. Ohne weitere Vorankündigung, ohne Schmerzen starb Lea Mendelssohn, die

Mutter von Fanny und Felix Mendelssohn, am nächsten Morgen im Kreise ihrer Familie; sie wurde 65 Jahre alt. Lea war eine Tochter des Levin Jakob Salomon und der Bella Itzig, die wiederum die Tochter des preußischen Hofbankiers Daniel Itzig war. Bei ihrer Heirat war sie wohlhabender als Abraham; beide haben mit ihrem Familienvermögen ihren musikalisch begabteren Kindern (wobei wir kaum etwas über die Begabungen von Paul und Rebecka wissen, die ihrerseits ständig im Schatten von Fanny und Felix standen) eine lückenlose Karriere ermöglicht. Varnhagen van Ense brachte am Tag nach dem Tod, am 13. Dezember 1842, in der Vossischen Zeitung Berlins den folgenden Nachruf:

»Heute verlor Berlin eine seiner achtungswürdigsten, edelsten und in jedem Betracht vortrefflichsten Frauen. Die verwitwete Stadträtin Lea Mendelssohn Bartholdy, Mutter des Königlichen Kapellmeisters Felix Mendelssohn Bartholdy, starb vormittags infolge eines Anfalls von Brustkrampf, der sie abends zuvor getroffen hatte. Seltene Eigenschaften des Herzens und Geistes, der reinste Edelsinn und die tiefste Liebenswürdigkeit verbanden sich in ihr mit allen Tugenden der liebevollen Gattin, der treuen Mutter. Ihre Wohltätigkeit wirkte im stillen mit besonnener Zweckmässigkeit so ausgebreitet als segensreich ... Was ihre begabten Kinder und die nächsten Angehörigen, was die große Zahl ihrer nahen und fernen Freunde in ihr verlieren, ist nicht auszusprechen. Sie war der Mittelpunkt einer ausgewählten, belebten, sowohl traulichen als glänzenden Gesellschaft, aus deren Mitte sie, inmitten heiter verständigen Gesprächs, wie das ihre immer war, unvermutet entrückt wurde. Ihr Andenken wird allen, die sie je kannten, innigst wert bleiben und noch in späten Zeiten in Ehren stehen!«

Für Fanny ist Lea wohl nie die Hauptbezugsperson der Familie und ihres Lebens gewesen; diese Position war zu Anfang Abraham vorbehalten, später folgte Felix, und dann war es natürlich Wilhelm Hensel, der sich in vielerlei Hinsicht die Position mit Felix teilen mußte. Felix hing wohl mit großer Hingabe

21 Fannys und Felix' Mutter, Lea Mendelssohn Bartholdy, geb. Salomon (1777–1842), nach einer Zeichnung von Wilhelm Hensel.

an seiner Mutter, was sich in zahlreichen Briefen niederschlug. Er war der einzige, bei dem die Mutter von ihrem Vetorecht bei der Wahl des Partners keinen Gebrauch machte. Anders bei Fanny und Rebecka: Hier griff Lea mit Autorität ein, zwang Fanny eine fünfjährige Warte- oder Probezeit auf und befand bei Rebecka, daß der Mathematiker Dirichlet vorläufig nicht der richtige Mann für sie sei.

Von 1842 kennen wir erstaunlicherweise gar keine Kompositionen von Fanny. Hatte sie sich mit der Italien-Nachlese in den Jahren 1840 und 41 bereits verausgabt? Mußte sie so viele Proben zu ihren »Sonntagsmusiken« absolvieren, daß ihre ganze Freizeit dafür draufging? Fehlte ihr die Ermunterung?

Felix vollendete in der Zeit seine »Erste Walpurgisnacht« für Soli, Chor und Orchester op. 60, schrieb seine Cellosonate D-Dur op. 58 sowie eine weitere Reihe der erfolgreichen »Lieder ohne Worte« (5. Heft). Dieses Genre vervollkommnete er derart, daß sich auch andere Komponisten an diese Betitelung wagten. Dies wiederum kam Mendelssohn zu Ohren, und er schrieb einmal an einen Verleger, er wolle nun aufhören, weitere »Lieder ohne Worte« zu schreiben, es nähme ja überhand...

Für Fanny sind diese kurzen Charakterstücke in ihrem eigenen Werkkatalog – so »kurzatmig« sie auch wirken mögen – immer von großer Bedeutung gewesen; darin hat sie ihren ganzen melodischen Einfallsreichtum ausleben können. Rund fünfzig einsätzige »Melodien« schrieb sie, oft betitelt als Etude, Capriccio, Minuetto, Toccata; oft hat sie ihnen auch nur eine Tempo-Bezeichnung gegeben. So finden wir darunter alleine vierzig »Allegri«. Langsame, seelenvolle Sätze scheinen nicht ihrer Natur zu entsprechen. Es findet sich bei Fanny vielmehr oft etwas Vorwärtsdrängendes, eine innere Unruhe, die sie musikalisch vielgestaltig ausleben konnte. Die Klaviersätze vieler Lieder sprechen jedoch davon, daß ihr die Fähigkeit fehlte, mit wenigen Akkorden eine musikalische Stimmung schlüssig darzulegen. Fanny brauchte – um es einmal ganz simpel zu sagen – recht viele Noten, und nur hervorragende Pianistinnen und Pianisten sind in der Lage, die überflüssige »Last« als unwichtig zu erkennen und das Innere, das Herz der Henselschen Kompositionen transparent zu machen.

Aus dem nächsten Jahr, also 1843, meldet uns das Mendelssohn-Archiv in Berlin in seiner gerade erschienenen, äußerst sorgfältig edierten Publikation »Die Kompositionen Fanny Hensels – Autographe und Abschriften«, nur ein einziges Werk: ihre g-moll Klaviersonate. Hatte der Verlust der Mutter und die dadurch notwendigen zusätzlichen Arbeiten im elterlichen Hause Fanny zu sehr in Anspruch genommen? Unseres Wissens entschloß sie sich zumindest noch zu den Skizzen zu Goethes »Faust II«, jenem letzten Werk, das sie nicht mehr vollenden würde. Das Fragment gilt als verschollen, und es ist nur zu hoffen, daß es eines Tages aus Privatbesitz wieder auftaucht.

Dirichlet beim Papst

In den letzten April-Tagen 1843 kam überraschend Besuch aus Paris an: Charles Gounod, der Fanny so verehrende Musiker aus den Zeiten der Villa Medici. Fanny über diesen plötzlichen Gast: »Er war diese Zeit immer hier und ist von der ganzen Familie sehr freundlich aufgenommen worden, hat aber auch richtig von ganz Berlin nichts gesehen als unser Haus, nichts gehört, als was ich ihm vorgespielt habe, so sehr wir ihn auch aufgefordert haben, sich umzusehen.« Sein Feingefühl und seine hohe Musikalität lobte sie wieder einmal; es wird ihr rundherum gutgetan haben, einen Freund aus den glücklichen Rom-Monaten wiederzusehen, mangelte es ihr doch seitdem an Zuspruch und Motivation zum eigenen Schaffen.

Am 24. November 1843 – in einer Zeit also, in der sie sich mit Felix kaum noch musikalisch austauschte – machte Fanny wieder einen Versuch, einem Nicht-Familienmitglied eine eigene Komposition vorzustellen. Sie schrieb an den gemeinsamen Freund Franz Hauser, Gesangslehrer in Wien: »Hierbei erfolgt das Musikstück, durch welches ich, Ihrem freundlichen Verlangen zufolge, den kühnen Versuch machen will, mich zu der Würde eines Mitglieds Ihres Vereins aufzuschwingen. Verzeihen und rügen Sie alle darin vorkommenden weiblichen und dilettantischen Pferdefüße, ein Dilettant ist schon ein schreckliches, wenn aber beides sich in einer Person vereinigt, wird natürlich das allerschrecklichste Wesen entstehen.«

Wir wissen leider nicht, was Hauser darauf geantwortet hat. Ob er sie ermutigt hat, und wenn, was schrieb er? Für uns bleibt die Frage nach solchen Zeilen: Wie beurteilt sich Fanny da selbst nach fünfundzwanzig Jahren kompositorischer Tätigkeit? Hat sie so wenig Selbstbewußtsein neben dem erfolgreichen Bruder ansammeln können, daß sie sich immer noch als Dilettantin betrachtet? Und Dilettanten waren sie fast alle im 19. Jahrhundert, die sich in der Ausbildung kaum von den Berufsmusikern unterschieden. Auch berühmte Musiker wie Albinoni, Gesualdo oder Marcello bezeichneten sich selbst als Dilettanti (diletto, ital. = Vergnügen). Viele Komponisten bis zu Mozart schrieben ihre Werke für beide, für die Berufsmusiker und für die Dilettanten, die zahlenmäßig natürlich in der Überzahl waren in einer Zeit, in der es erst wenige professionelle Orchester oder Ensembles gab. Den hochbegabten Dilettanten fand man überall, im Großbürgertum, im Adel, in den Salons, und im positiven Verständnis jener Zeit war Fanny zeitlebens nichts anderes als eine talentierte Dilettantin, denn sie hat nie mit ihrem Talent Geld verdient.

Vielleicht aber hat sie auch schon die ersten gesundheitlichen Schäden gespürt, die sie in einem Brief an Rebecka vom 27. Juli 1843 beklagt: »Gott bewahre mich, so krank zu werden, wie ich es sein müßte, um Schönlein zu konsultieren. Meiner Hände wegen tu ich es nicht, von denen hast Du doch eine sehr schlechte Meinung, wenn Du glaubst, ich könne nicht mehr damit schreiben. Das Absterben hat sich fast ganz gegeben, mit der Schwäche ist es abwechselnd. Das Galvanisieren konnt ich nicht gut vertragen, nun soll ich's mit Branntwein-Strankbädern versuchen, und da ergibt sich die wunderschöne Tatsache, daß in Berlin, wo jeder dritte Laden ein Schnapsausschank ist, gar nicht gebrannt wird und ich nun erst zusehen muß, wo ich das Zeug herkriege.« Erste merkwürdige Symptome einer

Krankheit also, die Fanny nicht einordnen kann, die sie wohl schon einige Zeit beim Klavierspielen in den Händen bemerkt, aber wenig bisher darüber geklagt hat.

Die Berliner, als Opernpublikum relativ verwöhnt mit italienischen und deutschen Theateraufführungen, erlebten im Sommer 1843 einen gehörigen Schrecken. Das Königliche Opernhaus, von Knobelsdorff so opulent erbaut, brannte in einer einzigen Nacht nieder. Fannys Kommentar dazu war sehr sachlich, fast lakonisch; an Rebecka am 19. August 1843: »... ich muß Dir ein Berliner Ereignis mitteilen, das heut schon durch die Zeitungen in alle Welt geht. Unser schönes Opernhaus ist in dieser Nacht den Weg aller Schauspielhäuser gegangen, das heißt in Flammen auf. Die Mauern stehen als traurige Ruinen da, das ganze Innere ist ausgebrannt, die Umgebung aber gerettet worden.«

Der Brief geht an die ferne Rebecka, die erstmalig von ihrer älteren Schwester Fanny viele Kilometer getrennt ist. Sie befindet sich seit Juli 1843 mit ihrem Ehemann sowie den Kindern Walter und Ernst auf einer lange geplanten Italienreise. Sie ist damit das dritte Mendelssohn-Kind, das der Sehnsucht nach Italien folgt, und sie kann auf den Spuren von Felix, Fanny und Wilhelm wandeln, die sie regelmäßig mit Post aus Deutschland versehen.

Schließlich galt es, wieder etwas Neues aus Berlin zu berichten. Fanny an Rebecka: »Felixens lange, lange Geschichte ist nun endlich ratifiziert, der König hat unterschrieben, und wir werden, will's Gott, schöne Musik diesen Winter hören. Da ihn, unberufen, sein Glück noch nie verlassen hat, so kann man es für seinen Anfang nur eine günstige Fügung nennen, daß in diesem Jahr von wegen Opernhaus das Orchester wenig beschäftigt sein wird... Laß es Dir nicht leid sein, daß Du den ersten Winter versäumst, keine Symphonie kann Dir den blauen Himmel ersetzen, den Du sehen wirst, und keine schöne Stimme das Meer, Neapel ist die größte Bravourarie, die der liebe Gott komponiert hat, und Pompeji das schönste Requiem, das hört man sich nie satt.«

22 *Die Schwestern Fanny (rechts) und Rebecka Mendelssohn, nach einer Zeichnung von Wilhelm Hensel.*

Mit Freuden verfolgt Fanny die Reiseroute der Schwester und begrüßt sie fröhlich aus der Ferne bei der Ankunft in Rom, wo die Dirichlets Ende Oktober eintrafen: »Also willkommen in Rom, auf der Post an der Piazza Colonna... Unsere öffentlichen Zustände schwanken noch immer hin und her. Jetzt schließt sich Hannover vorderhand partiell dem Zollverein an, was man für sehr wichtig hält. Inmitten aller Hindernisse geht doch der Geist der Nation unaufhaltsam vorwärts; das ist nicht zu verkennen. Ach! Was geht Euch der Zollverein und der Geist der Nationen an; Ihr geht auf dem Pincio spazieren und zählt jedes Fenster im Vatikan und läßt den lieben Gott einen guten Mann sein. Ist nicht die südliche insouciance erstaunlich ansteckend?«

Von einer musikalischen Ruhepause bei den »Sonntagsmusiken« – wegen des Todes von Lea – erfahren wir erst durch ihren Hinweis: »Und nach anderthalb Jahren habe ich auch vorgestern zum ersten Male wieder eine musikalische Morgensoirée gehabt, mit Felixens neuer Cellosonate, in der Gans einen großen Bock zu schießen nicht unterließ, meinem Stück aus Faust, Felixens Altsolo mit Chor usw. Es hat mir eine große Überwindung gekostet, dies Hallo wieder anzufangen, und zwar nur für ein paarmal, denn vor dem Dezember will ich wieder schließen, aber Hensel wünschte es. – O Dirichlet, wie vermisse ich Borchardts Tenor! Von dieser Hungersnot hat man keinen Begriff; die schönsten Brummbässe muß ich ungesungen lassen, von wegen Gleichgewicht. Drei kleine Piepvögelchen sind alles, was ich aufbringen kann...«

Im Dezember 1843 fand das erste Abonnementkonzert unter Felix' Leitung in seiner neuen Eigenschaft als preußischer Hofkapellmeister in Berlin statt. Gespielt wurde seine »Italienische Sinfonie«. Fanny: »... sehr schön, es ist zum Ersticken voll... Gestern letzte Sonntagsmusik in diesem Jahr, die sehr gut ausfiel, die Decker sang zum erstenmal wieder und sehr schön, ich spielte das Es-Dur Trio von Beethoven und mit Felix die Polonaise von Beethoven und die Zwischenakte zum Sommernachtstraum zum großen Jubel der Leute.«

Ob Fanny diese Zwischenaktmusiken in einer Klavierfassung zu vier Händen oder an zwei Klavieren mit Felix gespielt hat, erfahren wir leider nicht. Oder ob sie vielleicht eine kleine Besetzung mit den ihr zur Verfügung stehenden Musikern dirigierte? Es kann gut sein, daß sie einmal selbst zum Taktstock griff, schließlich hatte sie jahrelang Solisten, ihren kleinen Chor und ein Instrumentalensemble geschult, die mit Sicherheit von ihr nicht immer vom Klavier aus geleitet wurden. Auf der anderen Seite ist es zweifelhaft, ob sie in Gegenwart ihres Bruders, des hervorragenden Dirigenten und Kapellmeisters, überhaupt zum Taktstock gegriffen hat.

Warum in diesen letzten »Sonntagsmusiken« des Jahres 1843 kein eigenes Werk von ihr auf dem Programm stand, entzieht sich ebenfalls unserer Kenntnis. Wieder einmal Felix' Anwesenheit als Grund? Sein kurzer Aufenthalt in Berlin erfreute jedenfalls die ganze Familie. Fanny, die sich immer noch sehr mit ihm und seiner Karriere identifizierte, lobte ihn: »Ich bewundere ihn noch jeden Tag, denn ein so ruhiges Zusammenleben ist mir noch wieder neu, und sein Geist ist so vielseitig und in jeder Art so einzig und interessant, daß man es nun und nimmermehr gewohnt wird und immer von neuem darüber staunt. Auch glaube ich, daß er mit den Jahren immer liebenswürdiger werden wird, so wie A. gestern mir das Kompliment machte, ich sei erst im Alter liebenswürdig geworden ...«

Felix, auf dem Höhepunkt seines Schaffens, von zwei Königen in Preußen und in Sachsen umworben, pendelte also zwischen Berlin und Leipzig und Leipzig und Berlin. 1843 vollendete er sein wohl populärstes Werk, die Musik zu Shakespeares »Sommernachtstraum« op. 61, die Konzertarie »Infelice« für Sopran und Orchester op. 94, das »Capriccio« für Streichquartett op. 81, 3 sowie die Lieder für vierstimmigen Chor »Im Freien zu singen« nach Texten von Eichendorff.

Angebote, ihn in anderen Städten und Musikmetropolen als Dirigenten zu verpflichten, kommen viele. So auch aus London, wo er mit der Londoner Philharmonischen Gesellschaft in Briefwechsel steht, die ihm den Posten des städtischen Orchesterleiters anbot. Felix: »Ich habe die größte Lust, es anzunehmen, weil die Sache so verzweifelt vornehm aussieht; aber ich weiß noch nicht, ob es möglich ist, namentlich wegen Cécile und der Kinder, die nicht gut drei Monate in England zubringen können, von denen ich aber noch weniger gut drei Monate getrennt sein will.«

Das zweite Weihnachtsfest ohne beide Eltern brach an. Fanny konnte nicht recht fröhlich sein, doch schrieb sie über das neue Zusammensein mit Felix an Rebecka, daß Felix in Berlin komponiere, während sie mit Cécile die Weihnachtsgaben aufbaue. Fanny: »Doch inmitten seiner Arbeit kam er ständig zu den Frauen, half ihnen beim Ordnen, spielte mit Hunden und Pferden und lief dann wieder hinein, um seine Akkorde noch ernsthafter auszuprobieren.« Fanny war es auch, die Rebecka und Peter Dirichlet vorschlug, ihr endgültiges Domizil in der Leipziger Straße aufzuschlagen, sobald sie wieder aus Italien zurück seien. Die jüngere Schwester lehnte ab, und Fanny mietete ihnen – enttäuscht zwar – eine bequeme, mit allem modernen Komfort ausgestattete Wohnung am Leipziger Platz Nr. 18, also nicht weit vom Mendelssohnschen Besitz entfernt. Fanny scheint alles getan zu haben, um die Familie wenigstens räumlich zusammenzuhalten. In der Leipziger Straße 3 war sie nach dem Tod der Eltern zur Hausherrin geworden.

Dazwischen kommt immer wieder lang ersehnte Post aus Italien, von Rebecka und Dirichlet. Der Schwager Fannys sowie sein Freund Carl Gustav Jakoby gehörten zu den Auserwählten, die in einer Papst-Audienz 1843 empfangen wurden. Rebecka: »Der Besuch des Papstes war das einzige Epochemachende der letzten Tage. Dirichlet war sehr enchantiert von Papsten, er hat sich über eine halbe Stunde mit ihnen unterhalten über lauter mathematische Gegenstände und Personen und viel besser Bescheid gewußt als Lady Somerville; sie meinten, er hätte sich präpariert. Es muß doch schön gewesen sein, Dirichlet auf den Knien den Pantoffel und Jakoby als Ketzer die Hand küssen zu sehn.«

Und dann macht Rebecka einen genialen Vorschlag, der in Deutschland erst sehr viel später in die Tat umgesetzt werden würde. Sie schreibt: »Aber das ist klar, eine preußische Akademie muß gestiftet werden; kein Volk irrt hier so zerstreut wie die Schafe umher als die Preußen; oder wenigstens müßte ein hiesiger Gesandter Sinn und Verstand für Kunst haben und nicht solche Böcke zugeben, wie sie die Prinzess hier bei ihren künstlerischen Bestrebungen haben schiessen lassen. Dies ist römische Politik. Ich sollte übrigens denken, eine preußische Akademie in Rom müßte grade etwas für unsern König sein, das würde Spektakel in der Welt machen.« Hier spielt Rebecka nicht ohne Absicht auf Friedrich Wilhelms Neigung an, sich mit großen künstlerischen Taten einen Namen zu machen. Eine preußische Akademie oder eine accademia tedesca hat der vierte Wilhelm jedoch nie gegründet. Dies war einem anderen deutschen Politiker vorbehalten... Und es war wieder einmal ein Mäzen aus der Mendelssohn-Familie, Ernst von Mendelssohn, der symbolisch den Grundstein zu einer »Akademie« legte. Er schenkte Kaiser Wilhelm II. im Jahre 1908 die Villa Falconieri in Rom, in die man Künstler und Gelehrte einlud. Und 1910 war es der Berliner Bankier E. Arnhold, der dem preußischen Staat die heutige Villa Massimo schenkte. Dieser von Fürst Massimo errichtete klassizistische Bau mit Fresken der Nazarener, wie Cornelius, Overbeck, Veit, Koch, Führich und Schnorr von Carolsfeld, ist heute noch der Sitz des berühmtesten Stipendiums, das Deutschland vergibt: den Rom-Preis. Nach dem Krieg, 1956, wurde die Villa Massimo Teil der Stiftung Preußischer Kulturbesitz und wird heute vom Bund verwaltet und unterhalten. Jährlich sind dort zehn bis fünfzehn Studiengäste aus den Sparten Architektur, Bildende Kunst, Literatur und Musik anzutreffen. Fannys Schwester würde sich über eine solche Einrichtung, die sie damals schon in Gedanken formulierte, wohl sehr gefreut haben.

Fanny war es dann aber, die den Gedanken von einer preußischen Akademie in Rom so weit spann, daß sie Wilhelm Hensel schon als deutschen Gesandten in Rom sah. Und erneut brach sie durch, die alte Sehnsucht nach dem Süden. Fanny: »Das ist uns Deutschen doch von den alten Kaiserzeiten her übriggeblieben, diese ewige Doppelheit, das Begehren nach Italien, und wenn wir ganz dort leben sollten, würden wir uns doch wieder als Deutsche fühlen müssen.«

Wilhelm Hensel ist von der brieflich geschilderten Szene beim Papstbesuch Dirichlets so begeistert, daß er aus der Ferne davon eine Skizze anfertigt. Schließlich hatte es auch in einer Berliner Zeitung gestanden, daß »die beiden Gelehrten, mit denen der Papst in seiner leutseligen Weise sich ausführlich über den damaligen Stand der mathematischen Wissenschaft in Deutschland unterhielt, nicht wenig erstaunt waren, in dem Oberhaupt der katholischen Kirche einem ebenso allseitig als gründlich gebildeten Manne zu begegnen.« Fanny wird dies mit Erstaunen vernommen haben, hatte doch der Papstbesuch bei ihrem Rom-Aufenthalt 1840 keinen sonderlichen Eindruck bei ihr hinterlassen. Schließlich durfte sie ja als Frau nur in den hinteren Reihen sitzen, ganz zu schweigen von der Möglichkeit, eine Audienz zu erhalten.

Die letzten Jahre

Anfang 1844 ließ Fanny wieder ihre »Sonntagsmusiken« aufleben. Außerdem erfährt man einmal von Fanny etwas über ein alltägliches Thema, das in der Familie Mendelssohn »kein Thema« war: über das Geld. Fanny: »O Gott, ich habe so schändlich viel Besuche zu machen, und dabei ist den ganzen Winter ein Patsch, daß man nicht trockenen Fusses aus einem Zimmer ins andre kommen kann, soll man sich nun dazu mit schwerem Gelde einen Wagen nehmen? Das will Gott nicht, pflegte Vater zu sagen. Es ist so schon schändlich, abscheulich, unerhört, was wir für Geld brauchen, und wenn ich nur wüßte, wo es bleibt, was man davon hat?...«

Fanny, die von Hause aus finanziell bestens ausgestattete Bankierstochter, bemerkt mit neununddreißig Jahren plötzlich, daß sie – obwohl beileibe nicht verschwenderisch – viel Geld ausgibt. Sie meint unter anderm ihre »Sonntagsmusiken«, die Honorare der Interpreten (wenn überhaupt solche gezahlt wurden), vor allem aber die Bewirtung der zahlreichen Gäste, die sich sonntags in der Leipziger Straße einfanden. Mit Sicherheit wollte sie nach dem Tod der Eltern diese Einrichtung in gleich großzügiger Weise weiterführen. Die finanziellen Mittel zu einem Mendelssohnschen »Salon« besaß sie, und viele Berliner haben davon profitiert.

So ist es auch zu verstehen, wenn sie wieder von einem gelungenen Sonntag mit Musik berichtet, zu dem die musikalische Prominenz zahlreich erschien. Fanny an Rebecka in Italien, mit dem Datum vom 18. März 1844: »Vorigen Sonntag war auch bei uns die brillanteste Sonntagsmusik, die – glaube ich – noch jemals stattgefunden hat, sowohl was Ausführung als Publikum betraf. Wenn ich Dir sage, daß zweiundzwanzig Equipagen auf dem Hof und Liszt und acht Prinzessinnen im Saal waren, wirst Du mir die nähere Beschreibung des Glanzes meiner Hütte wohl erlassen.

Dagegen will ich Dir mein Repertoire mitteilen: Quintett von Hummel, mit der Finger leicht Getummel, Duett aus Fidelio, Variationen von David, von dem prächtigen kleinen Joachim gespielt, der kein Wunderkind, sondern ein bewundernswürdiges Kind ist, nebenbei Sebastians dicker Freund. Zwei Lieder, von denen das schöne ›Laß die Schmerzen dieser Erden‹, von Felix und der Decker auswendig vorgetragen, wie immer großen Beifall fand... Hierauf kam die Walpurgisnacht, auf die mein Publikum schon seit vier Wochen gespannt war und die vortrefflich ging... Felix spielte nur die Ouvertüre mit mir und griff bei den schwierigsten Stellen bald im Baß, bald im Diskant mit zu, so daß eine Art von improvisiertem vierhändigen Arrangement daraus ward, das sehr gut klang.«

Im Sommer des Jahres erwarteten die Berliner die Familie Dirichlet aus Rom zurück. Doch es kam anders. Rebecka war plötzlich an Gelbsucht erkrankt; man mußte die Abreise um Wochen verschieben. Sie begab sich – schon vom Fieber geschüttelt – von Rom nach Florenz und litt nach eigenen Worten Qualen. Ihr Hilferuf kam bei Fanny in Berlin an; Wilhelm und Fanny beschlossen sofort, zur Schwester zu reisen. Kurz vor der Abreise, zwischen Weihnachten und Neujahr – bekam Fanny jedoch starkes Nasenbluten, das sie des öfteren in ihrer Kindheit geplagt hatte. Die Reise mußte verschoben werden, und so trafen beide, Wilhelm und Fanny, erst am 19. Januar 1845 in Florenz ein. Rebecka und Peter Dirichlet waren ernstlich erkrankt; Fanny war über den Anblick entsetzt. Es sah nach einem längeren Krankenlager aus, und Dirichlet mußte sich bei seiner Lehrtätigkeit an der Berliner Universität von seinem Freund Carl Gustav Jakoby vertreten lassen.

Rebecka war besonders durch die Gelbsucht gefährdet, stellte sich doch heraus, daß sie schwanger war. Wilhelm Hensel hielt es als Krankenpfleger nicht lange in Florenz aus, und er beschloß, zum Malen weiter nach Rom zu reisen. Durch alle Aufregungen wurde das Kind bereits am 13. Februar geboren, und es war gesund und wohlauf. Fanny half, wo sie nur konnte, besorgte italienische Babykleidung, schrieb Geburtsanzeigen nach Deutschland und machte Vorschläge bei der Namenssuche. Florentina wurde kurz entschlossen das neugeborene Mädchen genannt, da es in Florenz geboren wurde.

Kaum war das Kind auf der Welt, ging es Rebecka zusehends besser, und Fanny wagte es, ihrem Mann nach Rom nachzureisen. Als sie dort ankam, ereilte sie der nächste Schrecken: Auch Hensel war erkrankt, was er ihr verschwiegen hatte, um sie nicht zu ängstigen. Erneut wurde Fanny zur Krankenpflegerin, und ihre Gegenwart schien wieder einmal medizinische Wunder zu vollbringen. Wilhelm gesundete, und Fanny konnte an Rebecka berichten: »Hensels Krankheit, die ein paarmal recht bedrohliche Gesichter schnitt und mir gleich den Eintritt so verbitterte, schlechtes Wetter, Mangel an weiblicher Bedienung, der mir im ersten Augenblick sehr empfindlich war, woran ich nun aber ganz gewöhnt bin und Dir sehr schöne Geschichten davon liefern werde, eine Wohnung im Verhältnis zu unserer Florentiner so groß, daß sie mir erst wüst vorkam... Die Lage ist gut, dicht am Pincio und an Fontana Trevi, die elegante Passage geht den ganzen Tag an uns vorüber. Bei uns sieht es endlich aus wie bei Leuten, die die schönen Künste treiben; ein Flügel steht da, ungestimmt, steht einen halben Ton zu tief und klingt wie eine Pelzmütze auf einer Friesdecke, und was besser ist, Hensel hat heut angefangen zu malen, vormittags Modell gehabt, und hat es nachmittags wieder bestellt, und es geht gut und greift ihn nicht an.«

Hensel hatte als Porträt-Maler in Rom viel zu tun. Fanny: »Die Modellwirtschaft ist jetzt übrigens hier so arg als möglich, Chiaruccia ist bis Ende Mai alle Tage besetzt, eine andere ›uccia‹ will mit dem Wagen abgeholt sein und bekommt noch außerdem zwei Skudi für den Tag, kurz, die schönsten sind nicht zu haben...« Fanny und die oft weiblichen Modelle Hensels: Nie haben wir aus Berlin darüber eine Äußerung vernommen, und wir können uns vorstellen, welche ansehnlichen jungen Modelle der als Porträtzeichner in Berlin umworbene und produktive preußische Hofmaler Wilhelm Hensel ins Haus holen konnte. Neid, fürs Stillsitzen noch zwei Skudi zu bekommen? Eifersucht? Wohl kaum.

Eine gewisse Verwöhntheit spricht aus den ersten Zeilen an Rebecka, wenn sie die fehlende Dienerschaft bemängelt. Hat sie als Bürgerstochter wirklich nicht gelernt, sich in Haushaltsdingen selbst zu behelfen? Können wir sie uns auf einem römischen Markt vorstellen, Obst und Gemüse prüfend, mit den Händlern diskutierend? Oder ist sie für uns so sehr höhere Tochter am Klavier, daß wir sie uns nur komponierend oder Klavier spielend denken können? Manchmal scheint uns Fanny angesichts der großbürgerlichen Erziehung ein wenig zu enttäuschen, wenn sie, nach »Lohndienern« klingelnd, ihre täglichen Aufgaben nicht alleine erledigen kann. Andererseits: Werfen wir großbürgerliches Denken, die Selbstverständlichkeit, »Diener« zu beschäftigen, Felix etwa vor? Er hat den größten Teil seines Lebens aus bekannten Gründen immer Menschen gehabt, die ihm die Alltagsarbeit abnahmen und ihm den Rücken zum Komponieren freihielten.

Felix mit Familie war zutiefst beruhigt über die guten Nachrichten aus Italien, über die glückliche Geburt des Kindes und die Gesundung der Dirichlets. Er selbst berichtete aus Berlin, daß der preußische König ihm den Lehrstuhl für Komposition an der Akademie der Künste angeboten habe. Felix blieb – wie so oft – unentschlossen, schlug aber einige organisatorische Änderungen innerhalb der Akademie vor. Gleichzeitig war eine Künstlerin in sein Leben getreten, die ihm sehr nahestehen sollte: Jenny Lind (1820–1887), die »Schwedische Nachtigall«, der die Musikfreunde ganz Europas zu Füßen lagen. Felix hatte sie bereits in Berlin kennengelernt, als sie in Meyerbeers »Feldlager in Schlesien« sang. Die Sopran-Partie in Mendelssohns Oratorium »Elias« hat Felix eigens für sie geschrieben, und er schätzte sie mehr als die große spanische Primadonna Maria Malibran, die er in seiner Jugend kennengelernt hatte.

Auch von Jenny Linds Seite soll die Zuneigung – wie auch der Mendelssohn-Biograph Eric Werner vermerkt – sehr stark gewesen sein, und es heißt: » Sie verstanden einander so vollkommen, daß der eine Teil oft wußte, was der andere sagen würde. Die sympathische, warmherzige Art Mendelssohns hatte die Frauen immer angezogen, und er war gewohnt, von ihnen umschmeichelt zu werden. Sie fesselten ihn aber nur durch besondere Fähigkeiten oder Talente, niemals als bloße Sexualpartner – ausgenommen die Frau, die er geheiratet hatte... Cécile hatte nichts als ihre Schönheit, ihren Charme, ihre Noblesse und ihr Schweigen, und mit ihr... war er überaus glücklich.«

Zahlreiche Konzerte gab man nun zusammen, und auch Clara Schumann kam eines Tages dazu, die ihrerseits Mendelssohn ebenfalls schätzte und mehr als ein Dutzend Mal in Mendelssohns Zeit im Gewandhaus gespielt hat. Viele Opernpartien vertraute Felix Jenny Lind an; sie sang aber auch beim Niederrheinischen Musikfest in Aachen die Sopran-Partie in Haydns »Schöpfung«. An den Wiener Freund Hauser schrieb Felix, bevor Jenny ihr Debut an der Hofoper gab: »Sag ihr, daß kein Tag vergeht, an dem ich mich nicht freue, daß wir beide zur gleichen Zeit leben... und daß wir Freunde sind...«

An Fanny hat Felix nicht viel über seine angebetete neue Künstlerin weitergegeben. Ihr sagte er nur: »Wenn Paul die Lind im ›Alexanderfest‹ die beiden ersten Arien hätte singen hören, so hätte er wieder geklatscht.« Mehr nicht, denn er wußte nur zu gut, daß Fanny bis an ihr Lebensende mit gezügelter Eifersucht über sein Privatleben wachte.

Unterdessen waren Fanny und Wilhelm, Rebecka und Peter aus Italien zurückgekehrt. In Bad Soden im Taunus gab es erstmals seit dem Tod der Eltern ein Geschwistertreffen, zu dem alle kamen: Felix und Cécile, Fanny und Wilhelm, Rebecka und Peter sowie Paul und seine Frau Albertine, eine Nichte von Heinrich Heine. Fast eine Woche lang genossen die Geschwister, die sich in dieser Zusammensetzung kaum gesehen hatten, ihr Beisammensein, vielleicht auch ahnend, daß dies das letzte vollzählige Treffen sein würde.

Anfang August kehrte Fanny nach Berlin zurück und stellte fest, daß sich politisch viel verändert hatte, daß man von Unruhen sprach, von der Armut der Arbeiterschicht, von Aufbegehren der Studenten. Fanny: »Überhaupt gibts im öffentlichen Leben wenig Erfreuliches. Ungeheure Aktienschwindelwut für Eisenbahnen, namenlose Not der schlesischen Weber, der jetzt auf alle Weise zu steuern versucht wird... Gott, was muß der preußische Staat für ein erbärmliches Gebilde sein, wenn er wirklich Gefahr läuft zu wackeln, sobald drei Studenten einen Verein bilden oder drei Professoren eine Zeitschrift herausgeben.« Da zeigt sich Fanny als eine Bürgerin, die die politische Lage erkennt und die voller Ohnmacht miterleben muß, wie jegliche demokratischen Ansätze im Preußen der Jahre 1845 bis 1847 im Keim erstickt wurden. Wie stand Hensel zu den vorrevolutionären Ereignissen? Seine Loyalität dem preußi-

23 Jenny Lind (1820–1887), genannt »Die schwedische Nachtigall«, gefeierte Opern- und Konzertsängerin.

schen Staat gegenüber kennen wir aus seiner Soldatenzeit vor der Ehe mit Fanny. Königstreue mußte er nach Fannys Tod nochmals beweisen; als Künstler fand er unter dem Adel, am Hofe und im Großbürgertum die meisten seiner Auftraggeber. Ein Kleinbürger ließ sich nicht von Hensel porträtieren...

Erste Veröffentlichungen

1846: ein ungemein wichtiges Jahr in der Biographie von Fanny Hensel, die über fünfundzwanzig Jahre lang »für die Schublade« und für wenige Freunde komponiert hatte und von deren eigenen Werken über den Familienkreis hinaus kaum etwas in die Öffentlichkeit gedrungen war; ausgenommen dabei die Halb-Öffentlichkeit der Mendelssohnschen »Sonntagskonzerte«. Wie ist einem Menschen zumute, der Notenpapiere zuhauf in seinem Schreibtisch hat, die herrlichsten Eichendorff-, Heine- und Goethe-Texte in Musik gesetzt hat und doch von niemandem darauf angesprochen wird?

Der Frühling des Jahres '46 war herrlich. Sebastian Hensel: »Schon Anfang März war vollständiger Sommer, am 17. Mai blühten die Mandeln, und Ende April hatten sich Flieder und Kastanien schon prachtvoll entwickelt.« Auch Fanny war entzückt: »Mir tut dieser Frühling unbeschreiblich wohl. Ich fühle mich wie neugeboren und geniesse die Herrlichkeit unseres Gartens, der immer schöner wird, wie ein Glück, das uns stets zu entschlüpfen im Begriff steht. Auch haben wir im Winter genug in der Wohnung zu leiden, so daß uns wohl eine Entschädigung zu gönnen ist. Die Musiken haben wir wieder angefangen, und es ist ein paarmal recht hübsch gelungen. Der Gartensaal in dieser Jahreszeit gibt ihnen wirklich einen eigentümlichen Charakter...« Zur Erklärung: Wenn Fanny schreibt, daß sie im Winter genug im Hause gelitten habe, so bezieht sich das auch auf die höchst ungesunde Lage des Gartenhauses, das sie mit Wilhelm bewohnte. Diese ebenerdige Wohnung hatte keinerlei Wärmedämmung, es gab im Hause Mendelssohn kaum Teppiche, was wohl weniger eine Geldfrage als eine preußische »Untugend« war. Fast jeden Frühling hat Fanny mit Freuden herbeigesehnt, und mancher Winter ist ihr – vor allem nach dem sonnigen Italienaufenthalt – lang geworden.

Doch dieses Jahr 1846 hatte noch eine große Ermunterung für sie bereit. Fanny berichtet von einem Gast der Familie, von Robert von Keudell (1824–1903), neunzehn Jahre jünger als Fanny, Rechtsreferendar, Pianist. Es vergeht kaum ein Tag, an dem er nicht die Familie Hensel aufsucht, mit Fanny musiziert, und sie fühlt sich an die frühen Jahre des gemeinsamen Musizierens mit Felix und an die unbeschwerten Monate in der Villa Medici in Rom erinnert. Fanny: »Keudell erhält mich, was das Musikmachen anbetrifft, sehr in Atem und in beständiger Tätigkeit, wie früher Gounod. Er sieht mit äußerstem Interesse, was ich irgend Neues schreibe, und macht mich aufmerksam, wenn irgendwo etwas fehlt, und in der Regel hat er recht.« Keudell ließ sich sogar während seiner Krankheit im Mendelssohnschen Hause von Fanny pflegen, und sie hatte sich wohl ein wenig an ihn gewöhnt, wenn sie schreibt: »Ich kann wohl sagen, ich habe ihn sehr vermißt, sein musikalischer Umgang hat mir an allen Ecken und Enden gefehlt. Man kann kein wohlwollenderer und zugleich strengerer, aufmerksamerer Kritiker sein, er hat mir stets die allerbesten Ratschläge gegeben.«

Wie ein Lebensretter für die als Komponistin fast verzweifelnde Fanny muß Keudell gewesen sein. Er ließ sich übrigens später von Berlin versetzen und wurde 1873 Botschafter in Rom. Nach seinen Besuchen in Berlin sprach sie plötzlich wieder von der Möglichkeit, eigene Werke verlegen zu lassen. Zwei prominente Verleger, Schlesinger und Bote & Bock, waren im Gespräch. Beide wollten Lieder und Klaviermusik von ihr veröffentlichen. Erstmals fühlte sie sich musikalisch umworben, erstmals konnte sie kritisch ihre eigenen Werke für die

Öffentlichkeit freigeben. Und sie war, wie die Hensel-Urenkelin Cécile Lowenthal-Hensel betont, sehr selbstkritisch. Dies dürfen wir bei der geringen Zahl der von ihr selbst initiierten Publikationen nie vergessen.

Wie in einem letzten Aufschwung hat sie zwischen Januar und Dezember 1846 viel geschrieben: vierzehn Lieder für Singstimme und Klavier, siebzehn a-cappella-Chöre nach Texten u. a. von Eichendorff, Uhland und anderen Romantikern, dazu sechzehn Klavierstücke. Bei den Sololiedern finden sich die bekannten Textdichter Goethe (»Das Veilchen«), Geibel (»Es rauscht das rote Laub«), Lenau (»Dein ist mein Herz«). Goethe blieb – ob im Früh- oder Spätwerk – ihr Dichter-Favorit.

Den Anfang bei den Publikationen der Fanny Hensel machte der Musikverlag Bote & Bock. Das Verlagshaus wurde 1838 gegründet und durfte sich nach 1871 Hofmusikalienhändler nennen. Verdient gemacht hat sich der Verlag unter anderm mit der Herausgabe zahlreicher Werke Berliner Komponisten, doch auch mit unzähligen Liedern, Kammermusik und der Publikation von rund 500 Bühnenwerken, unter denen Gounods »Margarete« aus dem Jahre 1868 zu den berühmtesten gehört. Der Verlag unterhielt mehrere Geschäftsräume, anfänglich in der Kreuzgasse, dann in der Jägerstraße (wo sich auch einstmals das Bankhaus Mendelssohn befand), später auch Unter den Linden.

Fanny Hensel war die erste Komponistin in der Verlagsgeschichte von Bote & Bock. Ganz risikoreich war das Verlegen der Musik von Komponistinnen nicht mehr; wenige Jahre zuvor hatten Hofmeister sowie Breitkopf & Härtel in Leipzig Werke von Clara Schumann in Druck gegeben, die sich gut verkauften.

Die ersten Fanny Hensel-Editionen bei Bote & Bock waren »Sechs Lieder für eine Stimme mit Begleitung des Pianoforte op. 1« mit den Titeln »Schwanenlied« (Heine), »Wanderlied« (Goethe), »Warum sind denn die Rosen so blass« (Heine), »Mayenlied« (Eichendorff), »Morgenständchen« (Eichendorff) und »Gondellied« (Geibel). Fannys »Vier Lieder für das Piano-

24 *»Schwanenlied« nach einem Text von Heinrich Heine, von Fanny Hensel in Musik gesetzt und 1846 von Bote & Bock, Berlin, als op. 1 herausgegeben.*

forte« ganz im Stile von Felix' »Lieder ohne Worte« erhielten bei Bote & Bock die opus-Zahl 2. Fanny, der die Einstellung von Vater und Bruder zum Thema Publikation noch im Gedächtnis war, schrieb pflichtschuldigst an Felix, der seinerseits vollauf mit der Aufführung seines Oratoriums »Elias« in Birmingham zu tun hatte: »Nun geht wieder ein ganzes Oratorium von Dir in die Welt, und ich kenne keine Note davon. Wann wird das mal an uns kommen? ... Da ich aber von Anfang an weiß, daß es Dir nicht recht ist, so werde ich mich etwas ungeschickt dazu anstellen, denn lache mich aus, oder nicht, ich habe zu 40 Jahren eine Furcht vor meinen Brüdern, wie ich sie zu 14 Jahren vor meinem Vater gehabt habe, oder vielmehr Furcht ist nicht das rechte Wort, sondern der Wunsch, Euch und Allen, die ich liebe, es in meinem ganzen Leben recht zu machen, und wenn ich nun vorher weiß, daß es nicht der Fall seyn wird, so fühle ich mich rather unbehaglich dabei.« Und sie fuhr fort: »... Mit einem Wort, ich fange an herauszugeben, ich habe Herrn Bocks treuer Liebesbewerbung um meine Lieder, und seinen vortheilhaften Bedingungen endlich ein geneigtes Ohr geliehen, und wenn ich mich aus freier Bewegung dazu entschlossen habe, und niemanden von den Meinigen verklagen kann, wenn mir Verdruß daraus entsteht (Freunde und Bekannte haben mir allerdings lange zugeredet), so kann ich mich anderseits mit dem Bewußtsein trösten, die Art von musikalischem Ruf, die mir zu solchen Anerbieten verholfen haben mag, auf keinerlei Weise gesucht oder herbeigeführt zu haben.«

Schließlich entschuldigt sie sich fast schon für eventuellen Ärger, den sie durch ihre Publikationen der Familie bereiten könnte, indem sie schreibt: »Schande hoffe ich Euch nicht damit zu machen, da ich keine femme libre und leider gar kein junges Deutschland bin. Verdruß wirst Du hoffentlich auch auf keine Weise dabei haben, da ich, um Dir jeden etwas unangenehmen Moment zu ersparen, wie Du siehst, durchaus selbständig verfahren bin ... Gelingt es, daß die Sachen gefallen, und ich mehr Anerbietungen bekomme, so weiß ich, daß es mir eine große Anregung seyn wird, deren ich immer bedarf, um etwas hervorzubringen, im andern Falle, bin ich so weit, wie ich immer gewesen bin, werde mich nicht grämen, und wenn ich dann weniger oder nichts mehr arbeite, so ist ja dann auch nichts dabei verloren...«

Welch eine Haltung spricht aus den Zeilen der 41jährigen Fanny, die ein Œuvre von gut 400 Titeln aufzuweisen hatte, die vor lauter Rücksichtnahme auf den berühmten Bruder, dem sie vielleicht Ärger bereiten konnte, jahrelang nicht publiziert hat, die ihr Talent versteckt und zugunsten Felix' Begabung nicht weiter ausgebaut hat! Sie ist sich über ihre Abhängigkeit von der Beurteilung der Familienmitglieder voll im klaren und scheint sich ebensowenig Illusionen über einen großen verlegerischen Erfolg zu machen. Daß sie dem Ruf ihres Bruders schaden könnte: Vielmehr meinte sie »persönlichen Verdruß« im Sinne von Nicht-Gefallen ihrer Werke.

Mit wieviel Spannung und banger Erwartung hatte sie danach die Antwort ihres Bruders ersehnt oder vielleicht gefürchtet. Er brauchte dafür einen ganzen Monat. »Endlich hat mir Felix geschrieben«, notierte sie erleichtert am 14. August in ihr Tagebuch, »und mir auf sehr liebenswürdige Weise seinen Handwerkssegen erteilt; weiß ich auch, daß es ihm eigentlich im Herzen nicht recht ist, so freut mich doch, daß er endlich ein freundliches Wort mir darüber gegönnt.«

Endlich sprang der in diesem Punkt so gestrenge Bruder, der das Verlegen der Werke seiner Schwester schon fünfzehn Jahre früher hätte gutheißen und fördern können, über seinen Schatten und schrieb: »Mein liebster Fenchel, erst heut, kurz vor meiner Abreise, komme ich Rabenbruder dazu, Dir für Deinen lieben Brief zu danken und Dir meinen Handwerkssegen zu geben zu Deinem Entschluß, Dich auch unter unsere Zunft zu begeben. Hiermit erteile ich ihn Dir, Fenchel, und mögest Du Vergnügen und Freude daran haben, daß Du den andern so viel Freude und Genuß bereitest, und mögest Du nur Autor-Pläsiers und gar keine Autor-Misere kennen lernen, und möge das Publikum Dich nur mit Rosen und niemals mit Sand bewerfen, und möge die Druckerschwärze Dir niemals drückend und schwarz erscheinen – eigentlich glaube ich, an alledem ist gar kein Zweifel denkbar. Warum wünsche ich Dirs also erst? Es ist nur so von Zunft wegen, und damit ich auch meinen Segen dazu gegeben haben möge, wie hierdurch geschieht.«

Er unterschrieb noch ganz im Sinne des Meisters, der seinen Segen gegeben hat, mit »der Tafelschneidergeselle Felix Mendelssohn Bartholdy«. Und als Postscriptum folgt: »Herr von Keudell, der neulich hier war, hat mir sehr gut gefallen und wird Dir wohl von der musikalischen Soirée erzählt haben, in der er uns begriffen fand, wo die Klarinette abermals das leichte Trio von Mozart nicht ganz im Takt richtig herausbrachte. O Jemine ...« Vielleicht hatte auch ein Gespräch zwischen Keudell, der Fanny in Berlin so ermutigt hatte, und Felix stattgefunden, in dem Keudell Fannys Partei ergriffen und sie als Komponistin gelobt hatte. Dem Urteil eines anderen konnte Felix wohl kaum etwas dagegensetzen.

Nun hatte Fanny also ihren Segen zur Herausgabe ihrer ersten Werke. War das die ehrliche Antwort eines Bruders, der nicht vorher um Rat gefragt wurde? Es ist eine zwiespältige und für Felix oberflächliche Antwort, die schwer einzuordnen ist. Schon aber kommt, vierzehn Tage nach seinem »ja«, ein neuer Brief von Fanny, in dem sie ihm mutig weitere Veröffentlichungen ankündigt. Diesmal sind es ihre a-cappella-Chöre, die »Gartenlieder« für vierstimmigen Chor, jene stimmungsvollen, volksliedhaften Gesänge, die mittlerweile zu den bekanntesten Werken der Komponistin zählen. Bote & Bock brachte sie als op. 3 heraus.

Fanny an Felix: »Warum ich meine Lieder nicht an Dich adressiert habe? Ich wollte Cécile als Vermittlerin in Anspruch nehmen, weil ich doch so eine Sorte von bösem Gewissen Dir gegenüber hatte, denn allerdings, wenn ich bedenke, daß ich vor zehn Jahren fand, es wäre zu spät, und jetzt, es wäre gerade die äußerste Zeit, so ist das rather lächerlich, so wie ich mich auch lange bei dem Gedanken empört habe, auf meine alten Tage mit op. 1 anzufangen. Da Du nun aber so überaus liebenswürdig dabei bist, will ich Dir auch bekennen, wie entsetzlich mausig ich mich gemacht habe und daß nächstens sechs vierstimmige Lieder kommen, von denen Du kaum eines kennst.«

Tatsächlich kannte Felix kaum eines ihrer letzten Werke; im Alter von 41 Jahren mutet ihre Bezeichnung »Spätwerke« dabei merkwürdig an. Was sie nach ihrem Italien-Aufenthalt zu Papier gebracht hatte, war wohl nur ihr und Wilhelm bekannt, der den Kompositionsprozeß ja oft mitverfolgte. Hätte Felix ihre »Gartenlieder« gehört, er hätte sich schwerlich der Qualität dieser Werke entziehen können. Auch das 1846 von Fanny zu Papier gebrachte Klaviertrio in d-moll hätte seine Zustimmung gefunden. Dieses Werk schrieb Fanny offensichtlich in der Freude der ersten Publikationen, ermutigt von Verlegern und Freunden wie Keudell. Das Trio spielte sie am 11. April 1847 in den »Sonntagsmusiken« zu Rebeckas Geburtstag; der Klavierpart zeigt deutlich, daß er an ihren eigenen pianistischen Qualitäten gemessen wurde. Zum Glück ist auch dieses Werk nicht in Vergessenheit geraten, in einigen Druckausgaben und Einspielungen erhältlich und rechnet mit seinem unruhigen, dramatischen Kopfthema und dem herrlichen langsamen Satz zu den besten Kompositionen Fannys. Sie hatte offensichtlich ihren persönlichen Reifegrad als Komponistin erreicht; einen Grad, den sie nie mehr übertreffen würde. Wer hier genau hinhört, spürt wieder Fannys hochdramatisches Talent, das sich offensichtlich in all ihren Liedern voll romantischer, vager Gefühlsseligkeit kaum erschöpfen konnte. Hätte sie, die Komponistin, mehr Orchestererfahrung sammeln können, wäre sicherlich manches kanalisiert worden. Da sie sich aber vorwiegend mit der »kleinen Form« zufriedengab, müssen wir heute mit ansehen, wie überschäumendes, brodelndes Talent sich in einem einzigen Klaviertrio niederschlägt: viel zuviel für zwei Streicher und ein Klavier. Und da Fanny von musikalisch geglätteten Wogen, wie sie so schnell bei Felix nach stürmischen Eingangsthemen anbrechen, nichts wissen will, ist man nach dem Anhören des ersten Satzes aufgewühlt und ratlos zugleich. Auch im Streichquartett bricht diese hochdramatische Begabung, die eigentlich schon der Spätromantik angehört, heraus, verhallt jedoch in der Musikwelt Berlins und im Umkreis der Mendelssohns ungehört. Es ist an uns, den hohen Stellenwert solcher Werke zu analysieren und zu erkennen.

Offenbar endlich einmal zufrieden mit dem Erreichten, notierte sie am 14. August 1846 in ihr Tagebuch: »Ich bin übrigens fortwährend fleissig und fühle, daß mir Manches gelingt, und das, verbunden mit dem wunderbar herrlichsten Sommer, macht mich so innerlich und äußerlich zufrieden und beglückt, wie ich vielleicht nie, außer kurze Zeit während unseres ersten Aufenthaltes in Rom gewesen.«

Fanny scheint sich innerlich endlich einmal zurückzulehnen, das Haus ist ruhig geworden, der geliebte, doch meist Unruhe mitbringende Felix ist wieder in Leipzig, und Fanny schreibt: »Die unendliche Behaglichkeit, die mich diesen Sommer durchweht, dauert fort... Diese Stimmung droht mich egoistisch zu machen, weil ich durchaus nicht Lust habe, mich durch fremdes Leid in meinem innern Behagen stören zu lassen, und darüber mit Wilhelm streite, der leider von seinem Übelbefinden im Frühjahr eine nervöse Reizbarkeit übrig behalten hat, die ihn krank macht bei jedem Verdruß, bei jedem Mitleiden, wozu sich denn verschiedener Anlaß gefunden. Doch thut ihm auch der warme Sommer sehr gut, indessen es hat, was er selbst auch mit Bedauern fühlt, seine Elastizität im Arbeiten sehr nachgelassen...«

Eine prominente Künstlerin kam im Winter 1846 nach Berlin: Clara Schumann. Sie spielte in den »Sonntagsmusiken« und war sehr angetan von der Atmosphäre in der Leipziger Straße. »Madame Hensel habe ich recht liebgewonnen und fühle mich besonders in musikalischer Hinsicht zu ihr hingezogen, wir harmonieren fast immer miteinander, und ihre Unterhaltung ist immer interessant«, schrieb sie später, »man muß sich nur erst an ihr etwas schroffes Wesen gewöhnt haben.«

Beide Frauen, nicht nur hervorragende Interpretinnen, sondern auch Komponistinnen, haben sehr wahrscheinlich nicht über ihre eigenen Werke miteinander gesprochen. Bei Fanny

25 Clara Schumann (1819–1896), Komponistin und Pianistin.

erstaunt es uns angesichts ihres großen Werkkatalogs, der sich im Vergleich zu Clara Schumanns fünfundzwanzig opus-Zahlen doch recht umfangreich ausmacht. Fest steht, daß kaum eine Komponistin des 19. Jahrhunderts von einer anderen wußte. Als Solistinnen kannte man sich, schätzte man sich oder fürchtete man einander. Doch als Komponistinnen waren Frauen völlig alleingelassen; es gab keine Möglichkeit des Austauschs, niemand – wenn nicht sie selbst – spielte die Werke. Und woher sollte Fanny wissen, daß Clara hervorragende Klaviermusik geschrieben hatte, wenn sie ständig Robert Schumann spielte?

Erst heute gibt es Komponistinnen-Vereinigungen (wie die International Alliance for Women in Music oder den Internationalen Arbeitskreis Frau und Musik), die den Komponistinnen und Musikerinnen den Kontakt untereinander ermöglichen. Wieviel Ermutigung erfahren die Frauen, wenn sie hören, daß in anderen Ländern, an anderen Universitäten oder Musikhochschulen ebenfalls Komponistinnen über ihrem Notenpapier oder am Computer sitzen und arbeiten, Dirigentinnen am Pult großer Orchester stehen, Frauen an den ersten Pulten renommierter Orchester Instrumente spielen, die ihnen vor zweihundert Jahren noch verboten wurden?

Die Frauenmusikforschung hat – angefangen bei den Komponistinnen der Renaissance über achthundert Jahre hinweg – kaum eine Lücke gelassen. Den jahrelangen Forschungsarbeiten zu verdanken haben wir Tausende von Kompositionen, deren Existenz wir vor Jahren noch anzweifelten. Nicht nur auf Frauenmusik-Festivals in vielen Ländern der Erde wird diese Musik aufgeführt, auch Rundfunksender bringen Musik von Frauen. Bei Ferienkursen, in Workshops, auf Podiumsdiskussionen, in Lesungen und Vorträgen haben sich die Komponistinnen mittlerweile ihren verdienten Platz erobert. Vom Musiktheater bis zur Elektronischen Musik, vom Musical bis zum Tanztheater, von der Performance bis zum klassischen Streichquartett ist endlich auch den verhärteten Kritikern klargeworden, daß Werke von Frauen ein unverzichtbarer Teil unseres Kulturgutes sind. Die überaus große Zahl von Drucklegungen dieser Werke, nicht nur in Europa, sondern auch in den Vereinigten Staaten und in anderen Ländern, sowie die Schaffung eigener Frauen-Musikarchive lassen hoffen, daß die Werke nicht mehr in der Anonymität verschwinden. Fanny Hensel hat von dieser ganzen Welle noch nichts gespürt; sie lebte hundertzwanzig Jahre vor dem Beginn der Frauenmusikforschung. So können wir ihr nur mit großer Verspätung den Weg in die Konzertsäle ebnen.

Erste Rezensionen

Endlich – 1847 – erschienen die ersten Rezensionen über Fannys Werke in der »Neuen Zeitschrift für Musik«, die 1835 von Robert Schumann gegründet worden war und die heute noch unter gleichem Namen (Schott, Mainz) existiert. Über Fannys »Lieder ohne Worte« op. 2 für Klavier sagt der Rezensent, der aus unerfindlichen Gründen anonym bleibt: »Von den vorliegenden vier Liedern, welche der äußern Fassung nach durchaus eine weibliche Hand nicht verrathen, sondern vielmehr ein männlich-ernstes Kunst-Studium voraussetzen lassen, erscheint uns das letzte als das freieste und innigste, während die übrigen theils den selbständigen Ideengang, theils die übersichtliche Abrundung zuweilen vermissen lassen. Ein ausführlicheres und allgemeines Urtheil müssen wir uns vorbehalten, bis wir mehrere Werke der Verfasserin kennengelernt haben.«

Über ihre Lieder für Singstimme und Klavier op. 1 sagt dieselbe Zeitschrift 1847: »...So erfreut uns auch hier die gute Arbeit, die Sauberkeit des Harmonischen, die Eleganz in den begleiteten Figuren, kurz, die ganze äußere Darstellung, und doch sind wir nicht im Innersten ergriffen, denn wir vermissen die Empfindung, welche aus der Tiefe der Seele quillt... Dieser Tadel ist der einzige, den wir mit Recht über dieses Werk aussprechen dürfen...«

Schließlich äußert sich Emanuel Klitzsch in derselben Zeitung zu Fannys Liedern (Bote & Bock brachte ein weiteres Heft mit sechs Sololiedern nach Texten von Eichendorff, Goethe, Lenau und Rückert als op. 7 heraus): »Diese Lieder beurkunden tieferes, männlich künstlerisches Streben. Abgesehen von dem Fertigen in der eigentlich technischen Arbeit, in der sicheren Beherrschung des harmonischen Theils, in der Eleganz der Begleitung, die freilich hier und da den Charakter der Schwülstigkeit annimmt und den Gesang mehr untergeordnet erscheinen läßt, ist auch der Geist, der dieselben beherrscht, ein durchaus edler, der den poetischen Kern der

Gedichte, deren Wahl von feinem Geschmacke zeugt, zu erfassen strebt. Nur etwas vermissen wir dabei: nämlich die Empfindung, den Funken, der auch in der Seele des anderen zündet und ihn von der Wahrheit des Empfundenen überzeugt.«

Hier urteilt also der Kritiker ähnlich wie über ihre Klavierlieder op. 2. Die tiefere Empfindung wird reklamiert, das Fünkchen, das unsere Seele erreicht, das Tiefe, das – Verzeihung – Deutsche in der Musik, das Faustische, und was manche Kritiker noch alles vermissen mögen. Auch Felix Mendelssohn hat ähnliches oft hören müssen (wovon er die schlimmsten Äußerungen zum Glück nicht mehr erlebte, da sie aus unserem Jahrhundert stammen). Von Schumann zwar als der »Mozart des 19. Jahrhunderts« apostrophiert, haben doch diejenigen oft überhand genommen, die ihm Problemlosigkeit, Glattheit vorwarfen. Selten benutzen Musikstudenten seine Werke zur Analyse, da es, um mit Dahlhaus zu reden, »bei Mendelssohn nichts zu analysieren gibt«. Alfred Einstein: »Wir müssen uns bemühen, ihm die richtige Stellung anzuweisen: die Überschätzung zu vermeiden, die ihm bei Lebzeiten und durch die Generationen nach seinem Tod in Deutschland und England zuteil geworden ist...«

Von Überschätzung kann bei Fanny Hensel bislang keine Rede sein, schon gar nicht, was die Rezensionen zu ihren Lebzeiten anbetrifft. Und auch die späteren, spärlichen, lückenhaften Lexika-Eintragungen zum Thema Fanny Hensel sind nicht rühmlich und schon gar nicht wissenschaftlich. Im Tonkünstlerlexikon von Ledebur 1861 ist sie z. B. nur eine »ausgezeichnete Dilettantin«; Hugo Riemann nennt sie in seinem umfangreichen Musik-Lexikon, Ausgabe 1929, »eine vortreffliche Klavierspielerin und nicht unbegabte Komponistin« und korrigiert diese spröden Zeilen auch nicht in der Neuausgabe des Jahres 1959 (eine Ausgabe, an der nicht eine einzige weibliche Musikwissenschaftlerin mitgearbeitet hat); Otto Ebel weist ihr in der ersten Komponistinnen-Tabelle dieses Jahrhunderts zwölf Zeilen zu, nennt sie eine brillante Pianistin und berichtet von ihrem Trio op. 11 sowie von Liedern und Klavierstücken,

»von denen einige unter dem Namen des Bruders« erschienen seien. Bekannt waren ihm außerdem ihre »Lieder ohne Worte« op. 2, 4, 5, 6 und 8.

Auch Sir George Grove, Autor des berühmten »Dictionary of Music and Musicians« (Ausgabe London 1900), erwähnt Fanny als hervorragende Pianistin und Komponistin. Doch wie alle anderen Musikschriftsteller weiß auch er nur von den veröffentlichten Werken zu berichten, die er, ohne ein Urteil abzugeben, nennt. Daß zur Jahrhundertwende, oder genauer bis Ende der sechziger Jahre dieses Jahrhunderts, kaum etwas über das umfangreiche, ungedruckte Œuvre der Fanny bekannt war, lag daran, daß ein Großteil des musikalischen Nachlasses erst dann der Staatsbibliothek in Berlin übergeben und damit der Öffentlichkeit zugänglich gemacht wurde.

Von einer Rezeptionsgeschichte Fannys sprechen wir erst seit Ende der achtziger Jahre dieses Jahrhunderts. Da häufen sich die Berichte und Kritiken nach Wiederveröffentlichungen und Erstveröffentlichungen in Europa und den USA. Kein Geringerer als der Musikwissenschaftler Diether de la Motte war es, der mit seiner »Liebesklärung für Fanny«, die 1987 in der Zeitschrift »Musica« (Bärenreiter, Kassel) veröffentlicht wurde, auch in Fachkreisen auf die Komponistin aufmerksam machte. Er spricht nicht, wie die ersten Kritiker der »Neuen Zeitschrift für Musik«, von mangelnder Empfindung. Er benennt Takt für Takt Fannys geniale Einfälle in ihren Liedern für Singstimme und Klavier op. 1, er spricht von »Fannys Zaubermitteln«, und es wird deutlich: Hier hat endlich jemand ihr kompositorisches Können erfaßt, ohne jeden Takt mit der Musik ihres Bruders zu vergleichen. Und: Der Kritiker kam ausnahmsweise nicht aus dem Bereich der Frauenmusikforschung, der man naturgemäß jahrelang vorwarf, sämtliche Komponistinnen ungeachtet ihres Könnens zu loben. Damals begrüßte man oft schon die Neuerscheinung, das Auffinden eines bis dahin unbekannten Werkes mit einem freundlichen Wort.

Der Musikwissenschaftler Albrecht Dümling hörte das Streichquartett in Es von Fanny und lobte am 5. Juni 1986 in der »Neuen Zeitschrift für Musik« ihre Eigenwilligkeit und ihre stilistische Unabhängigkeit vom erfolgverwöhnten Bruder. Als Fannys »Oratorium nach biblischen Bildern« 1984 durch E. M. Blankenburg in Köln zur Welturaufführung kam, waren Kritiker aus vielen Ländern angereist; man erwartete nichts Besonderes: Was sollte sich auch an der Seite eines »Paulus« und »Elias«-schreibenden Komponisten entwickeln? Die Überraschung gelang, und mit diesem Tag war Fanny Hensel als Komponistin rehabilitiert. Darum um so unverständlicher, wenn die »Frankfurter Allgemeine Zeitung« – zehn Jahre danach – in ihrem Bericht vom 22. Oktober 1994 (Rezension von Eckart Kleßmann über Françoise Tillards Hensel-Biographie) schreibt: »Françoise Tillard beschreibt die Laufbahn einer ausgezeichneten Dilettantin: Fanny Hensel.«

Berlin 1847: Fanny Hensel bemühte sich weiterhin um Publikationen ihrer Werke. Dennoch hat sie Angst, dem Anspruch nicht genügen zu können, der durch ihren Bruder formuliert war. An ihre Freundin Angelica von Woringen hatte sie bereits 1846 geschrieben: »Daß Du, liebe Angelica, Dich für die Herausgabe meiner Lieder interessirst, freut mich, ich hatte eigentlich immer Angst, von meinen liebsten Freunden gemißbilligt zu werden, da ich mich mein Lebenlang und bis in meine jetzigen Jahre entgegengesetzt ausgesprochen habe. Auch kann ich mit Wahrheit sagen, ich habe es mehr geschehen lassen als gethan und das ist es, was mich eigentlich daran freut, daß ich nämlich, ganz ohne mein Dazuthun und wahrlich ohne Absicht und Prätention, den guten musikalischen Ruf erlangt habe, durch den ich wiederum so vortheilhafte Bedingungen bekommen, wie sie wohl nicht leicht Dilettanten geboten werden.«

Und sie fuhr fort: »Nun weiß ich recht wohl, daß das Wesentliche jetzt ist, diesem Ruf zu stehn, und ihn zu erhalten, und so einfach ich Dir gesagt habe, so mehr setze ich hinzu, daß ich fürchte, Jenes nicht zu können und wenn mir darauf Jeder sagen wird, dann hätte ich nicht herausgeben sollen, so lautet meine Antwort, daß es in meiner Art und Weise liegt, immer das zu thun, was ich für das Nächstliegende und Natürliche halte, und das war in diesem Falle, ehrenvolle und vortheilhafte Vorschläge anzunehmen und das Beste zu geben, was ich vermochte, das Übrige wird sich finden...«

Bei Schlesinger in Berlin läßt Fanny dann, nachdem der Verlag sie ebenfalls erfolgreich umworben hatte, ihre Klavierlieder op. 4 und 5 in Druck gehen (später Lienau-Verlag, Berlin). »Six mélodies pour le pianoforte« sind die beiden Bände jeweils betitelt und unterscheiden sich schon dadurch von Felix' »Liedern ohne Worte«. Es folgen weitere Klaviermusik-Ausgaben bei Bote & Bock (op. 6), worunter sich auch der spritzige »Saltarello Romano« findet, den Fanny als Rom-Hommage schrieb und der ein prachtvolles Zugabestück ist.

Was sie zu ihren allerersten Rezensionen gesagt hat, ist uns unbekannt. Es muß sie geschmerzt haben, auf »mangelnde Empfindung« verklagt zu werden. Es muß sie auch geärgert haben, daß Rezensionen anonym erschienen. Doch stellen wir uns einmal dem Urteil oder Vorurteil ihrer Zeitgenossen. Sie bemängelten die »Schwülstigkeit« in ihren Klaviersätzen. Schlichtheit, Einfachheit (mit Ausnahme der Chorlieder) scheint wirklich nicht ihr Metier gewesen zu sein, und schnell wird eine solche Aufwendigkeit des Klaviersatzes als Geschwätzigkeit abgetan. Dieses Urteil kennen wir aus Felix' Rezeptionsgeschichte. Wer sich länger mit ihrem Werk beschäftigt, weiß, wie lohnenswert es ist, all das musikalische Beiwerk beiseitezulassen, die Sangbarkeit des Themas hervorzuheben und alles andere zur Nebensache zu erklären. So wird man ihr Werk bald schätzen und lieben lernen. Und wer auch in unserem Jahrhundert noch nostalgisch genug ist, nach Melodienreichtum zu fragen, der ist bei Fanny vollauf zufriedengestellt.

Das größte Lob erntete Fanny zu Lebzeiten mit ihren »Gartenliedern« (Bote & Bock, 1847). Wieder Emanuel Klitzsch in der »Neuen Zeitschrift für Musik«, Leipzig, am 14. Mai 1847: »Auch die Gartenlieder von Fanny Hensel, geb. Mendelssohn-Bartholdy, zeichnen sich vor vielen dieser Gattung in bezug auf künstlerische Auffassung aus, wenn wir schon in ihnen weniger selbständig Individuelles finden, und mehr ein anmuthiges,

26 »Sechs Lieder für eine Stimme mit Begleitung des Pianoforte« von Fanny Hensel, 1848 von Bote & Bock, Berlin, als op. 7 herausgegeben.

freundliches Element als eine starke, aus der Tiefe der Brust geschöpfte Empfindung vorwalten sehen. Die harmonische Behandlung ist sehr gewählt und läßt die kunstsinnige Hand nicht verleugnen. Über alle verbreitet sich ein zarter, poetischer Duft, was namentlich von Nr. 1 ›Hörst du nicht die Bäume rauschen‹ von Eichendorff, und Nr. 3 ›Im Herbste‹ von Uhland, gilt, in welchem letzteren wir den Mittelsatz ›Ahnest du, o Seele wieder‹ als vorzüglich gelungen hervorheben.« In derselben Rezension wurden die Lieder eines gewissen M. Hauptmann »verrissen«.

Wir kennen Fannys Reaktion auf diesen Artikel nicht. Sie befand sich im Frühjahr 1847 in einer weiterhin glücklichen Stimmung und vertraute ihrem Tagebuch an: »Gestern war der erste Frühlingshauch in der Luft... Wie kann man nur verdienen, zu den so wenigen Glücklichen in der Welt zu gehören! Wenigstens fühle ich es lebhaft und dankbar, und wenn ich des Morgens mit Wilhelm gefrühstückt habe und dann jeder an seine Arbeit geht, da empfinde ich mich mit wahrer Rührung glücklich, wenn ich an den kommenden Tag denke und an den vergangenen.«

Welch eine Dankbarkeit und Zufriedenheit spricht hier endlich einmal aus Fannys Zeilen, die doch in den Jahren seit ihrer Italien-Rückkehr ein wenig resigniert hatte. Ob ihr dabei die Tatsache, daß Sebastian das einzige Kind blieb, zu schaffen machte, wissen wir nicht. Das Haus war, bis auf die Besuche von Felix oder Rebecka, leer geworden. Die ersten Werke hatten ihren Weg in die Öffentlichkeit gefunden, und jetzt konnte sie in aller Ruhe eine Reaktion abwarten. Der Frühling kam, Berlin erwachte aus dem Winterschlaf, der elterliche Garten mit seinem riesigen Baumbestand wurde wieder zum Paradies. Und Fanny genoß diese Zeit, als wüßte sie, was geschehen sollte.

Mitte Mai des Jahres 1847 hatte sie plötzlich wie aus heiterem Himmel starkes Nasenbluten: eine Krankheit, die sie ja des öfteren, vor allem bei starken Aufregungen, befallen hatte. An diesem Tag hatte sie eine Probe für das nächste »Sonntagskonzert« anberaumt, in dem sie Felix' »Walpurgisnacht« aufführen wollte. Die Choristen waren bereits gekommen, man öffnete die Flügeltüren des Gartensaales, um die milde Mailuft hineinzulassen. Plötzlich verspürte sie eine unangenehme Hitze aufsteigen; die Hände versagten ihren Dienst. Fanny verließ das Klavier und bat die anderen, weiterzuproben. Im Nebenzimmer legte sie die Hände in heißes Essigwasser, ein Rezept, das sie oft ausprobiert hatte. Dann ging sie zurück in den Gartensaal, um die Probe fortzuführen. Doch wieder versagten ihre Hände; Fanny wurde bewußtlos und starb ohne Schmerzen am Abend des 14. Mai 1847 um 23 Uhr. Sie war nicht einmal zweiundvierzig Jahre alt; sie hat für unsere heutigen Lebenserwartungen nur ein »halbes Leben« gelebt.

Die »Sonntagsmusik« fiel aus. Man stellte die aufgebahrte Fanny dorthin, wo sie unzählige Aufführungen geleitet, wo sie allein oder mit Felix am Klavier gesessen hatte: in den Gartensaal. Ein Meer von Blumen bedeckte ihren Sarg. Wilhelm Hensel, tief erschüttert von diesem plötzlichen Tod (Diagnose Gehirnschlag), tat das, was er in ihrem gemeinsamen Leben so oft getan hatte: Er zeichnete ihren Kopf.

Sebastian Hensel

Was ist die letzte Komposition, die Fanny Hensel uns hinterlassen hat? Es ist das fröhliche Lied »Bergeslust« nach einem Text von Eichendorff, in dem es heißt »O Lust, vom Berg zu schauen weit über Wald und Strom, hoch über sich den blauen, den klaren Himmelsdom«. Dieses Mal ist die Tonart heiter, A-Dur. Von weiteren, unbekannten Kompositionsplänen des letzten Lebensjahres wissen wir nichts, mit Ausnahme der bereits skizzierten Chöre zu »Faust II«, die verschollen sind.

Am 17. Mai, drei Tage nach ihrem Tod, fand sich in der »Berliner Vossischen Zeitung« der kurze Nachruf Wilhelm Hensels: »Am 14ten Mai Abends starb meine geliebte Frau Fanny Cäcilie, geb. Mendelssohn Bartholdy, nachdem sie wenige Stunden vorher ein Schlaganfall getroffen, von welchem die wetteifernden Bemühungen zweier befreundeter Ärzte sie nicht retten konnten. Ihr Leben war Wahrhaftigkeit, ihr Ende seelig. Berlin, den 15ten Mai 1847, Wilhelm Hensel. Die Beerdigung findet Montag, den 17ten um 6 Abends statt.«

Der mit der Familie befreundete Berliner Musikkritiker Ludwig Rellstab widmete der Komponistin in derselben Zeitung einen bewegenden Nachruf: »Eine völlig unerwartete, für die künstlerische Welt Berlins tief schmerzliche Nachricht, hatte uns im Augenblick der Rückkehr von einer heiteren Ausflucht hier betroffen: der Tod der Schwester Felix Mendelssohns, Frau Fanny Hensel, die auch die Schwesternschaft des Talents mit dem berühmten Bruder teilte! Sie hatte in der Musik einen Grad der Ausbildung erreicht, dessen sich nicht viele Künstler, denen die Kunst ausschließlicher Lebensberuf ist, rühmen dürfen. In ihrer frühen Entwicklung war sie schon als Kind eine, die künstlerische Aufmerksamkeit erregende Erscheinung... Seit einem Vierteljahrhundert und darüber war schon ihr väterliches Haus und später das ihrige, die Heimathstätte alles wahrhaft Trefflichen in der Musik.«

Und er spricht aus eigenem Erleben, wenn er weiterführt: »Seit sich das frühe Talent des Geschwisterpaares zum Erstaunen Aller entfaltete, umgab älterliche Fürsorge dasselbe mit dem steten lebendigen Verkehr der Künstler und Kunstwerke. An den Sonntag Vormittagen fand, und die Sitte hat die Verstorbene bis zum letzten Augenblick bewahrt, ein künstlerisches Fest seltenster Art statt, wo die classischen Werke der älteren, die besten der neueren Zeit in sorgfältigster Ausführung gehört wurden. Ein so eingedrungenes Verhältnis, eine so tief verwurzelnde Liebe zur Kunst müßte auch zu schöpferischer Entwicklung führen, ja drängen. Doch in dem weiblichen Gefühl, daß der Frau als Grundlage ihres Lebens doch ein anderes Walten zum ersten Beruf angewiesen ist... führte selbst dieser innere Drang, diese bewußte Kraft die Künstlerin nicht über die Linien, die auch in der weiblichen Berechtigung liegen, hinaus. Sie trat, obwohl jeder ausgedehnten und schwierigen Form völlig mächtig, doch nur mit Ergüssen der unmittelbaren Empfindung, vorzugsweise mit schönen Liedern an die Öffentlichkeit und machte das Anrecht auf Größeres, das sie vollgültig besaß, nicht geltend. Die ihren künstlerischen Wert erkannten, müssen ihn auch anerkennen...«

Sebastian, der einzige Sohn von Fanny und Wilhelm Hensel, war beim Tod seiner Mutter knapp siebzehn Jahre alt (er war am 30. Juni geboren). Im Winter 1847 erkrankte er ernstlich. In seiner Tante, Fannys Schwester Rebecka Dirichlet, fand er einen Mutter-Ersatz, einen Beistand, den er bitter nötig hatte. Die Dirichlets nahmen den Jungen selbstverständlich in ihr Haus wie ein eigenes Kind. Rebecka hatte bereits vier Kinder, mit denen Sebastian ja oft Kontakt pflegte; schließlich wohnte die Familie ganz in der Nähe am Leipziger Platz. Peter Dirichlet wurde 1855 Nachfolger des berühmten Mathematikers Carl Friedrich Gauß auf dessen Lehrstuhl an der Universität Göttingen. Nur ungern siedelten die Dirichlets »in die Provinz«, und Rebecka schrieb einmal: »Ich fühle mich ordentlich ein bißchen mehr zu Hause hier, seit hübsche Musik hier bei uns gemacht ist. Ja, ja, wir füttern die Leute mit Brosamen unserer alten Herrlichkeit.«

Die nächsten zwanzig Jahre verbrachte Sebastian Hensel außerhalb Berlins. Er hatte sich, obwohl das seine Eltern insgeheim erwartet hatten, doch nicht für den Malerberuf entschieden, sondern wollte Landwirt werden. In den fünfziger Jahren des 19. Jahrhunderts kaufte er sich ein Landgut bei Königsberg in Ostpreußen; im August 1856 heiratete er Julie von Adelson, die Tochter des kaiserlich russischen Konsuls aus Königsberg. Fünf Kinder stammen aus dieser Verbindung: Fanny und Cécile, Paul und Kurt und der Nachkömmling Lili. Nicht alle Kinder vertrugen jedoch das ostpreußische Klima, und so verkaufte Sebastian das Gut wieder, um sich mit seiner Familie in Thüringen niederzulassen.

Später, wieder nach Berlin zurückgekehrt und offensichtlich das Landleben leid, erhielt er das Angebot, die Leitung der Markthallengesellschaft zu übernehmen: Er sagte für eine kurze Zeit zu; anschließend wurde er Direktor der Berliner Hotelbaugesellschaft, die den berühmten »Kaiserhof« aufbauen ließ. 1875 öffnete dieses prachtvolle Hotel seine Pforten. Kaiser Wilhelm I. war Ehrengast, und er soll in seiner ironischen Art lakonisch bei der Besichtigung der prunkvollen Räumlichkeiten gesagt haben: »Wir können's nicht so haben...«

Ein jähes Ende nahm die Existenz dieses Hotels, auf das alle Berliner so stolz waren, durch einen Brand, der nur wenige Wochen nach der Eröffnung fast das ganze Haus zerstörte. Sebastian ließ sich nicht entmutigen, und der Wiederaufbau begann. Sebastian blieb Direktor des »Kaiserhof« bis 1880. Schon während dieser Jahre begann er mit seinem berühmten Familien-Rückblick, der allen Mendelssohn-Biographien zugrundeliegt. Ihm verdanken wir eines der wichtigsten Zeugnisse »deutsch-jüdischer Identität«.

Die letzten Jahre seines Lebens verbrachte Sebastian im Westend Berlins, wo er am 13. Januar 1898 verstarb. In einer vom Mendelssohn-Archiv der Staatsbibliothek zu Berlin betreuten hervorragenden Ausstellung, die 1983 unter anderm im Heine-Institut Düsseldorf zu sehen war, konnten die Besucher einen Sebastian Hensel kennenlernen, der sich über seine Tätigkeit hinaus als Memoiren-Schriftsteller ungemein kreativ und künstlerisch für seine Kinder einsetzte. Er hat für sie »Naturgeschichten«, genauer Märchen in Bilderbuchform, gedichtet und mit Zeichnungen ausgeschmückt. Auch verfaßte er ein Gesellschaftsspiel in Fragebogenform, versehen mit einer eigenhändigen Zeichnung (1877), die viel über ihn aussagt und das wir hier im wesentlichen wiedergeben wollen, zeigt es doch ein Stück Henselscher Philosophie:

Your favourite virtue: Freigebigkeit und Sparsamkeit
Your favourite qualities: Ein langer Bart

Your favourite qualities in woman: Jugend und Tugend, wenn erstere nur letztere hätte
Your idea of happiness: Erbssuppe mit Schweineohren
Your idea of misery: eine leere Cigarrentasche
Your favourite prose authors: Göthe und Elise Polko
Your favourite composers: Où peut-on être mieux qu'au sein de sa famille?
Your favourite painters: Herr, alle sind sie mir gleiche Kinder
Your favourite heroes in real life: Luther, Friedrich, Bismarck – da hört der Spaß auf
Your favourite heroines in real life: Heroinen im wirklichen Leben? Garnicht
Your favourite names: Julie, Fanny, Cécile, Lili, Paul, Kurt

Wie hätte wohl ein solcher Fragebogen, ausgefüllt von Fanny, ausgesehen? Wen hätte sie als Lieblingskomponisten genannt? Was hätte sie gesagt bei »idea of happiness«? Als Lieblingseigenschaft jedoch die »Freigebigkeit und Sparsamkeit« nennen: das war mit Sicherheit ganz im Sinne von Fanny und der ganzen Mendelssohn-Familie.

Ein Leben ohne Fanny

Fanny hinterließ unter den trauernden Familienangehörigen vier Männer: ihren Mann Wilhelm, ihren Sohn Sebastian und die Brüder Felix und Paul. Wilhelm hatte zwei Monate vor dem Tod Fannys einen großen Auftrag vom Herzog von Sutherland erhalten, ein Porträt Friedrich Wilhelms IV. anzufertigen, und er bedankte sich für dieses Vertrauen mit den Worten: »Mögen mir die Augen gesegnet sein.« Dann kam im Mai 1847 der für alle unerwartete Tod Fannys. Wilhelm war gänzlich aus der Bahn geworfen, er konnte kaum malen, war kaum ansprechbar und völlig verzweifelt. Das Auftragswerk hat er nicht vollenden können.

Fanny hatte nach dem Tod der Eltern alles im Haus allein geregelt; sie hatte mit dem Personal den Haushalt geführt, die Gästelisten aufgestellt, für die Bewirtung gesorgt, die Erziehung des Sohnes vorwiegend alleine übernommen, sich um Verkaufsmöglichkeiten von Wilhelms Bildern gekümmert; kurz: Sie hinterließ alles geordnet, wie dies in der ganzen Familie Mendelssohn selbstverständlich war.

Da Wilhelm immer zu den Förderern ihres musikalischen Schaffens gehört hatte, mußte Fanny Äußerungen, wie wir sie von Robert und Clara Schumann kennen, nie hören. Robert 1839: »... das Kochen wirst du auch schon lernen. Ich bin entzückt, über Dich, mein Mädchen...« Oder 1843: »... Aber Kinder haben und einen immer phantasierenden Mann und komponieren, geht nicht zusammen...« Und schließlich sein Brief von 1839, kurz vor der Eheschließung: »... das erste Jahr unserer Ehe sollst Du die Künstlerin vergessen, sollst nichts als Dir und Deinem Haus und Deinem Mann leben, und warte Du nur, wie ich Dir die Künstlerin vergessen machen will – nein, das Weib steht doch noch höher als die Künstlerin...«

Nein, Wilhelm war wohl der einzige in der Familie, der vorbehaltlos das kompositorische Schaffen seiner Frau gewürdigt hat, obwohl er kein Musiker war. Er gab sofort nach ihrem Tod ihr Klaviertrio d-moll zur Drucklegung an Breitkopf & Härtel, Leipzig (1847), und hat damit einem der besten Kammermusikwerke der romantischen Musikliteratur zur Öffentlichkeit verholfen.

Felix seinerseits – vielleicht in einer Phase von schlechtem Gewissen – übergab demselben Verleger 1847 »Vier Lieder für das Pianoforte« aus dem Jahre 1846, welche die opus-Zahl 8 erhielten, sowie »Fünf Lieder mit Klavierbegleitung« op. 10, die nach der Italien-Reise, also nach 1840, entstanden waren. Darunter das wunderschöne Lied »Nach Süden« mit dem Textanfang »Von allen Zweigen schwingen sich wandernde Vögel empor«.

TRIO

für

Pianoforte, Violine und Violoncell

componirt

von

FANNY CÄCILIA HENSEL,

GEB. MENDELSSOHN BARTHOLDY.

Op. 11.

No 4, der nachgelassenen Werke.

Eigenthum der Verleger.

Leipzig, bei Breitkopf & Härtel.

Pr. 2 Thlr. 20 Ngr.

8212.

Eingetragen in das Vereinsarchiv.

27 *»Trio für Pianoforte, Violine und Violoncell« von Fanny Hensel. Das Werk wurde als op. 11 von ihrem Mann Wilhelm Hensel in Druck gegeben und bei Breitkopf & Härtel in Leipzig 1847 herausgegeben.*

Doch dann wendete sich die künstlerische Karriere Wilhelms rapide. In der ersten bürgerlichen Revolution von 1848 wurde er wieder Soldat; er stellte sich freiwillig. Als Grund bleibt der Verlust seines ganzen Familien-Zusammenhaltes durch den Tod seiner überaus geliebten Frau. Er war jetzt wieder – so seine Schwägerin Albertine Mendelssohn – »in seinem Element, wie er sich es seit dem Tod unserer geliebten Fanny immer wünschte – die Waffe in den Händen. Er ist in der Tat in der jetzigen Zeit einer der rüstigsten und verdienstvollsten Beschützer der Stadt und des Königs.« Der Maler vertauscht den Pinsel mit der Waffe? Wir erinnern uns: Vor der Ehe mit Fanny war Wilhelm ebenfalls Soldat gewesen und hatte in den Freiheitskriegen mitgekämpft. In der Ehezeit wurde er sanft und malte, und nun brach die Kämpfernatur wieder durch.

Nun, Wilhelm übernahm die Leitung des Fliegenden Künstler-Corps in Berlin, das Persöhnlichkeiten und Gebäude des öffentlichen Lebens vor den »Übergriffen der Revolutionäre, des Volkes« schützen sollte, vor allem, Leib und Leben der Königlichen Familie im Berliner Schloß. Dafür mußte Wilhelm oft innerhalb der Schloßmauern übernachten. Daneben setzte er sich persönlich sehr für sein Künstler-Corps ein und erwirkte, daß ihnen für ihren nicht ganz freiwilligen Dienst wenigstens eine kleine Entschädigung gezahlt wurde.

Nach Beendigung der Unruhen wurde Hensel wieder »zivil«; er wurde in den Senat der Akademie der Künste gewählt, setzte sein Porträtzeichnen fort, reiste viel und malte Prominente in Karlsbad oder in Marienbad, wo er sich öfter aufhielt. Bereits 1851 hatte Wilhelm die Leipziger Straße 3 verlassen, wo er über zwanzig Jahre lang glücklich gelebt hatte; das Haus war ihm zu groß und leer geworden. 1852 sorgte sein Schwager Paul für den Verkauf des Hauses, auf dessen Grundstück sich später das Preußische Herrenhaus und das Preußische Abgeordnetenhaus befanden. 1898 wurde es ganz abgerissen, dann wieder neu errichtet; im Zweiten Weltkrieg ist das Gebäude nicht zerstört worden, und so konnte sich darin die Akademie der Wissenschaften der ehemaligen DDR etablieren. Heute hat die

Bundesregierung den Komplex zum Sitz verschiedener Ministerien ausersehen.

König Friedrich Wilhelm IV. starb 1861, nicht ohne von Hensel ein letztes Mal gezeichnet worden zu sein. Der Tod Hensels wiederum zeigt, wie uneigennützig er sich zeitlebens verhielt. Im November 1861 wollte er einen Mann vor einem fahrenden Omnibus retten und geriet selbst darunter, so daß er an den Folgen starb. Sein Vermächtnis besteht unter anderm aus rund tausend Porträtzeichnungen, die ein hervorragendes Stück Kulturgeschichte des 19. Jahrhunderts darstellen. Und die von seiner Urenkelin Cécile Lowenthal-Hensel derzeit verlegerisch betreut werden.

Das Ende einer Geschwisterliebe

Felix war 1847 mit dem Geiger Joseph Joachim erneut auf Konzertreise in England, hatte mehrere Male mit großem Erfolg seinen »Elias« dirigiert, war als Pianist unter anderm mit Beethovens G-Dur Klavierkonzert aufgetreten und hatte dessen Diabelli-Variationen gespielt. Am 18. Mai kehrte er nach Frankfurt zurück und erfuhr erst dort von dem plötzlichen Tod seiner Schwester, die vier Tage vorher gestorben war. Wie alle Biographen berichten, ist Felix erschüttert zusammengebrochen; es war wie eine tiefe Ohnmacht, die ihn niederwarf, ein Nervenzusammenbruch, von dem er sich kaum erholen konnte. Physisch hatte er sich seit vielen Monaten überfordert, spürte erste Ermüdungserscheinungen und hätte die England-Reise gar nicht mehr antreten dürfen. Die Nachricht vom Tod Fannys traf ihn so hart, daß er sich außerstande sah, zu ihrer Beerdigung am 19. Mai 1847 nach Berlin zu fahren. Wie eng muß die Geschwisterliebe noch gewesen sein, und wie konfliktscheu war Mendelssohn mittlerweile geworden...

Statt dessen setzte er sich an den Schreibtisch und schrieb – als musikalisches Vermächtnis und Hommage gedacht – das Streichquartett f-moll op. 80, das in der Reihe der Mendelssohnschen Streichquartette einen einsamen Rang einnimmt. Wieviel dramatische Tiefe und Intensivität, Pathos, Trauer, Trost sprechen aus diesem Meisterwerk des 38jährigen Felix. Er vollendete im selben Jahr noch drei Chormotetten und schrieb schließlich am 7. Oktober 1847 seine letzte Komposition, ein altdeutsches Frühlingslied mit dem Textanfang »Nur ich allein, ich leide Pein – ohn End werd ich leiden, seit du von mir und ich von dir – o Liebste, mußte scheiden ...« Am Ende heißt es: »So reist die Zeit die ganze Nacht, nimmt manchen mit, der's nicht gedacht ...«

In seiner Trauer war Felix nicht alleingeblieben. Auch Wilhelm, ähnlich aus der Bahn geworfen wie der Bruder, litt. Felix, der immer die richtigen Worte fand, schrieb an ihn: »Wenn Dich meine Handschrift im Weinen stört, so tue den Brief weg, denn Besseres gibt es jetzt wohl nicht für uns, als wenn wir uns recht ausweinen könnten. Wir sind glücklich miteinander gewesen, nun wirds ein ernstes, trauriges Leben. Du hast meine Schwester sehr glücklich gemacht, ihr ganzes Leben hindurch, so wie sie es verdiente. Das danke ich Dir heut, und solange ich atme, und wohl noch darüber hinaus – nicht mit blossen Worten, sondern mit bitterer Reue darüber, daß ich nicht mehr für ihr Glück getan habe, daß ich sie nicht mehr gesehen, nicht mehr bei ihr gewesen bin. Das wäre freilich mein Glück gewesen, aber damit war sie ja zufrieden. Mir ist heut noch zu betäubt, als daß ich ordentlich schreiben könnte, und doch vermag ich nicht, von Frau und Kindern wegzugehen, auf die Reise zu Euch mit dem Bewußtsein, daß ich weder Hilfe noch Trost bringen kann ... Brauchst Du einen treuen Bruder, der Dich von ganzem Herzen liebt, so nimm mich – ich werde gewiß besser werden, als ich war, wenn auch nicht so froh – aber was soll ich Dir sagen – Ach, mein lieber Bruder und Freund, Gott sei mit Dir und mit Sebastian und uns drei Geschwistern.«

Felix wurde in der zweiten Hälfte des Jahres 1847 sehr introvertiert, er mochte keine laute Musik, auch nicht die eigene mehr hören, er vermied Gesellschaften. Der Mendelssohn-Biograph Chorley schreibt: »Im Grunde verhält er sich wie ein zu Tode getroffenes Tier, das sich versteckt hält.« Felix verließ Frankfurt und ging mit seiner ganzen Familie nach Baden-Baden, wo er sich mit Bruder Paul und Schwager Wilhelm verabredet hatte. Anschließend suchte er dort Trost, wo er schon in frühen Jahren soviel Inspiration empfangen und mit Fanny und den Eltern bereits 1822 eine herrliche Bildungsreise verlebt hatte: in der Schweiz.

Er brach mit Cécile über Luzern und Thun nach Interlaken auf; hier zeichnet Felix endlich wieder, und es entstehen stimmungsvolle Zeichnungen und Ölbilder vom Berner Oberland und von Luzern. Allmählich erholt sich der tief getroffene Felix vom Verlust der Schwester; angesichts der Schweizer Bergwelt schmiedet er sogar Kompositionspläne: Er möchte das Oratorium »Christus« und die Oper »Loreley« schreiben. In Ringgenberg, einem idyllischen Schweizer Bergdorf am Brienzer See, spielt er ein letztes Mal die Orgel.

Nach Deutschland zurückgekehrt, finden ihn die Freunde und die Familie äußerlich erholt, innerlich aber gebrochen wieder. Bei einem kurzen Besuch in Berlin erleidet er einen Rückschlag, als er die alte Wohnung Fannys in der Leipziger Straße betritt. Es hat ihn so getroffen, daß er sogar die Leitung der Gewandhauskonzerte in Leipzig absagen mußte und eine »Elias«-Aufführung in Berlin verschob. Sebastian Hensel berichtet in seiner Familienchronik noch von einem Spaziergang Ende Oktober, den er mit Cécile unternahm; kurz darauf erleidet Felix einen Gehirnschlag ähnlich wie Moses, Abraham und Fanny: eine Diagnose, die fast zur Familienkrankheit geworden ist. Felix war teilweise gelähmt und lebte noch einige Tage unter der treuen Pflege seiner Frau Cécile. Ein zweiter Gehirnschlag am 3. November war so heftig, daß Felix Mendelssohn am 4. November morgens, 38jährig, starb. Er hatte in den letzten Tagen furchtbare Schmerzen, und doch ist seine Totenmaske – auch hier zeichnete ihn Hensel – von großer Ruhe und einem geheimnisvollen Lächeln überstrahlt. Die Heiterkeit seiner Seele, in unzähligen Musikstücken dokumentiert, hatte gesiegt.

Felix wurde am 7. November 1847 von Moscheles, David, Hauptmann und Gade, die seinen Sarg trugen, sowie von mehr als tausend Freunden und Anhängern in Leipzig in einer großen Trauerfeier verabschiedet und nach Berlin überführt. Dort liegt er neben seiner Schwester (auch Wilhelm Hensel ruht dort) auf dem Dreifaltigkeits-Friedhof.

Zum letzten Geleit sang man in Berlin am Grabe des Preußischen Hofkomponisten Mendelssohn keine einzige Note von ihm. Es erklang Grells Motette »Jesus ist die Auferstehung«, und man spielte Beethovens Trauermarsch aus der Sonate op. 26. Nicht einen Takt aus seinen herrlichen a-cappella-Chormotetten noch aus seinen Oratorien gaben ihm die Berliner mit. Nur in Leipzig würdigte man den geliebten Gewandhaus-Chef und Konservatoriums-Gründer mit eigenen Werken.

Ganz im Zeichen der Trauer stand seine Wahlheimat England. In London wurde der »Elias« in einer feierlichen Totenmesse aufgeführt; zuvor hörte das Publikum stehend den Trauermarsch aus Händels »Saul«. Welch eine Hochachtung vor dem deutsch-jüdischen Komponisten erwies ihm England damit!

Gedächtniskonzerte gab es in ganz Europa, auch in Nordamerika; nicht nur ein Gewandhaus-Konzert war ihm gewidmet, schließlich begann auch das erste Symphoniekonzert der neuen Saison in Berlin mit den Ouvertüren zum »Sommernachtstraum« und den »Hebriden«. Jenny Lind jedoch, Felix' Künstlerfreundin, war nach seinem Tod ein Jahr lang nicht fähig, auf die Bühne zu gehen.

Stellvertretend für das enge Verhältnis zwischen Felix und Fanny mögen drei Briefstellen sein. Am 21. Mai 1847, also sieben Tage nach dem Tod der Schwester, schrieb Felix an den Verleger Simrock: »Den Inhalt des Briefes muß ich großentheils widerrufen. Als ich ihn eben geschrieben hatte, ereilte mich aus Berlin die Todesnachricht meiner geliebten Schwe-

28 Das Grab von Fanny Hensel und Felix Mendelssohn Bartholdy auf dem Dreifaltigkeitsfriedhof in Berlin.

ster, wodurch alle meine Pläne verändert und vereitelt sind. Da ich nun fürs erste hier bleibe und nichts anderes als mechanisches Arbeiten zu machen im Stande bin, so wäre mir's lieb, wenn Sie mir die Correcturen des 2ten Theils vom Clavierauszug bald hierher schickten.« Gemeint war der Klavierauszug zu Felix' letztem großen Oratorium »Elias«.

An seine Schwester Rebecka Dirichlet am 19. Mai 1847: »Gott helfe uns, Gott helfe uns! ... Ach, wären wir nicht getrennt gewesen! So bittre Reue empfind ich darüber... ich kann nichts schreiben und nichts denken als von Fanny. Es wird nie anders, so lange wir noch auf Erden hier zusammen sind. Felix«. Seine Frau Cécile hatte den Brief an Rebecka so begonnen: »Denn auch ich habe meine beste Freundin verloren. Ich weiß es wohl, daß sie mich liebte, daß ich auf sie bauen konnte, wie auf einen Felsen, und daß sie mich nie verlassen hätte.«

Die persönlichste Würdigung Fannys jedoch kommt von Sebastian Hensel, dem Sohn, der in seinem Familienroman seine Mutter so charakterisiert: »Sie war klein von Gestalt und hatte – ein Erbteil von Moses Mendelssohn – eine schiefe Schulter, was aber wenig zu sehen war. Das Schönste an ihr waren die großen dunklen, sehr ausdrucksvollen Augen, denen man die Kurzsichtigkeit nicht ansah. Nase und Mund waren ziemlich stark, sie hatte schöne weiße Zähne. Der Hand sah man die Ausarbeitung durchs Klavierspiel an. Sie war schnell und dezidiert in ihren Bewegungen, das Gesicht war sehr lebendig, alle Stimmungen spiegelten sich auf demselben treu wieder; Verstellung war ihr unmöglich. Es merkte daher jeder sehr bald, wie er mit ihr stand; denn so sicher sich die Freude über einen lieben, gern gesehenen Menschen sofort zeigte, so unheildrohend lagerten sich auch gewisse Falten um Stirn und Mundwinkel, wenn eine ihr unsympathische Erscheinung sie verstimmte.

Wenige können sich so intensiv über alles Schöne – schönes Wetter, schöne Menschen, schöne Talente, schöne Natur – freuen, wie sie es konnte. Frische Luft atmete sie tief und voll ein und erklärte dies für einen der größten Genüsse. Ebenso intensiv war allerdings ihr Ärger über alles Häßliche, ihr Zorn über alles Schlechte. Gegen langweilige, fade, eitle und hohle Menschen war sie sehr intolerant und hatte gewisse ›bêtes noires‹, gegen die sie ihre Antipathie durchaus nicht bemeistern konnte.

Ihr Gesicht nahm dann bald einen Ausdruck so tiefen Unglücks an, daß sie ihre Umgebung häufig dadurch in die größte Heiterkeit versetzte, wenn die Ursache in so gar keinem Verhältnis zu der in ihr hervorgerufenen Stimmung stand. War diese verflogen, so lachte sie wohl selbst darüber und war doch das nächstemal ebenso wenig imstande, sich zu bezwingen.

Materielle Genüsse waren ihr ziemlich gleichgültig; gut Essen und Trinken, Bequemlichkeiten, Toilette, Luxus aller Art waren nicht zu ihrem Leben notwendig; wohl aber Umgang mit gebildeten, klugen Menschen, im kleineren Kreis, und Kunstgenüsse. Ihr Freiheitssinn wurzelte tief in ihrer Natur: gegen den Adel und alle Prätentionen der Geburt und des Geldbeutels verhielt sie sich sehr zurückhaltend. Besuche und alle sogenannten ›geselligen Pflichten‹ waren ihr sehr lästig und sie entzog sich denselben soviel als möglich. – Aber sie war die treueste und unerschütterlichste Freundin aller derer, die sie für wert erachtet hatte, dem näheren Umgang anzugehören, und solchen gegenüber zu jedem Opfer fähig.»

Rebecka Dirichlet, die jüngere Schwester Fannys, die unentwegte Gesprächs- und Korrespondenz-Partnerin aus allen Jahren des gemeinsamen Lebens, das »Beckchen« der Familie Mendelssohn, überlebte ihre Schwester um elf Jahre und starb – mit 47 Jahren – am 1. Dezember 1858; wohl auch an einem Gehirnschlag. Peter Lejeune Dirichlet starb wenige Monate nach ihr. Paul, der jüngste Bruder Fannys und letzte in der Reihe der vier Mendelssohn-Kinder, hat als einziger ein langes Leben gehabt. Er nahm Felix' Söhne nach dem Tod des Vaters zu sich (während die beiden Töchter von der Mutter Céciles, Felix' Schwiegermutter, in Frankfurt betreut wurden), und er kümmerte sich nach dem Tod der Mutter um Rebeckas Tochter Flora. Paul, der einzige, der den Bankiersberuf ergriffen hatte, starb 62jährig am 21. Juni 1874. Damit ist er der einzige der Mendelssohn-Geschwister, der die Gründung des Deutschen Reiches miterlebt hat.

Noch bis in die dreißiger Jahre dieses Jahrhunderts lebten rund dreihundert Mendelssohn-Nachfahren in Deutschland und in aller Welt. Viele von ihnen waren zum Christentum übergetreten, und viele von ihnen waren in den Zeiten des Nationalsozialismus im Glauben, das sei ein Schutz vor den Häschern des Dritten Reiches. Einige von ihnen haben das Dritte Reich nicht überlebt; viele sind ins Exil gegangen (USA, Schweiz, England etc.). Nur ein einziger von ihnen ist ein bekannter Musiker und Komponist geworden: Arnold Ludwig Mendelssohn, Sohn eines Vetters von Felix. Er lebte von 1855 bis 1933, war Kirchenmusiker, unterrichtete u. a. am Konservatorium in Köln und am Hoch'schen Konservatorium in Frankfurt; später war er Musikdirektor in Bielefeld.

Zwei Urenkelinnen von Fanny und Wilhelm Hensel halten in Deutschland die Erinnerung an ihre Familie sehr kompetent und rege wach: Cécile Lowenthal-Hensel, geb. 1923, verheiratet mit Ernst G. Lowenthal (1904–1994). Sie selbst ist promovierte Historikerin, die 1967 die Mendelssohn-Gesellschaft mit Sitz in Berlin gründete und 1976 den Moses Mendelssohn-Preis anregte und stiftete, der für langjährige Verdienste im Zeichen der Toleranz (politisch und religiös) vergeben wird. Die regelmäßig erscheinenden Mendelssohn-Studien der Mendelssohn-Gesellschaft werden ebenfalls von Frau Lowenthal-Hensel betreut und sind für Historiker und Musikfreunde seit Jahren eine Fundgrube des Wissens.

Die zweite Urenkelin unserer Komponistin ist Fanny Kistner-Hensel, die 1918 geboren wurde und mit Albrecht Kistner (1900–1974), einem Buchhändler aus Erlangen, verheiratet war. Sie selbst ist Musikpädagogin, Pianistin und Organistin, und hat u. a. die Urtext-Ausgabe mit Klavierwerken von Fanny Hensel im Henle-Verlag München betreut.

Seit 1965, der Eröffnung des Mendelssohn-Archivs in der Staatsbibliothek Berlin-West, sind die allermeisten Musikalien Fannys aus diversen Privatbesitz-Verhältnissen durch Schenkungen und Ankäufe zusammengetragen worden. Ein Großteil der Briefe und der im Besitz der Familie befindlichen

Werke anderer Komponisten liegt in der Bodleian Library in Oxford/England. Auch besaß die Familie, dank der Großzügigkeit von Abraham, unschätzbare Autographen, Abschriften und Originale wichtiger Kompositionen aus Barock und Klassik: Wir finden darunter einen Fidelio-Klavierauszug im Erstdruck, Symphonien, Quartette, Klaviermusik Beethovens; von Mozart fast alle Opern, Bach ist mit seiner h-moll Messe, der Partitur in einer Abschrift von Rietz, dem Magnificat, zahlreichen Kantaten und Kammermusik vertreten. Es ist nicht hypothetisch, anzunehmen, daß es vielleicht nie zu jener legendären Matthäus-Passion-Aufführung unter Felix' Leitung in der Singakademie im Jahre 1823 gekommen wäre, hätte nicht die Familie eine Abschrift des Werkes besessen. Der Sorgfalt Fannys ist es weiterhin zu verdanken, daß die Liste der im Familienbesitz befindlichen Musikalien der Nachwelt erhalten blieb.

Angesichts der Schreiblust der Mendelssohns ist es ein nahezu unmögliches Unterfangen, alle Briefe von Fanny und Felix, von Abraham und Lea, von Freunden und Musikern zu finden und zu veröffentlichen. Felix hat die an ihn gerichteten Briefe – ungefähr 7000 an der Zahl – fast alle säuberlich geordnet und in grünen Einbänden verwahrt. Diese »green books« befinden sich in der Bodleian Library in Oxford. Beantwortet hat er die meisten Briefe, und nach einigen Aufrufen von Mendelssohn-Forschern und Verlegern sind gut 5000 davon registriert worden. Felix' Bruder Paul und Joh. Gustav Droysen hatten bereits 1860 an die Empfänger ein Rundschreiben versandt und um Rückgabe der Briefe gebeten. Damit begann eine Kette von Veröffentlichungen, die bis heute nicht abgerissen ist. Rudolf Elvers, langjähriger verdienter Leiter des Mendelssohn-Archivs in Berlin, gab 1984 einen ersten Band mit Briefen an Felix heraus. Die amerikanische Musikwissenschaftlerin Marcia Citron veröffentlichte 1987 in New York »The Letters of Fanny Hensel to Felix Mendelssohn«, und schließlich war es in Deutschland die Kölner Musikwissenschaftlerin Eva Weissweiler, die etliche Familienbriefe in ihrem Band »Fanny Mendelssohn – ein Porträt« und Fannys Italien-Reise als »Italienisches

Tagebuch« herausbrachte. Vieles, das Fanny zu Papier gebracht hat, ihre Tagebuchaufzeichnungen, Briefe an die Eltern und die anderen Geschwister, warten noch auf ihre Herausgabe. Was auch völlig fehlt, ist ein Einblick in die Briefe von Fanny an Wilhelm und umgekehrt.

Das Ende des Bankhauses Mendelssohn

»Herzlich bedaure ich es, daß ich ihn den Wissenschaften entziehen muß, um einen Knecht des Mammons aus ihm zu machen. Zur Arznei hat er nicht Lust; und als Jude muß er Arzt, Kaufmann oder Bettler werden.« Diese Worte des Großvaters Fannys und Felix', Moses Mendelssohn, stehen stellvertretend für viele jüdische Karrieren. Moses' Sohn Joseph wurde ein bedeutender Bankkaufmann, ebenso Abraham, der Vater von Fanny und Felix, der sich jedoch recht früh ins Privatleben zurückziehen konnte und nur noch nach seinen kulturellen Ambitionen zu leben brauchte.

Nach dem Ausscheiden Abraham Mendelssohns aus dem eigenen Bankhaus (1821) wurde das Geschäft unter dem Namen »Mendelssohn und Fränckel« weitergeführt, und Abrahams Bruder Joseph leitete die Firma. Es gab damals nur zwei leistungsfähige Berliner Bankhäuser: das waren Schickler und Mendelssohn. Joseph war ein ausgezeichneter Unternehmer, er gründete die Berlin-Hamburger Bahn, eine gemeinnützige Baugesellschaft zur Herstellung von Kleinwohnungen, und war Initiator der ersten Berliner Diskontbank. Zusammen mit anderen Banken leitete er später die Berliner Handels-Gesellschaft und finanzierte damit große Geschäftsgründungen, Bauten, Fabriken. Er stellte die ersten Verbindungen zum russischen Zaren her und erhielt Zutritt zur russischen Finanzwelt. Die Mendelssohns wickelten die großen Eisenbahn-Anleihen

29 Das Bankhaus Mendelssohn & Co. in der Berliner Jägerstraße um 1911. Es bestand bis 1938.

Rußlands ab; aus Deutschland gingen im Jahre 1877 nicht weniger als 1,8 Milliarden Mark als langfristige Kredite nach Rußland.

Inzwischen war auch Felix' Bruder Paul, der die Hamburger Filiale leitete, in das Berliner Geschäft eingestiegen. Auch Ernst von Mendelssohn aus der Nachkommenschaft von Joseph Mendelssohn sei hier erwähnt. Er heiratete eine der reichsten Bankierstöchter Europas aus dem Hause Robert Warschauer, und es hieß, die »Warschauers waren noch reicher als die Mendelssohns«. Ernst gehörte zum engen Kreis um Bismarck und wurde als erster Mendelssohn in den Adelsstand erhoben. 1908 schenkte er dem deutscher Kaiser nicht nur die Villa Falconieri in Frascati bei Rom, in der Künstler und Gelehrte des Deutschen Reiches Gastrecht hatten. Er bot auch Kaiser Wilhelm II. die größte und wertvollste Musikautographen-Sammlung an, die je einer Bibliothek vermacht wurde. Es war die Sammlung von Felix, die nun für Berlin »gerettet« wurde und die auch alle Kriegswirren überstanden hat.

Nicht vergessen sei auch Hugo von Mendelssohn Bartholdy (1894–1975), ein Urenkel von Felix. Er trug unendlich viel Material der Familie zusammen: Briefe, Musikalien, Bilder, Autographen. 1959 kaufte er noch die legendäre Moses-Mendelssohn-Bibliothek auf, dazu kamen 400 Zeichnungen Wilhelm Hensels. Die Sammlung wuchs derart an, daß sie in Privatbesitz nicht länger gehalten werden konnte. 1964 stiftete er mit dieser Sammlung den Grundstock zum 1965 eröffneten Archiv, das sich damals noch »Forschungs- und Gedenkstätte für Felix Mendelssohn Bartholdy und seine Familie« nannte. Es wurde ein Teil der Musikabteilung der Berliner Staatsbibliothek. Die gesamte Fanny- und Felix Mendelssohn-Forschung basiert auf den Materialien dieser Sammlung.

Robert Mendelssohn (1857–1917) und Franz von Mendelssohn sind zwei weitere wichtige Vertreter der weitverzweigten Bankiersfamilie. Durch Inflationsgewinne überstand das Bankhaus Mendelssohn die zwanziger Jahre gut; es erwachte ein neues deutsches Nationalbewußtsein, das sich in dieser Familie immer deutlicher zeigte. 1920 sprach Franz von Mendelssohn (1865–1935) von seiner Aufgabe »den geretteten Staat zu schirmen und zu sichern.« Er war mittlerweile Präsident des Deutschen Industrie- und Handelstages geworden.

1931 sollten dann die 1000 größten deutschen Unternehmer eine Art von Solidarhaftung für die deutsche Wirtschaft übernehmen; darunter auch die Mendelssohn-Bank. Im gleichen Jahr trat Franz von Mendelssohn aus gesundheitlichen Gründen von allen Ämtern zurück. Ein SA-Mitglied wurde wenige Wochen danach in das von Mendelssohn besetzte Amt des Präsidenten der Konferenz der Internationalen Handelskammer »gewählt«.

Geleitet wurde das berühmte Bankhaus Mendelssohn in diesen kritischen Jahren von einem langjährigen Mitarbeiter der Bank, Rudolf Loeb. Er wurde ermächtigt, die Auflösungs-Verhandlungen 1938 zu führen, und Loeb bat sich aus, nur mit Hermann Josef Abs von der Deutschen Bank zu verhandeln. Die Mendelssohn-Bank hatte damals 78,7 Millionen Aktiva und 66 Millionen Passiva in ihrer Bilanz vermerkt. Alle 94 Angestellten des Hauses wurden im gleichen Jahr von der Deutschen Bank übernommen; die jüdischen Angestellten waren bereits gewarnt und ins Ausland gegangen. Nach der Reichskristall- oder Reichsprogromnacht im November 1938 wurde die »Abwicklung« in die Tat umgesetzt. Die Zeitschrift »Bankarchiv« (siehe »Die Mendelssohns in Berlin«, Ausstellungskatalog) schrieb 1938: »Die Liquidation der Firma Mendelssohn ... leitet die letzte Phase der Arisierung des Privatbankiersgewerbes ein. Mit der Abwicklung der Firma Mendelssohn & Co., die bilanzmäßig bisher wohl an der Spitze des Gewerbes stand, ist nunmehr für alle größeren nicht-arischen Bankhäuser eine Lösung gefunden worden. Der Weg, der in diesem Falle gewählt worden ist (Überleitung des Geschäfts auf eine Großbank), ist allerdings ein Sonderfall...« Wie mittlerweile bekannt, sind solche »Abwicklungen« bei anderen jüdischen Bankhäusern nicht so human vor sich gegangen. Die rund 700 »nachrichtenlosen« Schweizer Konten, auf denen beschlagnahmtes Geld jüdischer Familien und Banken liegt, werden – sofern die Schweiz ihr Bankgeheimnis lüftet – uns bald mehr darüber sagen können.

1938 war – nach 140 Jahren glänzenden Unternehmertums der Familie Mendelssohn – innerhalb weniger Wochen ein Familienunternehmen in die Anonymität des Dritten Reiches abgewandert. Es war ein Schlußstrich durch Leute gezogen worden, die wenig von dem Mann wußten, der einst den Namen Mendelssohn in Preußen etabliert hatte: Moses Mendelssohn. Er hätte niemals geglaubt, daß sein Traum vom friedlichen Miteinander der Religionen so schnell Vergangenheit werden würde, er hätte sich niemals mit dem abgefunden, was der Nationalsozialismus aus dem jüdischen Volk gemacht hat: eine unerwünschte Minderheit.

Der Mann, der bei den kritischen Verhandlungen um das

Bankhaus so diplomatisch geholfen hatte, Rudolf Loeb, wollte sein Leben lang die wechselvolle Geschichte der Mendelssohn-Bank zu Papier bringen. Er hat es nicht getan; er starb im Juli 1966 in Boston, USA, und gilt heute noch immer als einer der bedeutendsten jüdischen Privatbankiers Deutschlands. Viele Akten sind seitdem vernichtet worden; mit Loeb ist einer der letzten Zeitzeugen verstorben. Zurück bleibt für uns das Wissen um ein berühmtes deutsches Bankhaus, das mit seinen Geldern 140 Jahre lang deutsches Unternehmertum finanziert hatte, das als Geldgeber und Mäzen in die deutsche Kulturgeschichte eingehen sollte und dessen Generosität in seiner ganzen Breite bis heute noch nicht benannt worden ist. Wer weiß, daß Alexander von Humboldt seine Südamerika-Forschungsreise ohne die Finanzierung durch die Familie Mendelssohn nicht hätte durchführen können?

Was uns in dieser Biographie zu interessieren hat, ist sicherlich nicht das mutmaßliche Verschwinden von Mendelssohn-Millionen auf ausländischen Konten. Es geht einzig um die Wiedergutmachung eines Kulturerbes, das von 1933 bis 1945 radikal unterbrochen wurde. Keine einzige Note von Fanny oder Felix ist in jenen zwölf Jahren in Deutschland außerhalb jüdischer Gemeinden gespielt worden. Felix' Denkmal in Leipzig wurde vom Sockel gestoßen und zerstört; sein Name an Opernhäusern und Konzertsälen entfernt. Das »Lexikon der Juden in der Musik« (Berlin 1940) nennt ihn ausführlich, und damit war er musikalisch ins Aus gerückt worden. Nach dem Krieg hat es lange gedauert, bis die Deutschen ihn wieder hören konnten; doch von einer echten Mendelssohn-Renaissance kann man bis heute nicht sprechen.

Von Fanny hat es nie ein Denkmal gegeben, das man hätte umstürzen können. Sie war auch für kundige Musikwissenschaftler ein weißes Blatt. Aber unser heutiges Wissen zu ihrem Leben und ihrem Werk ist nicht mehr auf dem Stand der fünfger und sechziger Jahre dieses Jahrhunderts; wir haben mittlerweile viel über sie erfahren können. Eingedenk der Bedeutung ihres großen kompositorischen Œuvres und ihres Leben als

Künstlerin in Berlin, als Pianistin und Organisatorin unzähliger »Sonntagsmusiken«, sind wir ihr heute eine Würdigung schuldig: musikwissenschaftlich, verlegerisch, historisch-kritisch, menschlich.

Eine Fanny Hensel Straße in Berlin, eine Fanny Hensel Gesellschaft in Kassel, ein Fanny Mendelssohn Quartett in München, ein Fanny Mendelssohn Kompositionspreis, zahlreiche Noteneditionen aus den achtziger und neunziger Jahren, dazu hervorragende Musikeinspielungen aus aller Welt, Examensarbeiten, Dissertationen, deutschsprachige Biographien mit Übersetzungen in englisch und französisch: all dies soll der Anfang sein zu einer Fanny Hensel Renaissance. Zum Ende dieses Jahrhunderts und zu ihrem 150. Todestag am 14. Mai 1997 hat sie es verdient.

Schlußszene

Eine westfälische Kleinstadt. Ein kleiner Kreis von Menschen versammelt sich am Parkplatz eines Supermarktes. Vollbeladene Einkaufswagen werden in Mittelklassewagen entleert. Es ist der Tag vor einem Feiertag, ideal für Panikkäufe, um die halbvollen Kühlschränke wieder auf das gewohnte Maß zu bringen. Kaum jemand nimmt Notiz von der kleinen Schar, die sich hier, 500 Meter vom alten jüdischen Friedhof der Stadt entfernt, zusammengefunden hat. Gespannt schaut man auf ein Straßenschild, das in Plastik verhüllt ist. Da – plötzlich – eine junge Frau springt auf den Mauervorsprung und reißt die Verhüllung ab. Man liest erstaunt: Fanny Hensel, geb. Mendelsohn. Alles klatscht, man ist erleichtert. Nur einer bemerkt: »Da fehlt doch ein ›s‹ im Namen Mendelssohn ...« Kleinlaut der Vertreter der Stadt, die Presse macht erneut ein Foto von der falschen Namensschreibung. Der anschließend anberaumte kleine Festakt fällt zunächst einmal aus. Das städtische Bauamt soll erst einmal korrekt schreiben lernen.

Sechs Wochen später. Wieder ein kleiner Kreis von Menschen, sichtlich weniger als beim erstenmal; auch die Presse fehlt. Nur die Bürgerin, die den Namen vorgeschlagen hatte, ist zugegen und einige Musiker aus der Stadt. Wieder ein Sprung auf die Mauer, um an das Schild heranzukommen, ein Griff, die Verkleidung fällt. Man sieht mit Wohlgefallen die korrigierten Zeilen (die für den Namen Verantwortlichen waren gebeten worden, dem Namen eine Berufsbezeichnung und die Lebensdaten beizugeben). Dort steht also: Fanny Hensel, geb. Mendelssohn, Komponistin (1805–1840). Die Umstehenden sind fassungslos. Wieder ein grober Fehler, ob Schreib- oder Denkfehler, ob Nachlässigkeit oder Absicht. Das Todesjahr von Fanny Hensel war nicht korrekt in das Blech des Schildes eingraviert worden. Und dies, obwohl dem städtischen Bauamt sämtliche Unterlagen über die Komponistin schriftlich überlassen wurden. Da scheint jemand Schwierigkeiten mit weiblichen Namen zu haben, heißt es und »Mit Goethe wär das nicht passiert...«

Keine Entschuldigung seitens der Stadt; wieder hängt jemand das Schild verschämt ab; es wird zum drittenmal – aus Steuergeldern finanziert – neu in Auftrag gegeben; zum drittenmal wird in einer Schilder- und Stempelfirma der Umgebung der Name der Komponistin »korrekt« vermerkt, und zum drittenmal macht jemand den Versuch, diesen lästigen, jüdischen Namen so zu schreiben, wie es ihm gerade in den Sinn kommt. Warum Mühe geben? Hatte man doch gerade in der Zeitung gelesen, daß die Namensgebung eines Gymnasiums im Umkreis, das Clara Schumann-Gymnasium heißen sollte, fast »gekippt« worden wäre. Schließlich hatte sich ja herausgestellt, daß sie eine »Rabenmutter« war, ihre Kinder in Heime und Pensionen gab und ihren Mann elendiglich in einer Irrenanstalt sterben ließ, ohne ihn zu besuchen. Wer weiß, wie es mit Fanny Mendelssohn ist? Vielleicht war auch sie eine schlechte Mutter, die dieses kleine Straßenschild an einer Stichstraße an einem

Supermarkt gar nicht verdient hat? Daß männliche Namensgeber wie Wagner, Goethe oder Einstein nicht immer gute Väter waren... ja, das ist doch hier nicht relevant, oder?

Zwei Wochen später: Aus Anlaß der Straßenbenennung »Fanny Hensel, geb. Mendelssohn« findet eine kleine Veranstaltung in der Musikbibliothek statt. Die Leiterin der Einrichtung hatte über Wochen sorgfältig jüdische deutsche Geschichte aus der ersten Hälfte des 19. Jahrhunderts recherchiert. Sie nennt Daten und Fakten aus der jüdischen Geschichte der Kleinstadt, in der – prozentual völlig ebenbürtig mit anderen Städten – jüdische Bürger bereits 1938 ihre Existenz, ihre Geschäfte verloren, in der die Synagoge im November in Flammen aufging und sich dort eine große einheimische Druckerei etablieren konnte, in der ein jüdisches Altenheim aufgelöst wurde, kurz: Sie benennt die Tatsachen, über die man in jener Stadt niemals spricht, die aber doch vom Stadtarchivar festgehalten worden waren.

Umrahmt wird das Referat von Klaviermusik der Fanny Hensel. Klavierschüler einer bekannten Musikpädagogin spielen aus ihren »Mélodies pour le piano« op. 4 und op. 5. Die Presse ist anwesend. Zwei Tage später erscheint ein kleiner Bericht in der einheimischen Presse, der zu einer reinen Musikkritik wird. Erwähnt werden exakt sämtliche gespielten Klavierwerke (und gelobt wird das treffliche Spiel). Kein Wort, auch nicht im Nebensatz, über die Geschichte der jüdischen Bürger, über die Geschichte der Familie Mendelssohn, die doch stellvertretend für viele jüdische Schicksale steht. Fanny Hensel 1995. Eine alltägliche Geschichte?

Danksagungen

Für freundliche Beratung und Hilfe bei den umfangreichen Recherchen zu diesem Buch danke ich:

- Cécile Lowenthal-Hensel, Berlin, Urenkelin von Fanny und Wilhelm Hensel
- Hans-Günter Klein, Leiter des Mendelssohn-Archivs in der Staatsbibliothek zu Berlin.

Antje Olivier im Frühjahr 1997

Zeittafel

1729	6. September: Moses Mendelssohn kommt zur Welt. Er wird einer der größten Religionsphilosophen des Abendlandes und ist väterlicherseits der Großvater von Fanny Hensel. Verheiratet war er mit Fromet Gugenheim.
1738	8. Juni: Levin Jacob Salomon wird in Berlin geboren; er ist mütterlicherseits der Großvater von Fanny Hensel und war verheiratet mit Bella Itzig, Tochter des Hofbankiers Daniel Itzig, der besondere Privilegien bei Friedrich II. von Preußen genoß.
1776	10. Dezember: Geburt von Abraham Mendelssohn, fünftes Kind von Moses und Fromet Mendelssohn.
1777	26. März: Lea Salomon wird in Berlin als Tochter von Levin Jacob Salomon geboren.
1786	4. Januar: Moses Mendelssohn stirbt in Berlin als geachteter und durch seine liberalen religiösen und philosophischen Schriften bekannter Mann.
1794	6. Juli: Wilhelm Hensel wird als Sohn des Pfarrers Johann Jakob Ludwig Hensel und seiner Frau Louise Johanna in Trebbin geboren.
1805	14. November: Fanny Zippora (später Caecilia) Mendelssohn wird in Hamburg als ältestes Kind von Lea und Abraham Mendelssohn geboren.

1809 3. Februar: Jakob Ludwig Felix Mendelssohn wird in Hamburg geboren.

1811 11. April: Rebecka Mendelssohn wird in Hamburg geboren. Die Familie flieht aus politischen Gründen aus Hamburg nach Berlin.

1812 30. Oktober: Paul Hermann, jüngstes Kind des Ehepaars Mendelssohn, wird in Berlin geboren.

1813 März: Wilhelm Hensel meldet sich freiwillig als Garde-Kosak für den Kampf gegen Napoleon.

1816 November: Erster Klavierunterricht von Fanny und Felix bei Ludwig Berger, einem Clementi-Schüler. Kurzzeitig während einer Paris-Reise Unterricht beider Kinder bei Marie Bigot.

1818 Fanny spielt 24 Präludien des Wohltemperierten Klaviers von J. S. Bach auswendig.

21. März: Die vier Mendelssohn-Kinder werden in der Neuen Kirche Berlin protestantisch getauft.

1819 Sommer: Fanny und Felix Mendelssohn werden Schüler von Carl Friedrich Zelter; Fanny mit 13, Felix mit 10 Jahren. Fannys Erstlingswerk »Ihr Töne schwingt euch fröhlich« wird zum Geburtstag des Vaters am 11. Dezember aufgeführt.

1820 Erster Kompositionsversuch von Felix: »Recitativo« für Klavier und das Singspiel »Die Soldatenliebschaft«. Fanny: rund 30 Lieder und Arien nach französischen Texten, 11 Klavierstücke, Chöre. Konfirmation von Fanny.

1. Oktober: Fanny und Felix treten in die Berliner Singakademie ein.

1821 Januar: Fanny lernt Wilhelm Hensel anläßlich der Aufführung von »Lalla Rookh« kennen.

Felix reist mit Zelter zu Goethe nach Weimar.

1822 Lea und Abraham Mendelssohn lassen sich in Frankfurt (nicht im heimischen Berlin!) protestantisch taufen. In Berlin werden die ersten »Sonntagsmusiken« im Freundeskreis durchgeführt.

Juli: Die Familie reist in die Schweiz; Fanny schreibt 17 Lieder und ein Klavierquartett. Auf der Rückreise lernt sie ebenfalls Goethe kennen.

1823 Frühjahr: Fanny Mendelssohn und Wilhelm Hensel sind – wenn auch inoffiziell – verlobt.

Herbst: Hensel geht als Kunststipendiat für fünf Jahre nach Rom. Fanny komponiert u. a. eine Kadenz zum 1. Satz des C-Dur Klavierkonzertes von Beethoven, rund 15 Lieder, 9 Klavierstücke, das Adagio für Violine und Klavier etc. Felix vollendet vier seiner Streichersinfonien.

1824 November/Dezember: Kurzzeitiger Unterricht Fannys und Felix' bei Ignaz Moscheles in Berlin. Felix veröffentlicht drei Lieder von Fanny unter seinem op. 8.

1825 Februar: Die Familie zieht in das von der Recksche Palais, Leipziger Straße 3.

April: Felix wird in Paris zu Cherubini geschickt, der ihn als Komponisten testen soll. Die Prüfung fällt sehr positiv aus; seine Karriere ist gesichert.

1826 Felix schreibt seine berühmte Ouvertüre zu Shakespeares »Sommernachtstraum« op. 21. Zelter entläßt ihn aus dem Kompositionsunterricht; auch Fanny erhält nun keinen Unterricht mehr.

1827 Felix wird Student der gerade gegründeten Universität Berlins, der späteren Humboldt-Universität.

1828 Oktober: Wilhelm Hensel kommt nach fünf Jahren aus Italien zurück. Joseph Mendelssohn, Bruder Abrahams, gründet das Berliner Bankhaus Mendelssohn & Co, das bis 1938 existieren sollte.

1829 Februar: Wilhelm Hensel wird in die Akademie der Künste aufgenommen.

11. April: Felix dirigiert die legendäre Wiederaufführung von Bachs »Matthäuspassion«, in der Fanny im Alt mitsingt.

April: Felix reist allein nach England; Fanny schreibt für ihn einen Liederzyklus, den »Liederkreis« nach Droysen-Texten. Zur Silberhochzeit der Eltern schreibt sie »Die Hochzeit kommt«, ein Festspiel für Soli, Chor und Orchester.

Im Oktober heiraten Fanny und Wilhelm.

1830 Mai: Felix reist nach Italien.

16. Juni: Sebastian Hensel wird als einziges Kind von Fanny und Wilhelm Hensel geboren. Keine Kompositionen Fannys im ersten Halbjahr nach der Geburt.

Felix reist nach Italien.

1831 Fanny komponiert drei große Chorwerke: »Lobgesang«, »Hiob« und das »Oratorium nach Bildern der Bibel« (Cholera-Musik).

1832 22. März: Goethe stirbt.

15. Mai: Zelter stirbt.

Fanny schreibt die dramatische Szene »Hero und Leander«. Fanny intensiviert die »Sonntagsmusiken« mit hervorragenden Interpreten aus Berlin.

1833 22. Januar: Die Singakademie Berlin lehnt Felix Mendelssohn als Nachfolger von Zelter mit großer Mehrheit ab.

20. Mai: Mendelssohn nimmt das Angebot aus Düsseldorf

als Leiter der Niederrheinischen Musikfeste an; später wird er Generalmusikdirektor in Düsseldorf.

1834 August – Oktober: Fanny schreibt ihr Streichquartett in Es-Dur.

1835 Mai: Felix dirigiert das Niederrheinische Musikfest in Köln, bei dem Fanny im Chor mitsingt. Felix kündigt seine Stellung als Leiter der Niederrheinischen Musikfeste und als GMD in Düsseldorf.
Sommer: Fanny und Wilhelm Hensel reisen nach Paris.
19. November: Abraham Mendelssohn stirbt in Berlin.

1836 Mai: Fanny, Paul und seine Frau Albertine reisen zum Niederrheinischen Musikfest nach Düsseldorf; Felix dirigiert sein Oratorium »Paulus«.
Fanny schreibt zahlreiche Vokalduette und -terzette, Klaviermusik und Lieder.

1837 Januar: Der Musikverlag Schlesinger, Berlin, veröffentlicht Fannys »Die Schiffende« in einem Sammelband.
28. März: Felix heiratet Cécile Jeanrenaud aus Frankfurt. Fanny besucht das Paar erst im November des Jahres.

1838 Februar: Fanny tritt erst- und letztmalig öffentlich als Pianistin auf und spielt Felix' g-moll Klavierkonzert.
27. Mai: Wilhelm reist allein nach England. Eine gemeinsame Reise Fannys und Wilhelms nach England wird verschoben.

1839 4. September: die lang geplante Italienreise des Ehepaars Hensel. Die Fahrt geht über Mailand, Venedig, Florenz nach Rom. Fanny führt gewissenhaft Tagebuch. Große Ermunterung ihres künstlerischen Schaffens erfährt sie durch die französischen Stipendiaten der Villa Medici. Auch Wilhelm ist glücklich in Rom, malt und hat Kontakt zu anderen Malern. Fanny skizziert zahlreiche Klavierwerke und Lieder.

1840 Juni: Wilhelm reist allein nach Sizilien. Danach die gemeinsame Heimreise über Neapel. September: Ankunft in Berlin.

1841 Juli: Felix wird Königlich Sächsischer Kapellmeister.
August – Dezember: Fanny vollendet den Klavierzyklus »Das Jahr«, in dem sie Rom-Erinnerungen verarbeitet; dazu Lieder für Singstimme und Klavier, auch Chorlieder a-cappella. Die »Sonntagsmusiken« beginnen wieder.
Dezember: Felix wird zum Kapellmeister in Berlin ernannt.

1842 Felix reist mit Cécile nach England und ist Gast bei Queen

Victoria und Prince Albert. Im Herbst eröffnet er die Saison im Leipziger Gewandhaus und kümmert sich um das Konzertleben der Stadt.

12. Dezember: Lea Mendelssohn stirbt.

1843 Sommer: Wilhelm reist erneut nach England.

Juli: Rebecka und ihr Mann, Peter Lejeune Dirichlet, reisen nach Italien.

Herbst: Fanny schreibt die g-moll Klaviersonate und beginnt mit der Arbeit an »Faust II«. Sie bemerkt ein wiederholtes Absterben ihrer Hände, reist nach Badenweiler. Felix zieht vorübergehend nach Berlin. Der »Sommernachtstraum« wird im Königlichen Theater Potsdam uraufgeführt.

1844 Fanny probt für die »Sonntagsmusiken« Felix' »Erste Walpurgisnacht«. Im September erkrankt Rebecka in Italien an Gelbsucht.

1845 2. Januar: Fanny, Wilhelm und Sebastian reisen nach Florenz, um Rebecka zu pflegen. Im August reisen beide Familien wieder nach Berlin.

August: Felix zieht nach Leipzig.

1846 Robert von Keudell, Gerichtsreferendar und Musikkenner, wirkt positiv auf Fanny ein und macht ihr Mut zum Publizieren. Schlesinger und Bote & Bock machen ihr Angebote. Endlich entschließt sich Fanny, Klaviermusik und Lieder herauszugeben. Fanny schreibt ihr Klaviertrio d-moll. Felix reagiert auf die ersten Veröffentlichungen zwiespältig, gibt ihr jedoch seinen »Handwerkssegen«.

1847 Januar: Erste Rezensionen ihrer Werke erscheinen; sie sind wohlwollend, doch man vermißt tiefe Gefühle. Felix dirigiert sein letztes Gewandhaus-Konzert im März und legt danach die Leitung nieder.

14. Mai: Während der Probe zu einer »Sonntagsmusik« klagt Fanny über das Versagen ihrer Hände und stirbt an einem Gehirnschlag im Alter von nicht ganz 42 Jahren. Felix ist so erschüttert vom plötzlichen Tod seiner Schwester, daß er kaum noch arbeitet; er fährt zur Erholung in die Schweiz. Ende Oktober erleidet er einen Schlaganfall; am 4. November stirbt Felix Mendelssohn ein halbes Jahr nach Fanny – im Alter von 38 Jahren. Gedenk- und Trauerfeiern finden in vielen Städten statt.

1848 Das »Kommunistische Manifest« von Karl Marx und Friedrich Engels wird veröffentlicht. Die erste bürgerliche Revolution in Deutschland beginnt. Wilhelm Hensel meldet sich freiwillig zum Schutz der Königlichen Familie in Berlin. Tausende von Berlinern erheben sich zur Forderung nach Volksvertretungen, Presse- und Versammlungsfreiheit. Das Militär greift ein; Demonstranten werden beschossen. Im November 1848 rückt General Wrangel mit 40000 Soldaten in Berlin ein; die Stadt bleibt ein halbes Jahr besetzt. Die erste bürgerliche Revolution Deutschlands hatte eine Niederlage erlitten.

Literaturverzeichnis

Alf, Julius: Geschichte und Bedeutung der Niederrheinischen Musikfeste in der ersten Hälfte des 19. Jahrhunderts, Düsseldorf 1987.

Arendt, Hannah: Rahel Varnhagen, Lebensgeschichte einer deutschen Jüdin aus der Romantik, München 1959.

Benjamin, Phyllis: Quellen zur Biographie von Fanny Hensel, in: Mendelssohn-Studien, Band VII, Berlin 1990.

Boyd, Alexander: Some Unpublished Letters of Abraham Mendelssohn and Fanny Hensel, in: Mendelssohn-Studien, Band III, Berlin 1979.

Chiti, Patricia Adkins: Donne in Musica, Rom 1982 und 1996.

Citron, Marcia: The Letters of Fanny Hensel to Felix Mendelssohn, New York 1987.

Citron, Marcia: Fanny Mendelssohn, in: The New Grove Dictionary of Women Composers, hrsg. von Julie Anne Sadie und Rhian Samuel, London 1994.

Crum, Margaret: Catalogue of the Mendelssohn Papers in the Bodleian Library, Oxford, Vol. II, Tutzing 1983, i. d. Reihe »Musikbibliographische Arbeiten«, hrsg. von Rudolf Elvers.

Cullen, Michael: Leipziger Straße 3 – eine Baubiographie, in: Mendelssohn-Studien, Band V, Berlin 1982.

Dahlhaus, Carl: Das Problem Mendelssohn, Regensburg 1974.

Devrient, Eduard: Meine Erinnerungen an Felix Mendelssohn-Bartholdy und seine Briefe an mich, Leipzig 1869.

Drewitz, Ingeborg: Berliner Salons, Berlin 1979

Dümling, Albrecht/Girth, Peter (Hrsg.): Entartete Musik – Dokumentation und Kommentar, Düsseldorf 1993.

Ebel, Otto: Les Femmes Compositeurs de Musique, Paris 1910.

Elvers, Rudolf: Felix Mendelssohn Bartholdy. Briefe an deutsche Verleger, Berlin 1968.

Elvers, Rudolf: Verzeichnis der Musikautographen von Fanny Hensel im Mendelssohn-Archiv zu Berlin, in: Mendelssohn-Studien, Band I, Berlin 1972.
Elvers, Rudolf: Felix Mendelssohn Bartholdy. Briefe, Frankfurt 1979
Elvers, Rudolf/Klein, Hans-Günter: Die Mendelssohns in Berlin. Eine Familie und ihre Stadt, Ausstellungskatalog, Berlin 1983/84.
Elvers, Rudolf (Hrsg.): Die Kompositionen Fanny Hensels in Autographen und Abschriften aus dem Besitz der Staatsbibliothek zu Berlin – Preußischer Kulturbesitz. Katalog-Bearbeitung: Hans-Günter Klein, Tutzing 1995.
Fontane, Theodor: Von zwanzig bis dreißig. Autobiographisches, 2. Aufl., Leipzig 1968.
Geck, Martin: Zelter, in: Die Musik in Geschichte und Gegenwart, hrsg. von F. Blume, Kassel/Basel 1949–1967.
Gehring, Friedrich: Singakademie, in: Dictionary of Music and Musicians, Bd. I, hrsg. von George Grove, London 1900.
Gilbert, Felix: Bankiers, Künstler und Gelehrte. Unveröffentlichte Briefe der Familie Mendelssohn aus dem 19. Jahrhundert, Leo-Baeck-Institut, Tübingen 1975.
Goethe, Johann Wolfgang von: Briefwechsel mit Carl Friedrich Zelter, hrsg. von F. Riemer, 6 Bände, Berlin 1833–1834. Auswahl aus den Briefen, Zürich/München 1987.
Gounod, Charles: Mémoires d'un artiste, Paris 1886.
Grove, George: Felix Mendelssohn Bartholdy, in: Dictionary of Music and Musicians, hrsg. von George Grove, London 1900.
Hagemann, Carl: Wilhelmine Schröder-Devrient, in: Das Theater, Bd. VII, hrsg. von Carl Hagemann, Berlin/Leipzig o. J.
Heine, Heinrich: Französische Zustände und andere Schriften über Frankreich, Köln 1995.
Hensel, Sebastian: Die Familie Mendelssohn 1729–1847, nach Briefen und Tagebüchern, Berlin 1879, 1900 etc. Neuauflage Frankfurt 1995.
Hensel, Wilhelm, Porträtist und Maler. Werke und Dokumente, Ausstellungskatalog, Wiesbaden 1994.
Herz, Henriette: Berliner Salon. Erinnerungen und Porträts, hrsg. von Ulrich Janetzki, Berlin 1984.
Hiller, Ferdinand: Felix Mendelssohn Bartholdy, Briefe und Erinnerungen, Köln 1874.
Hoffmann, Freia: Instrument und Körper, Frankfurt 1990.
Honigmann, Peter: Der Einfluß von Moses Mendelssohn auf die Erziehung der Brüder Humboldt, in: Mendelssohn-Studien, Band VII, Berlin 1990.

Humberg, Oliver/Hötzel, Stephan (Hrsg.): Das geistige Deutschland angesichts der jüdischen Frage, Wuppertal 1994.
Jones, Peter Ward: Catalogue of the Mendelssohn Papers in the Bodleian Library, Oxford, Tutzing 1989, i. d. Reihe »Musikbibliographische Arbeiten«, hrsg. von Rudolf Elvers.
Jüdische Geschichte in Berlin. Essays und Studien, hrsg. von Reinhard Rürup, Berlin 1995.
Jüdische Musikerinnen und Musiker in Frankfurt 1933–1942, Ausstellungsbegleitheft, Frankfurt 1990.
Klein, Hans-Günter: Die Kompositionen Fanny Hensels – Autographe und Abschriften aus dem Besitz der Staatsbibliothek zu Berlin – Preußischer Kulturbesitz, Tutzing 1995, i. d. Reihe »Musikbibliographische Arbeiten«, hrsg. von Rudolf Elvers.
Kleßmann, Eckart: Die Mendelssohns. Bilder aus einer deutschen Familie. Zürich/München 1990.
Klingemann jun., Karl: Felix Mendelssohn Bartholdys Briefwechsel mit Legationsrat Karl Klingemann, Essen 1909.
Knobloch, Heinz: Herr Moses in Berlin. Ein Menschenfreund in Preußen. Das Leben des Moses Mendelssohn, 2. Aufl., Berlin 1987.
Knobloch, Heinz: Berliner Grabsteine, Berlin 1987.
Komponistinnen in Berlin, hrsg. von Berliner Musikfrauen e. V., Berlin 1987.
Konold, Wulf: Mendelssohns Jugendsymphonien. Eine analytische Studie, in: Archiv für Musikwissenschaft 1989.
Krille, Annemarie: Beiträge zur Geschichte der Musikerziehung und Musikausübung der deutschen Frau 1750–1820, Berlin 1938.
Kupferberg, Herbert: Die Mendelssohns, Tübingen 1977.
Lambour, Christian: Quellen zur Biographie von Fanny Hensel, geb. Mendelssohn Bartholdy, in: Mendelssohn-Studien, Band VI, Berlin 1986.
Lambour, Christian: Ein Schweizer Reisebrief aus dem Jahr 1822 von Lea und Fanny Mendelssohn Bartholdy an Henriette Mendelssohn, geb. Meyer, in: Mendelssohn-Studien, Band VII, Berlin 1990.
Lessing, Gotthold Ephraim: Nathan der Weise (1779), Stuttgart 1982.
Lewald, Fanny: Meine Lebensgeschichte, 2. Aufl., Berlin 1987.
Litzmann, Berthold: Clara Schumann. Ein Künstlerleben. Nach Tagebüchern und Briefen; drei Bände, Leipzig 1920.
Löschburg, Winfried: Unter den Linden. Geschichten einer berühmten Straße, Berlin 1991.
Lowenthal-Hensel, Cécile: F in Dur und F in Moll, in: »Berlin in Dur und Moll«, Berlin 1970.
Lowenthal-Hensel, Cécile: Wilhelm Hensel in England, in: Mendelssohn-Studien, Band II, Berlin 1975.

Lowenthal-Hensel, Cécile: Preußische Bildnisse des 19. Jahrhunderts. Zeichnungen von Wilhelm Hensel, Ausstellungskatalog, Berlin 1981.
Lowenthal-Hensel, Cécile: 19th Century Society Portraits. Drawings by Wilhelm Hensel, Katalog Goethe-Institut, London 1986.
Lowenthal-Hensel, Cécile: Neues zur Leipziger Straße 3, in: Mendelssohn-Studien, Band VII, Berlin 1990.
Macdonald, Hugh: Marie Bigot, in: Dictionary of Music and Musicians, Bd. I, hrsg. von G. Grove, London 1900.
Mendelssohn-Studien. Beiträge zur neueren deutschen Kultur- und Wirtschaftsgeschichte, hrsg. von Rudolf Elvers, Cécile Lowenthal-Hensel, Hans-Günter Klein, Bände 1 bis 9, Berlin 1972–1995. Die Reihe wird fortgesetzt.
Mendelssohn, Felix: Paphleis – ein Spott-Heldengedicht, Felix Mendelssohn Gesellschaft, Basel 1961.
Mendelssohn Bartholdy, Felix: Reisebriefe aus den Jahren 1830 bis 1832, hrsg. von Paul Mendelssohn-Bartholdy, Leipzig 1882.
Meyerbeer, Giacomo: Briefwechsel und Tagebücher, hrsg. von Heinz und Gudrun Becker, Berlin 1960.
Nitsche, Peter: Die Liedertafel im System der Zelterschen Gründungen, Studien zur Musikgeschichte Berlins im frühen 19. Jahrhundert, Regensburg 1980.
Olivier, Antje/Weingartz-Perschel, Karin: Komponistinnen von A–Z, Düsseldorf 1988.
Olivier, Antje/Braun, Sevgi: Fanny Hensel, in: Dies.: Komponistinnen aus 800 Jahren, Unna 1996.
Rabien, Ilse: Arnold und Wilhelm Mendelssohn – zur Biographie zweier bemerkenswerter Brüder, in: Mendelssohn-Studien, Band VII, Berlin 1990.
Rabien, Ilse: Die Mendelssohns in Bad Reinerz – zur Familie Nathan Mendelssohns, in: Mendelssohn-Studien, Band VII, Berlin 1990.
Rebmann, Jutta: Fanny Mendelssohn, biografischer Roman, Mühlacker 1991.
Richter, Arnd: Mendelssohn. Leben, Werke, Dokumente, Mainz 1994.
Rieger, Eva: Nannerl Mozart, Frankfurt 1990.
Roster, Danielle: Fanny Hensel, in: Allein mit meiner Musik, hrsg. vom Centre d'information et de documentation des femmes »Thers Bode«, Echternach 1995.
Schlientz, Gisela (Hrsg.): George Sand, Frankfurt 1987.
Schuhmacher, Gerhard (Hrsg.): Felix Mendelssohn Bartholdy, Darmstadt 1982.
Schumann, Robert: Erinnerungen an Felix Mendelssohn Bartholdy, Zwickau 1948.

Stern, Carola: Der Text meines Herzens. Das Leben der Rahel Varnhagen, Frankfurt 1996.
Sutermeister, Peter: Felix Mendelssohn Bartholdy. Eine Reise durch Deutschland, Italien und die Schweiz, Tübingen 1979.
Tillard, Françoise: Die verkannte Schwester. Die späte Entdeckung der Komponistin Fanny Mendelssohn Bartholdy, München 1994.
Varnhagen von Ense, Karl August: Tagebücher, hrsg. von Ludmilla Assing, Leipzig 1861/62.
Wahlen, Meg Freeman: Women of Note Quarterly, Pullman 1995.
Weissmann, Adolf: Berlin als Musikstadt. Geschichte der Oper und des Konzerts von 1740 bis 1911, Berlin/Leipzig 1911.
Weissweiler, Eva: Fanny Hensel, in: Dies.: Komponistinnen aus 500 Jahren, Frankfurt 1981.
Weissweiler, Eva: Fanny Mendelssohn. Ein Porträt in Briefen, Frankfurt 1985.
Weissweiler, Eva: Fanny Mendelssohn, Italienisches Tagebuch, Darmstadt 1985.
Werner, Eric: Mendelssohn – Leben und Werk in neuer Sicht, Zürich/Freiburg 1980.
Werner, Eric: Felix Mendelssohn, in: Die Musik in Geschichte und Gegenwart, hrsg. von F. Blume, Kassel/Basel 1961/1989.
Wiedemann, Sabine: Vom Kostüm des Frauenzimmer Spielens. Voraussetzungen und Beispiele der Musikerin in Deutschland zwischen 1750 und 1850, Münster 1995.

Verzeichnis der gedruckten Werke von Fanny Hensel

Klavier/Orgel

Prélude e-moll, Furore, Kassel 1989.

»Das Jahr«, zwölf Charakterstücke, Furore, Kassel 1989.

Vier Lieder ohne Worte op. 2, Bote & Bock, Berlin 1846/1983.

Six mélodies pour le piano op. 4, Lienau, Berlin 1982, daraus: Mélodie op. 4, 2 und 4, 4, in: Frauen komponieren, Schott, Mainz 1985, Mélodie op. 4, 2, in: At the piano with women composers, Alfred Publ., Sherman Oaks 1990.

Six mélodies pour le piano op. 5, Lienau, Berlin 1982, daraus: Mélodie op. 5, 4, in: At the piano with women composers, Alfred Publ., Sherman Oaks 1990.

Vier Lieder ohne Worte op. 6, Bote & Bock, Berlin 1847/1983.

Vier Lieder ohne Worte op. 8, Breitkopf & Härtel, Leipzig 1850/Furore, Kassel 1989.

Zwei Bagatellen für Schüler, Trautwein, Berlin/Furore, Kassel 1988.

Drei Stücke zu vier Händen, Furore, Kassel 1990.

Klavierstücke, in: At the piano with Felix Mendelssohn and Fanny Hensel-Mendelssohn, hrsg. von M. Hinson: Abschied von Rom, Il Saltarello Romano op. 6, 4, Notturno, O Traum der Jugend, Studie in f-moll, Alfred Publ., Sherman Oaks 1990.

Prélude für Orgel, Furore, Kassel/Vivace, Pullmann 1994.

Sonate c-moll, Hildegard Publ., Bryn Mawr 1994.

Sonate g-moll, Furore, Kassel/Hildegard Publ., Bryn Mawr 1994.

Sechs Klavierstücke von 1824–1827, Hildegard Publ., Bryn Mawr 1994.

Übungsstück C-Dur, Übungsstück g-moll, Klavierstücke g-moll und f-moll, Notturno g-moll, Abschied von Rom, Allegro molto c-moll, Andante cantabile Des-Dur, O Traum der Jugend, Allegretto d-moll, Allegro vivace A-Dur, in: »Ausgewählte Klavierstücke«, Henle, München 1986.

Lyrische Klavierstücke (1836–1839) [MA Ms 44] – Andante con espressione, Andante con moto, Allegro molto vivace ma con sentimento, in: Klavierstücke von Fanny Hensel, Bd. 1, hrsg. von Annegret Huber, Furore, Kassel.

Virtuose Klavierstücke (1838) [MA Ms 44] – Etude – Allegro con brio, Allegro di molto, Allegro grazioso, in: Klavierstücke von Fanny Hensel, Bd. 2, hrsg. von Annegret Huber, Furore, Kassel.

Walzer für den Herzog von Rovigo (1823) für Klavier zu vier Händen, in: Music for Piano 4 Hands, hrsg. von Sally Fortino, Judith Radell, Sylvia Glickman und Lea Schmidt-Rogers, Hildegard Publ., Bryn Mawr.

Kammermusik

Adagio in E für Violine und Klavier, Furore, Kassel 1989.

Streichquartett Es-Dur, Furore, Kassel 1988/Breitkopf & Härtel, Wiesbaden 1989.

Klavierquartett As-Dur, Furore, Kassel 1990.

Trio d-moll op. 11 für Klavier, Violine und Cello, Wollenweber, Gräfelfing 1984/Edition Kunzelmann 1991.

Fantasie g-moll für Cello und Klavier, Breitkopf & Härtel, Wiesbaden 1994.

Capriccio As-Dur für Cello und Klavier, Breitkopf & Härtel, Wiesbaden 1994.

Vokalmusik

»Die Schiffende«, in: Album für Gesang und Klavier, Schlesinger, Berlin 1837.

Sechs Lieder op. 1 für Singstimme und Klavier, Bote & Bock, Berlin 1846/Reprint 1985.

Sechs Lieder op. 7 für Singstimme und Klavier, Bote & Bock, Berlin 1848/Reprint 1985.

Sechs Lieder op. 9 für Singstimme und Klavier, Breitkopf & Härtel, Leipzig 1850.

Fünf Lieder op. 10 für Singstimme und Klavier, Breitkopf & Härtel, Leipzig 1850.

Ausgewählte Lieder, hrsg. von Aloysia Assenbaum, Edition Donna, Düsseldorf 1991.

Ausgewählte Lieder, Band I, hrsg. von Annette Maurer, Breitkopf & Härtel,Wiesbaden 1994.

Ausgewählte Lieder, Band II, hrsg. von Annette Maurer, Breitkopf & Härtel, Wiesbaden 1993.

Three Songs für Singstimme und Klavier, Hildegard Publ., Bryn Mawr 1994.

Three poems für Singstimme und Klavier, Hildegard Publ., Bryn Mawr 1995.

»Io d'amor, oh Dio«, Konzertarie für Sopran und Orchester, Bote & Bock, Berlin 1992.

»Hero und Leander« für Sopran und Orchester, Furore, Kassel.

Mignon nach Johann Wolfgang von Goethe/Die Ersehnte op. 9 Nr. 1 nach Ludwig Christoph Heinrich Hölty/Neue Liebe, neues Leben nach Johann Wolfgang von Goethe, Singstimme und Klavier, in: Frauen komponieren/25 Lieder für Singstimme und Klavier, B. Schott's Söhne, Mainz 1992.

Schwanenlied nach Heinrich Heine op. 1 Nr. 1, Singstimme und Klavier, in: Historical anthology of music by women, Indiana University Press, Indianapolis 1987.

Hensel, Fanny (1805–1847): Schwanenlied – Frühling – Nach Süden op. 1 Nr. 1/op. 7 Nr. 3/op. 10 Nr. 1, Singstimme und Klavier, in: A Collection of Art Songs by Women Composers, Hers Publishing 1988.

Wand'l ich in dem Wald des Abends – Terzett für Singstimmen und Klavier, hrsg. von Barbara Gabler und Tilla Stöhr, Furore, Kassel.

Fünf Terzette für Singstimmen und Klavier: Wiedersehen, Frühzeitiger Frühling, Abschied, Wand'l ich in dem Wald des Abends, Wintherseufzer, hrsg. von Barbara Gabler und Tilla Stöhr, Furore, Kassel.

»Frühzeitiger Frühling«, Terzett für Singstimmen und Klavier, hrsg. von Barbara Gabler und Tilla Stöhr, Furore, Kassel.

Chormusik

»Gartenlieder« op. 3 für vierstimmigen Chor a cappella, Bote & Bock, Berlin 1847/Furore, Kassel 1988/Hildegard Publ. 1995.

Chorsätze für vierstimmigen Chor a cappella, Möseler, Wolfenbüttel 1988.

Chorsätze für vierstimmigen Chor a cappella, in: Chorbuch der Romantik, Möseler, Wolfenbüttel 1988.

»Frühzeitiger Frühling« für vierstimmigen Chor a cappella, Breitkopf & Härtel, Wiesbaden 1989.

»Unter des Laubdachs Hut« für vierstimmigen Chor a cappella, Breitkopf & Härtel, Wiesbaden 1989.

»Schöne Fremde«/»Es rauschen die Wipfel« für vierstimmigen Chor a cappella, Breitkopf & Härtel, Wiesbaden 1990.

Kantate »Lobgesang« für Soli, Chor und Orchester, Furore, Kassel 1992.

»Faust«-Szene für Solostimme, zwei Soprane, zwei Alt und Klavier, Hildegard Publ., Bryn Mawr 1994.

Waldruhe – Terzett für Singstimmen und Klavier, hrsg. von Barbara Gabler und Tilla Stöhr, Furore, Kassel.

»Nachtreigen« für achtstimmigen Chor a cappella, hrsg. von Ulrike Schadl, Carus, Stuttgart.

»Nachtreigen« für achtstimmigen Chor a cappella, hrsg. von Elke Mascha Blankenburg, Tonger, Köln.

Orchester

Ouvertüre C-Dur für Orchester, Furore, Kassel 1992.

Das Gesamtverzeichnis aller Werke von Fanny Hensel ist 1995 von Hans-Günther Klein, Leiter des Mendelssohn-Archivs der Staatsbibliothek Berlin, im Verlag Schneider, Tutzing, herausgegeben worden.

Personenregister